EXPLORATION AND PRACTICE IN
STANDARDIZED
EXPRESSWAY MANAGEMENT

高速公路标准化管理
探索与实践

《高速公路标准化管理探索与实践》编委会◎编著

人民交通出版社股份有限公司
China Communications Press Co.,Ltd.

内 容 提 要

本书根据福建省近几年在高速公路标准化管理工作中的实践经验，系统地总结提炼出了高速公路从项目建设前期到建设、养护、运营全过程的标准化管理细节，主要内容包括：项目前期工作标准化、建设管理行为标准化、工地建设标准化、施工工艺标准化、养护管理标准化、机电信息标准化、运营服务标准化及高速公路标准化管理发展前景展望等。

本书可为我国各省开展高速公路建设与管理标准化工作提供借鉴与参考，也可供全国高速公路建设、养护管理人员参考使用。

图书在版编目（CIP）数据

高速公路标准化管理探索与实践 /《高速公路标准化管理探索与实践》编委会编著. —北京：人民交通出版社股份有限公司，2014.12

ISBN 978-7-114-11966-8

Ⅰ.①高… Ⅱ.①高… Ⅲ.①高速公路—标准化管理—研究—中国 Ⅳ.①F542

中国版本图书馆CIP数据核字（2014）第311749号

书　　名：高速公路标准化管理探索与实践
著 作 者：《高速公路标准化管理探索与实践》编委会
责任编辑：郑蕉林　尤　伟
出版发行：人民交通出版社股份有限公司
地　　址：（100011）北京市朝阳区安定门外外馆斜街3号
网　　址：http://www.ccpress.com.cn
销售电话：（010）59757973
总 经 销：人民交通出版社股份有限公司发行部
经　　销：各地新华书店
印　　刷：中国电影出版社印刷厂
开　　本：720×960　1/16
印　　张：19.5
字　　数：375千
版　　次：2015年6月　第1版
印　　次：2015年6月　第1次印刷
书　　号：ISBN 978-7-114-11966-8
定　　价：80.00元

《高速公路标准化管理探索与实践》
编委会

主　编： 张志南

副主编： 张兆民　黄祥谈

编　委： 涂慕溪　许永西　吴毅荣　张　明

潘向阳　黄　晞　王　敏

前 言
PREFACE

标准化作为现代科学管理的有效工具，广泛运用于经济社会各领域。近年来，围绕“标准成为习惯、习惯符合标准、结果达到标准”的理念，福建省在高速公路领域全面推行标准化管理，取得了积极成效。

一、标准化管理是全面提升高速公路管理水平的重要手段

标准是经过科学验证后得出的结果，是人类智慧和实践经验的宝贵结晶。标准化是围绕标准展开的一系列活动，包括标准的制定、发布、实施，不仅是经济活动，也是社会活动。历史经验告诉我们，每一次标准化的成功应用，都对经济社会发展产生了深远影响。当年，美国福特汽车运用标准化管理，发明了汽车制造流水作业法，实现了大规模批量生产，彻底改变了商品生产的模式；集装箱规格标准的成功应用，大幅度提高了物流效率。诸如此类的例子，不胜枚举。

高速公路作为重要的交通基础设施，具有全封闭、高速度、设施多、车流大、投资大等特征，建设运营管理的技术含量高、专业性强、难度大。面对福建省高速公路日益扩大的建设规模和日益增加的运营里程，我们积极试点、总结、推广、创新标准化管理。实践证明，推行标准化管理，对保障高速公路建设质量安全、提高建设效率、改善经济社会效益、树立企业良好形象、促进高速公路市场健康发展，都具有重要意义。

（1）有利于保障质量安全。通过推行标准化管理，施工随意性问题、质量安全通病得到有效遏制，全省高速公路钢筋加工精度、安装精度、成品合格率、保护层抽检合格率均得到较大提高，隧道初期支护合格率、沥青路面各项指标合格率、高速公路好路率、路面使用性能指数、路基技术状况指数、桥隧构造物技术状况指数和沿线设施技术状况指数平均值均达到优良。

（2）有利于提高建设效率。通过推行标准化管理，在整个高速公路建设运营队伍中，重复冗繁的工作程序明显减少，管理力量更加集中，行为更加规范，制度更加完善、衔接更加紧密、运转更加高效，全省高速公路工程进度明显提高，项目建设工期总体缩短。

（3）有利于改善经济社会效益。通过推行标准化管理，全省高速公路不仅能有效控制住施工环节的临时用地、劳动消耗、材料消耗等费用，路基土建标的人员配置和费用大幅度减少，而且运营环节的管理成本和费用逐步下降，出入口通行车辆数、征费额逐年提升。

（4）有利于树立企业良好形象。通过推行标准化管理，全省高速公路大部分施工作业由户外转到场内，大部分生产环节集约完成，最大限度地减少了中间转运、减少了对自然生态的破坏，文明施工程度明显提高；全省服务（停车）区、养护站的精细化服务、品牌化经营、行业文明建设、运营管理服务品质走在全国前列。

（5）有利于高速公路市场健康发展。通过推行标准化管理，不仅把一批施工技术差、力量薄弱的施工队伍清除出高速公路建设市场，还让有实力、有信用的施工队伍能够大显身手，使绝大部分中标单位是信用考核为A、AA级的单位，形成了优胜劣汰、充分竞争、健康有序的高速公路建设市场环境。

二、把握推行高速公路标准化管理的关键

福建高速公路20多年的发展历程，也是标准化管理不断推进、不断完善的过程。在实践中，我们深刻体会到，标准化的理念、要求和措施要真正落实到位，必须突出重点、突破难点，必须有行之有效的思路和做法。

1. 注重由点到面，确保有序推进

（1）选好试点。在推行标准化管理的初期，精心挑选部分项目标段、征管所、养护站、服务区作为试点示范，总结经验，逐步推广；从在建项目到新建项目，从工程建设领域到运营服务领域，从小班组、小场站、小服务区到大班组、大场站、大服务区，举一反三，循序渐进，确保了标准化管理有组织、有步骤地推进。

（2）找准切入点。在工程建设领域，以大力实施“三个集中、两项准入”（即混凝土集中拌和、钢筋集中加工、构件集中预制，隧道二次衬砌使用台车、桥梁模板准入验收）为突破口，充分发挥设备利用率高、管理集中、质量有效控制的“集中作业”优势，实现施工“加工工厂化”，为工程建设标准化的推广创造条件；在运营服务领域，以开展“服务区是城市延伸”为主题的达标创星活动为突破口，推动服务窗口优质、文明，推动操作流程精准、高效，推动内部管理全面建章立制、规范运作，为运营服务标准化的推广打好基础。

2. 注重全方位覆盖，确保有力实施

（1）面上覆盖。一方面通过实施统一的技术标准、管理标准、作业标准，规范高速公路项目建设行为，实现对工程建设过程、安全、质量、工期等目标的有效控制；另一方面通过统一"物"的技术标准化、"人"的行为规范标准化、"事"的过程控制标准化，在高速公路运营服务领域精心打造服务窗口、科学养护、文明执法、智能信息、经营开发、创新管理6大品牌，营造"畅通、安全、舒适、美丽"的交通出行环境。

（2）过程上覆盖。对项目勘察设计、施工等主要环节，切实做到项目建设事前、事中、事后的过程控制标准化，按照标准严格把关；对运营服务的主要环节，明确职责，制定科学化、量化的标准，以办公自动化、信息化为手段，按标准进行管理。

（3）细节上覆盖。从推行"首件分析制"、隐蔽工程"四方验收制"抓起，保证工程局部和细节都满足技术要求、符合标准；从服务区人员定额、加油站设施、卫生死角、美化绿化等细微处抓起，杜绝管理漏洞、消除管理盲点。

3. 注重关键环节，确保有效落实

（1）制定环节。制定标准做到既尊重历史基础和原有规则，又符合现实条件；既兼顾各业务各岗位特点，又考虑整体协调一致。我们先后制定了《福建省高速公路施工标准化管理指南》、《高速公路运营服务规范》（DB 35/T 1258—2012），后者经福建省质量技术监督局批准，作为福建省地方标准正式发布。

（2）培训环节。对业主管理人员、项目经理、总工、总监等人员进行培训，并开展标准化管理考试，考试不合格的不予上岗，促使标准化管理的理念和精髓深入人心，让相关人员都全面熟知标准、正确运用标准、严格执行标准。

（3）督查环节。实行"一月一督查、一月一专项、一季一分析、一季一通报"的督查制度。对督查发现的问题，分门别类、详细列表，确保整改到位；对整改不力或拒不整改的单位、班组，坚决清退出场。

（4）考核环节。将推行标准化管理纳入参建单位绩效考核及施工监理单位信用考核范畴，对不达标的项目业主或标段进行通报，并约谈项目业主或施工单位的主要领导和分管领导。被连续两次约谈的，年度信用考核不得评为A级。同时，将推行标准化管理列入干部员工的考核内容，与薪酬、奖惩、评先评优、考核任用挂钩，充分调动各方积极性，把推行标准化管理从"要我干"变为"我要干"。

福建省高速公路推行标准化管理的经验做法，得到交通运输部及同行业者的充分肯定。2010年，交通运输部在福建省召开全国高速公路建设标准化管理经验交流会；2011年，交通运输部发出《关于开展高速公路施工标准化活动的通知》，2013年，交通运输部委托福建省牵头编写《高速公路施工标准化技术指南》，将福建省高速公路建设标准化管理经验做法作为样本向全国同行宣传推广。

三、持之以恒推广运用标准化管理

当前，随着福建全省高速公路通车里程即将突破5 000km，标准化管理的推广运用面临新的契机、新的要求。我们要在坚定不移推行的同时，不断促进标准化管理迈上新台阶。

1. 持续深入抓落实

保持推进标准化管理的势头不减、力度不减，不断总结提升标准化实践成果，巩固完善法人代表进场宣贯制、硬件设施"四方联合验收制"、考试持证上岗制等行之有效的机制和措施，确保标准化管理要求全面落实到高速公路建设全过程和通车运营管理各环节、各岗位，不留死角、不留盲点，促进"实施有规范、操作有程序、过程有控制、结果有考核"的标准化管理体系进一步完善。

2. 重点突出精细化

促进标准化管理从"应该干什么、怎么干"精细化到"干到什么程度"，实现高速公路建设运营的"粗活做细、细活做精、精益求精"，打造"精品工程和文明窗口"。以提升高速公路运营服务品质为重点，抓紧细化《高速公路运营服务规范》，完善礼仪规范、岗位职责，人员费用、办公物品消耗等方面工作内容标准、管理流程标准、质量控制标准、设施设备标准。

3. 积极融合信息化

充分利用信息化管理平台，应用试验室数据、远程视频监控系统联网，抓好控制点，加大常态监控、常态检测力度，试行路面沥青拌和楼、主要试验设备、各服务窗口在线监控，实时掌握动态信息，实时监控施工质量进度及服务水准。同时，加快建设全省高速公路统一数据中心及综合应用平台，实现信息资源的规范统一和融合共享。

4. 加快拓展外延

不仅要把标准化理念延伸到高速公路企业文化建设，打造人人爱岗敬业、人人尽职尽责的内部氛围，树立以人为本、节约资源、保护环境的外在形象，而且要把标准化管理从高速公路拓展到铁路、电力、港口、市政乃至行政管理等众多领域。比如，通过实施行政审批服务标准化和行政服务中心建设标准化，明确每项行政审批事项的权限范畴和流程，规范行政服务中心场所建设，切实方便群众办事。

我们相信，只要深入研究标准化、积极推广标准化、用好用足标准化，一定能够让标准化管理焕发无穷活力，发挥更大作用。

《高速公路标准化管理探索与实践》编委会

2014年12月

目 录

CONTENTS

第一章 绪 论

随着经济的不断发展、社会需求的不断扩大，高速公路在我国出现了迅速发展的趋势。如何加强高速公路管理，已成为当前理论与实践研究的重要课题之一。我国《交通运输“十二五”发展规划》明确提出：“要全面推行现代公路工程管理，不断提高公路建设和管理水平，推动公路建设发展理念人本化、项目管理专业化、工程施工标准化、管理手段信息化、日常管理精细化”。作为现代公路工程的重要组成部分，高速公路的发展需要加强管理，而标准化作为科学管理的有效手段，是促进高速公路建设和管理现代化的基本途径之一。

一、福建省高速公路发展历程

发轫于20世纪90年代的福建省高速公路，高蹈宏阔地推进了近二十年，建设蓝图不断“升级”，纵横八闽。

1994年9月，福建第一条高速公路——泉厦高速公路动工建设，历经42个月的努力奋战，1997年12月15日建成通车，实现了“零”的突破。

2003年6月，福宁高速公路建成通车，沈海高速公路福建段——福建省沿海大通道“第一纵”形成。

2004年11月，三福、漳龙高速公路建成通车，全省高速公路通车里程突破1 000km。

2007年12月，龙岩至长汀高速建成通车，这是继福银高速公路福建段之后，福建省第二条通往内陆的高速公路大通道，标志着福建“一纵两横”高速公路主骨架网形成。

2009年11月，莆（田）秀（屿）高速公路建成通车，全省高速公路通车里程提前一年突破2 000km。

2010 年 6 月，永安至武平高速公路通车，“第二纵”形成。

2012 年 10 月，宁德至武夷山高速公路建成通车，全省高速公路通车里程突破 3 000km。

2013 年 12 月，莆永高速公路泉州段建成通车，全省高速公路通车里程突破 4 000km，基本形成“两纵五横”主骨架。

从 0 ~ 4 000km，福建高速公路，实现了历史性大跨越！

2015 年将实现新的跨越：通车里程超过 5 000km，实现县县通高速。届时，福建高速公路网“三纵八横”主骨架基本建成，与周边省份进出口通道达到 17 个，所有县城 15min 通高速公路，全省高速公路密度达 4.12km/100km^2，人均高速公路密度 1.44km/ 万人，接近发达国家水平。

大道通衢连四海，北承长三角、南接珠三角、西联内陆腹地、东出台湾海峡，正打通福建科学发展、跨越发展的“大动脉”，朝着“百姓富、生态美”的梦想跨步向前。

二、福建省高速公路管理标准化实践历程

随着福建高速公路大规模建设，建设项目呈现点多、线长、面广，桥隧结构物比例大、跨江跨海桥梁多，施工难度不断加大，且施工队伍素质良莠不齐，管理任务相当繁重等特点。如何使各施工班组、一线工人迅速熟练掌握项目建设技术标准，如何使项目管理、施工更加科学、规范、系统，提高工程施工质量，保证施工安全文明，实现工程优质、干部队伍廉洁，都是福建推行标准化管理的初衷。

福建高速公路建设伊始，省领导就要求高速公路建设做到“一流的材料、一流的设备、一流的工艺、一流的管理”，提出要编制施工“小册子”，作为施工指南，规范施工管理，要求所有参建人员了解建设标准，做到施工现场环境整洁、美观。福建高速公路建设、运营、管理标准化体系建设拉开序幕。

根据福建省委、省政府指示精神，省高速公路建设总指挥部不断探索、勇于创新，1998 年编制了第一套施工手册及质量通病防治手册，并着力推行“三个集中、两项准入”，即混凝土集中拌和、钢筋集中加工、构件集中预制，隧道二次衬砌使用台车、桥梁模板准入验收制度。

2004 年，在总结设计、施工、验收等相关标准、规范基础上，结合高速公路建设实践经验，福建省高速公路建设总指挥部组织编制了一系列的施工标准化指南，包括隧道、桥梁、路基、路面及交通安全设施 5 个方面，在全省范围内大力推行标准化施工，并将《施工标准化指南》写入招标文件，推广执行。同时，在实践中不断规范高速公路施工标准化管理制度，并载入《福建省高速公路质量管理纲要》。

2009 年，进一步贯彻落实省领导提出“标准成为习惯、习惯成为标准、结果达到标准”的理念，以“三个集中、两项准入”为载体，完善了管理行为、工地建设、施工工艺、过程控制、施工机械设备和模板的 5 个方面的标准化体系。

2010 年，交通运输部以福建龙岩双永高速公路为典型示范，在厦门召开全国高速公路建设标准化管理经验交流会。同年 4 月，《福建省高速公路施工标准化管理指南》由人民交通出版社正式出版。时任福建省副省长张志南亲自为该书作序，并要求各级管理人员、技术骨干、一线工人应熟知运用。此后，配套的机电施工以及初步设计、施工图设计、房建设计标准化管理指南等也相继编制出台，不断充实福建省高速公路建设标准化管理体系。

2011 年，交通运输部发出《关于开展高速公路施工标准化活动的通知》，将福建省高速公路建设标准化管理经验做法作为样本向全国同行推广。

2013 年，交通运输部委托福建省牵头编写《高速公路施工标准化技术指南》，并在全国宣贯。同年，福建省高速公路施工标准化系列指南再次组织修订出版（共 7 个分册），结合现行行业规范及现代工程管理“五化”要求，进一步借鉴吸纳各方面的先进施工技术及管理制度。

福建省高速公路运营管理与服务标准化，自 2009 年开始同步跟进，着力从工程建设领域拓展到全省高速公路系统运营和综合管理领域。

2010 年，福建省高速公路公司组织编撰了《高速公路标准化运营及综合管理指南》，形成收费管理、养护管理、路政管理、服务区与广告管理、机电与信息管理、财务管理 6 本单行册，并在福厦漳及三福高速公路沿线试点，专门组织召开现场观摩会，省领导亲临指导，要求从细节着手，将各项标准落实到各节点、各部位、各阶段，形成“实施有规范、操作有程序、过程有控制、结果有考核”的标准化管理体系。

经过一年多的试点、总结、完善，2012 年 7 月在全国同行业中率先出台《福建省高速公路运营服务规范》（由福建省质量技术监督局以地方标准 DB 35/T 1258—2012 批准、公布），内容涵盖了高速公路服务区、收费站、养护、监控信息、车辆清障的服务规范，及服务质量的监督、考核与改进等。该地方标准的公布实施，是继福建省高速公路建设标准化管理获 “第十八届全国企业管理现代化创新成果二等奖”后，福建省高速公路标准化管理方面取得的又一重大进展，标志着福建高速公路建设与运营实现了标准化管理“无缝连接”，对进一步提升高速公路运营服务水平具有重要意义。在该标准审定会上，与会专家认为“具有较大的社会和经济效益，达到同行业国内领先水平”。

三、福建省高速公路标准化管理基本内容

福建省高速公路建设与运营管理标准化因需而生、应势而变，是对行业规范、技术标准、管理行为进行科学总结和提升，成为加强行业管理的根本要求和发展方向。

福建省推进高速公路建设管理标准化，主导思路是结合现代工程“五化”管理理念，通过统一的技术标准、管理标准和检验标准，规范高速公路项目建设行为和管理行为，进而实现对工程建设过程、安全、质量、工期等目标的有效控制。鲜明的特征和做法，是以“三个集中、两项准入”制度为核心，充分发挥设备利用率高、管理集中、质量有效控制的“集中作业”优势，重点推进管理制度标准化、过程控制标准化、工作成果标准化。

（1）管理制度标准化。为解决高速公路建设管理力量有限、管理水平不平衡、管理行为不规范等现象，福建省从高速公路建设管理体制、项目公司设立、勘察设计、工程招投标、征地拆迁、试验检测、设计变更、施工管理、质量安全监督，以及材料采购与供应、合同管理、计量支付、农民工工资发放、信息管理、信用考核、交竣工验收等建设施工各阶段管理工作入手，完善项目管理制度，规范高速公路建设管理行为。

（2）过程控制标准化。把标准化管理的重点放在现场管理上，狠抓过程控制。严格执行“首件分析制”，规范、细化路基、边坡防护、隧道、桥梁和路面等专业工程的施工工艺及操作规程。比如，通过路基标准化施工严格控制好压实度、平整度、厚度、宽度和横坡度“五度”；沥青路面推行“零污染”施工；隧道施工严格执行“二衬台车准入制”、推广“零开挖进洞”；桥梁施工严格执行“模板准入制”、钢筋采用胎膜化安装等统一规范的标准化要求，让每个管理人员、技术人员有据可依，减少施工过程的随意性。采用先进的、标准的施工工艺，持续提升施工技术水平，消除各项目、各标段、各工点之间施工工艺水平参差不齐的现象，来提高施工效率、提升实体工程质量、遏制质量安全通病。同时，采取各种有效的质量检验手段进行质量控制，充分发挥“第三方”监控检测的作用，将各种质量、安全隐患消灭在施工过程中，确保最终工程的安全可靠。比如，委托有资质的检测单位对隧道每段初支进行雷达扫描检测，对结构物台背回填、高填方处、陡坡填挖交界处等地段采用瑞雷波仪检测，对锚索抗拔力和锚索长度进行检测等。

（3）工作成果标准化。持续深化隧道、路基、桥梁、路面等各专项整治，从施工全过程抓起、从每一个细节抓起，强化监督、检查、验收，把技术标准、管理标准、作业标准等要求全面贯穿项目建设始终。按照标准对施工现场安全生产、工程质量进度、文明施工等进行严格把关，及时纠错、整改和提高，通过强

化督查、强化整改、强化考核、强化奖罚、强化培训、强化组织、强化宣传，不断巩固和拓展福建省高速公路标准化管理成效，进一步提升工程质量安全、效率效益管控水平。

福建省推进高速公路运营管理标准化，主导思路是立足“以人为本”，对高速公路运营服务涉及的收费（含电子收费）、综合执法、道路养护、服务区及广告业务、机电信息及综合管理，通过制定和执行统一的规范、标准，逐步形成优质、高效、文明的服务窗口标准化，规范、精准、有序的操作流程标准化，统一、适用、创新的科技应用标准化，可控、提效、激励的内部管理标准化，精心打造高速公路服务窗口、科学养护、文明执法、智能信息、经营开发、创新管理6大品牌，提供“畅通、安全、舒适、美丽”的交通出行环境。

（1）服务窗口标准化。突出服务在运营管理中的核心地位，制定一系列高标准的服务管理制度，以确保一流的服务质量、服务效率、服务形象。收费窗口统一文明用语、统一设施、统一工作流程，推广文明礼仪三部曲。以“服务区是城市延伸”的理念和“达标创星”为主题，开展服务（停车）区标准化创建，标准化管理、精细化服务、品牌化经营。

（2）操作流程标准化。针对每项工作制定规范的流程，建立按程序办事、按流程管理的工作机制，形成人人规范、事事规范、处处规范、时时规范的工作秩序，严格过程控制，及时跟踪纠错，确保结果符合标准。路政：统一车辆、受理大厅应设标志和执法行为准则，对路政巡查、事故处置、行政许可等流程进行梳理、优化、统一，去繁求简，高效运作。养护：以高速公路“畅、安、舒、美”为养护准则，进一步规范日常养护、专项养护、作业安全管理流程标准，人员、装备、作业、管理、安全“五统一”。

（3）科技应用标准化。立足统一规划、统一设计、统一标准、统一建设，制定了统一的收费系统接入技术要求、监控系统接入规约、光纤通信网及网络建设技术要求等标准化管养规范性文件。率先在全国采用国家标准开展电子不停车收费（ETC）的试点建设与推广应用，通过制定统一的通信接口协议、规程和技术标准，进一步提高全省联网收费系统兼容性和通行效率。加快建设全省高速公路统一数据中心及综合应用平台，实现信息资源的规范统一和融合共享。

同时，结合扁平化管理的要求，对人事、财务、党团建设、纪检监察、信访、安全、档案、车辆、房建等内部管理全面建章立制、规范运作，整合资源、优化配置，提高效率、提升效益。

自2009年起，福建省制定形成了一系列较为完整的高速公路建设管理制度，对工程涉及的施工技术、管理制度、安全生产、工程质量、工程监督等各方面内容和问题，明确设置符合实际、符合规范的标准要求，在实现“标准成为习惯、习惯符合标准、结果达到标准”基础上，将标准化管理向高速公路运营管理与服务纵深推进，实现全方位覆盖，形成“实施有规范、操作有程序、过程有控制、结果有考核”的标准化管理体系，有效促进福建省高速公路建设管理、运营服务标准化、规范化、精细化，有力提升工程质量、服务水平，树立高速公路行业良好形象。

四、福建省高速公路标准化管理实践经验

福建省高速公路在近二十年的发展历程中，不仅形成了“省市共同出资，建设以市为主，运营全省统一”的科学合理的建设运营管理体制，而且积累了一系列标准化施工和运营服务管理经验，在实践中发挥了重要作用，取得了积极成效，得到交通运输部及同行业者的充分肯定。探讨总结福建省高速公路管理标准化经验与做法，具有一定的借鉴意义。

1. 标准化的制定

伴随着高速公路大建设、大发展，福建省针对工程涉及的施工技术、管理制度、安全生产、工程质量、工程监督等各方面内容和问题，明确设置符合实际、符合规范的标准要求，并根据形势变化与实践探索经验不断修订升级，渐成体系、日臻成熟，作为福建省高速公路建设推行标准化管理的指导思想、技术支撑和有力保障。运营管理标准方面，福建省成立了“高速公路服务技术标准化委员会”，对高速公路运营服务与管理进行全过程逐项梳理，逐步完成相应配套制度和标准的制（修）订工作，编制的《高速公路运营服务规范》（DB 35/T 1258—2012）于 2012 年 7 月 23 日，经福建省质量技术监督局批准，作为福建省地方标准正式发布，并以此为目标，开展服务及人员、设备配备、规范管理等达标创建，一个全省逐步统一、标准稳步提高的良好局面渐成雏形。

2. 标准化的执行

在福建，按照“建设以市为主”的管理体制要求，各设区市高速公路建设指挥部、项目业主均成立了推行标准化管理领导小组，作为推行标准化建设管理的第一责任人，制订完善适合本地区、本项目的标准化管理推进计划和措施。建立联席会议制度，定期召开有项目业主、各参建单位参加的联席会议，研究标准化管理推进过程中存在的问题，提出解决措施，落实整改，深入开展。建立标准化管理“四项制度”，即标准化管理责任制、承建企业法人代表进场宣贯制、“典型观摩、落后剖析”制、硬件设施 4 方联合验收制，并全面落实。建立合同约束机制，将标准化管理的各项要求纳入招标文件，相关费用列入工程量清单并单独计量支付。抓好制度建设和软、硬件管理，从源头上落实标准化。比如，按照每个标段 3 亿 ~ 5 亿元合同价的原则进行标段划分，保证每个标段具备一定的规模，避免以往标段规模小、工程量不集中，造成施工单位投入少，导致标准化程度低

的现象，更好地发挥集中作业、集中管理的优势，消除以往零散施工、管理分散、质量难控的弊端。在运营管理标准化方面，从管理流程和具体操作两个层面入手，全面推广工作内容标准、管理流程标准、质量控制标准、设施设备标准，进一步细化标准化应用手册，梳理岗位规范，优化工作流程，完善标准化体系建设。特别是量化了工作内容，明确了岗位职责，便于考核和奖罚，从而有效地调动了岗位工作积极性，使运营服务的各项工作协调有序进行。注重从抓细节、抓基层单位入手，深入开展对标达标活动，打造一批标准化班组、标准化场站、标准化服务区，以提高管理效率、服务质量，降本增效、开源节流。

3. 标准化的宣贯

福建省也出台了一套办法，建立标准化管理培训机制，在每个项目工程开工前，对业主管理人员、项目经理、总工、总监等人员进行培训宣贯，并组织开展标准化管理考试，对考试成绩进行分类排名，考试不合格的不允许上岗，真正把标准化管理的要求宣贯到每个人员、每个班组中去。近年来，编制了《标准化施工主要工序宣传活页》并发放给各相关人员，做到班组主要作业人员人手一册；制作单项工程标准化施工 3D 动漫，建立施工标准化可视化三维仿真平台，用于学习培训。运营管理方面，把服务标准化指南作为从业人员培训教育的重点教材，组织巡回宣贯、专题培训、考试等各种形式加强教育培训，让全体管理、服务人员全面熟知标准、正确运用标准、严格执行标准，尤其是加强窗口一线工作人员和新进人员的培训教育，使每位员工真正了解标准化建设的内涵实质，掌握标准化要求“应该干什么、怎么干，干到什么程度”，并化为自觉行动。福建省还定期召开典型观摩会、反面剖析会、交流总结会等，组织劳动竞赛、技术比武等有效形式，利用内部简报、信息网络、巡回演讲、发放宣传册等方式，在员工中广泛宣传标准化管理的重要性、紧迫性，以及奖罚措施和办法，加强对先进单位、班组和个人的宣传报道，树典型、立标杆，表彰先进、示范引领，使大家对标准化管理逐步接受并认同，深入人心，不断提高知晓率、支持度和参与度，形成比学赶超、争先创优的竞争氛围，全面提升全省高速公路建设与运营管理标准化水平。同时，利用报刊、电视网络等媒体，加大舆论宣传推动力度，加速标准化推进步伐。

4. 标准化的监督

福建省交通运输厅、省高速公路建设总指挥部（简称“省高指”）将各参建单位推行标准化管理情况纳入市高速公路建设指挥部（简称“市高指”）、项目业主绩效考核及施工监理单位信用考核范畴，制定标准化管理成效的专项考核评价办法，通过信用考核手段，对各项目、各标段推行标准化管理情况进行考核，有效促进标准化管理的全面推行。2012 年制定出台了《福建省高速公路建设标准化管理典型示范工程考评暂行规定》，要求每个市至少树立一个典型示范项目，每项目至少 3 个典型示范工点，“每市三月一评，全省半年一比”，市高指定期上报考评结果，省高指择优考评，全省通报。当年先后开展了 3 次评选，共评出 3 个在建项目、21 个路基标段、6 个路面标段为标准化典型示范工程，授予标准化管理示范优胜流动红旗和牌匾，项目或标段年度信用考核加分。对标准化管理不达标的项目业主或标段进行通报，约谈项目公司或施工单位主要领导和分管领导，督促其尽快扭转标准化管理落后的被动局面。被连续两次约谈的项目业主或施工单位，年度信用考核不得评为 A 级。在日常管理中，对各项目开展标准化管理情况实行“一月一督查、一月一专项、一季一分析、一季一通报”的督查制度，全省通报。采取季度检查、专项督查、明察暗访等方式，经常性重点检查标准化管理推行情况，对督查发现的问题，分门别类、详细列表，提出整改要求、整改措施、整改时限，落实整改责任人，并在整改时限过后及时组织检查复核，确保整改到位；对整改不力或拒不整改的单位、班组，加大处罚力度，坚决清退出场，遏制屡查屡犯、屡改屡犯的现象。运营管理方面也建立一整套科学、严格的考评体系和督促检查机制，将各岗位规范、职责、礼仪、服务、效能建设等要求统一纳入到目标管理、标准体系中，将考核结果与薪酬、奖惩、干部评先评优、考核任用挂钩，对贯彻落实标准化管理要求成绩突出的，给予表彰、奖励；对效果差、达不到要求的，予以通报批评、处罚。同时，主动接受社会各界的监督，不断提高社会的满意度，建立健全推行标准化管理的长效工作机制。

5. 标准化的创新

积极培育标准化亮点，鼓励各单位不断改进管理方法，进行管理创新和制度创新，实现科学管理。积极开展有利于标准化施工的新型技术、施工工法、机具装备研究，推广应用新技术、新材料、新工艺、新装备，推进技术创新、工法创新，实现施工标准化、机械化、规范化、精细化。2009 年以来，先后涌现出了钢绞线自动穿索、预制梁片检测台、钢筋机械绑扎、采用瑞雷波仪检测台背回填质量等新工艺、新办法，持续提升了标准化管理水平、提高了施工工效和实体工程质量。充分运用信息化技术手段，建设信息化管理、在线监控平台，实现数据远程视频监控系统联网，把数据进行转化运用，每日一报告、每周一点评，及时掌握进展，及时发现异常，夯实管理基础。鼓励各级各单位、从业人员积极借鉴其他省份、其他行业先进的管理方式，结合福建省实际情况，勇于探索试验，积极推动标准化管理创新。

6. 标准化的成效

福建在 2009 年以后开工的高速公路项目，均按照要求实现标准化管理，成效显著。通过推行标准化管理，工程质量得到有效控制，2010 年福建高速公路工程实体质量、原材料质量总体抽检合格率较 2009 年分别上升了 4.1% 和 5.3%。通过标准化管理的高标准、严要求，以及集中作业、集中管理的标准化管理要求，工程建设效率提高、总体进度明显加快；在集约的环境中完成各个生产环节，各生产工序间无缝衔接，最大限度地减少了中间转运，生产环境大大改善。更为重要的是，集中作业、集中管理的标准化管理切断了项目部将工程量进行切块分包的根源。比如，规定拌和站面积要达到 10 000m^2、钢筋加工场面积要达到 2 000m^2、每个预制场至少生产 300 片梁片等，使那些施工技术差、力量薄弱的施工队伍难以进入高速公路施工市场。同时，有实力的施工企业也通过标准化管理，大大提高了企业的形象和市场竞争力，有效推动了高速公路建设市场健康有序的发展。福建省高速公路全面推行运营服务与管理标准化以来，内控管理日趋完善，规范运作，整合资源，优化配置，提高效率，降本增效。高速公路服务保障能力持续增强，全省高速公路好路率达 99%，路面使用性能指数、路基技术状况指数、桥隧构造物技术状况指数和沿线设施技术状况指数平均值 94.5，达到优良；人性化服务不断强化，使“顾客至上、服务第一、快速放行、准确高效、应急便捷、秩序井然”的服务理念得到体现，涌现出福州机场高速公路征管所“微笑服务”等窗口品牌形象，标准化管理、精细化服务、品牌化经营，行业文明建设、运营管理服务品质走在全国前列。

实践证明，福建省推行高速公路建设与运营标准化管理，取得了“达到标准、确保质量、提高工效、节约成本”的良好成效，是福建省逐步解决高速公路建设任务日益繁重与管理力量相对有限矛盾的有力举措，也是同步抓好质量、安全、服务、效率和廉政的有效途径。

第二章　项目前期工作标准化

所有高速公路工程基本建设项目，都要严格按基本建设程序办理。基建程序主要包括决策阶段、实施阶段、运营阶段（图 2–1）。所谓前期工作就是指决策阶段的工作，即从项目开始规划后至开工前这一阶段的相关工作，包括相关研究、审批。

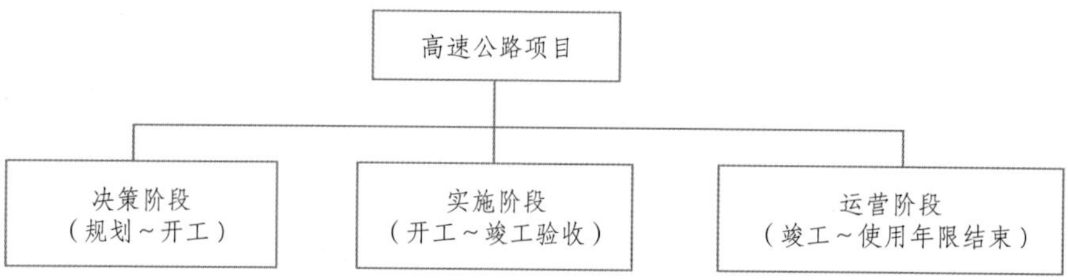

图 2–1　基建程序分阶段图

第一节　项目审批

福建省高速公路的建设体制，项目前期工作由市级高速公路管理机构负责，也就是相应报审工作的主体为市级高速公路管理机构；当建设单位机构成立后，有关工作可由建设单位承担，但市级高速公路管理机构仍应做好相关审批的协调、指导工作。

一、项目的启动

（1）项目启动的前提条件。规划是项目启动的前提。规划是指《国家公路网规划》、省级《高速公路网布局规划》。列入规划是项目启动建设程序的前提、先决条件。规划内的高速公路可根据社会经济发展需要，适时启动前期工作。

（2）项目的审批权限。《国家公路网规划》中的国家高速公路项目由国家投资主管部门审批，省级《高速公路网布局规划》中的省网项目由省级投资主管部门审批。

（3）项目的分段组合。规划内的高速公路路线较长，有的甚至跨几个市、县（区），可分段，如按县域划分，也可几个县境内路段整合成一个项目，亦可与相邻设区市的路段一起上报。项目划分的原则，还应考虑路网的需要，对形成通道、消除断头路、综合效益好的应优先考虑。当然，国家高速公路网规划的项目上报国家审批，应有一定的规模；省内审批的项目，主要由各设区市自行确定。

二、前期工作的内容

项目一经确定，前期工作即可启动。按照工作内容和开展的先后顺序，通常将前期工作分为立项阶段、工程可行性研究阶段、勘察设计招标阶段和勘察设计阶段（图 2-2），每个阶段的工作成果都是下一阶段工作开展的前提，环环相扣。本节主要介绍前 3 个阶段的具体工作标准，勘察设计阶段的工作在下一节详细阐述。

1. 预可行性研究、编制项目建议书

首先要委托有资质的咨询或设计单位进行预可行性研究、并编制预可行性研究报告。报告编制完成后，由市级高速公路管理机构组织审查、修订，由市投资主管部门行文报省投资主管部门审批。

根据福建省投资主管部门、省级交通运输主管部门《关于加快推进公路水运项目前期工作的若干意见》（闽投资交能〔2008〕1070 号），凡列入省政府批复的《高速公路网布局规划》的项目，项目建议书和可行性研究报告合并审批，直接审批项目可行性研究报告。如属于国家高速公路网项目，可直接编制工程可行性研究报告。

2. 工程可行性研究、编制可行性研究报告

项目可行性研究，是对项目建设的必要性、技术可行性、经济合理性和实施可能性进行综合性研究论证的工作，是公路建设项目前期工作的重要组成部分，是建设项目决策的主要依据。本阶段主要工作内容是根据规划的路线，进行工程可行性研究，审批可行性研究报告及完成相关前置手续，结果是取得投资主管部门的批复文件。

由省级投资主管部门审批的项目，主要程序如下：

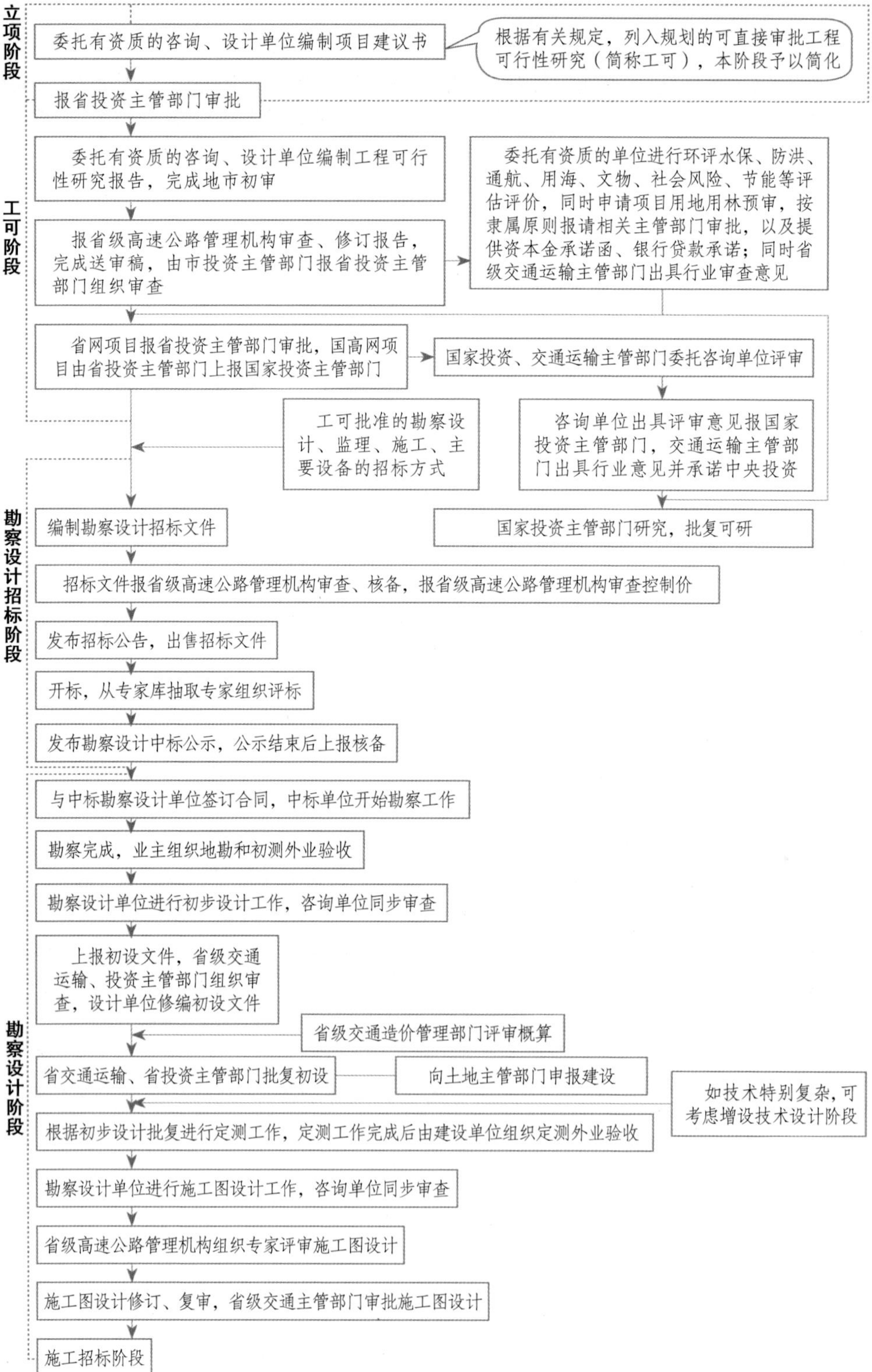

图 2-2　工程建设前期工作基本程序

（1）任务委托、编制工程可行性研究报告。由市级高速公路管理机构委托有资质的工程咨询、设计单位（简称编制单位）或结合勘察设计招标选择编制单位，同时与编制单位协商、签订相关合同。编制单位进行工程可行性研究，工程可行性研究主要解决项目建设标准与规模。报告编制时间按 3 ~ 4 个月控制。如需进行交通量调查的应按 4 个月控制。

（2）市级初审、上报省级高速公路管理机构审查。工程可行性研究报告完成，市级高速公路管理机构初审后，报省级高速公路管理机构，省级高速公路管理机构组织内审（出具内审意见），报告修改后由市投资主管部门上报省投资主管部门、市级高速公路管理机构行文至省级交通运输主管部门（抄送省级高速公路管理机构），要求审批工程可行性研究。

（3）省投资主管部门组织报告审查。工程可行性研究报告审查由省投资主管部门组织，市级高速公路管理机构应积极与省投资主管部门、省级交通运输主管部门协调，安排会议时间并安排好会务工作。

（4）工程可行性研究前置手续办理。工程可行性研究报告审查后，可安排工程可行性研究前置手续的办理，主要是用地预审（包含地质灾害危险性评估、压覆矿床调查）、环境影响评价、水土保持方案、地震安全性评价、文物、防洪、通航（涉及通航项目）、海洋环评及用海预审（涉海项目）等，按隶属原则报请相关主管部门审批；同时市级高速公路管理机构（或筹建单位）应落实资金拼盘，也就是资本金、银行贷款的承诺函（省市合作，双方按股比均需出具资本金承诺函）。

（5）省级交通运输主管部门出具行业意见。在前置手续基本完成、工程可行性研究报告修订后，省级交通运输主管部门出具行业审查意见。

（6）批复。前置手续均已完成，由省投资主管部门研究批复。

由国家投资主管部门审批的项目，经省投资主管部门组织审查后，修订的工程可行性研究报告由省投资主管部门上报国家投资主管部门审批。有关程序如下：

（1）文件接收、委托审查单位。国家投资主管部门接收上报的工程可行性研究报告后，将安排工程可行性研究报告咨询评审单位，同时交通运输主管部门委托工程可行性研究报告代审单位。在本阶段，应积极争取国家投资、交通运输主管部门应尽快委托审查单位。

（2）现场咨询与评估报告出具。咨询审查单位明确后，应协调审查单位尽快到现场评估审查，并做好会议的协助工作。

现场评估审查后，根据评估意见尽快完成报告修订，由省投资主管部门行函报国家投资主管部门，省级交通运输主管部门行文至交通运输部并抄送代审单位。代审单位出具评估报告并报国家投资、交通运输主管部门。

代审单位完成评估报告后，交通运输主管部门将出具行业审查意见送国家投资主管部门，国家投资主管部门在汇齐行业意见、评估报告以及所有前置条件审批手续后，研究通过后批复项目可研。

三、勘察设计招标阶段

工程可行性研究批复后，建设单位或筹建单位即可按照批准的可行性研究报告和招标方式，自行组织或选择招标代理公司编制勘察设计招标文件。主要程序如下：

（1）将招标文件报省级高速公路管理机构审查、核备；报省级高速公路管理机构审查招标控制价。

（2）发布公告，出售招标文件。

（3）开标，从专家库抽取专家组织评标。

（4）发布勘察设计中标公示，公示结束后上报核备。

第二节　勘察设计管理标准化

高速公路建设项目经过勘察设计招标，确定了勘察设计单位后，进入勘察设计阶段，这是项目前期工作的最终环节，也是关键环节，其技术水平和工作质量，决定了建设项目的使用功能、经济效益、社会效益和环境效益，必须加强管理。

一、勘察设计管理程序标准化

勘察设计作为高速公路建设项目决策阶段的一个关键环节，必须严格履行基本建设程序，依法依规完成设计文件的编制及报审报批。

1. 勘察设计管理阶段划分

前期工作中的勘察设计，是指两阶段设计——初步设计和施工图设计。按照勘察设计工作的特点，每个阶段又细分为勘察和设计两个部分，初步设计阶段包括初测和初步设计，施工图设计阶段包括定测和施工图设计，每一阶段的勘察和设计工作都应严格地经过准备、实施、评审和使用 4 个环节，每个环节的工作都是本阶段下一工作环节的基础，每个阶段的勘察工作都是本阶段设计工作的基础，每个阶段的设计成果又是下一阶段设计工作的基础，每个环节、每个阶段的工作都是下一环节、下一阶段工作的保障，决定着整个项目的质量、进度和投资控制，可以说是环环相扣、不可偏废。

2. 勘察设计管理主体要素

福建省高速公路建设项目勘察设计管理所涉及的主体要素有交通运输主管部

门（交通运输部 / 省级交通运输主管部门）、省级高速公路管理机构、省级交通造价管理部门、市级高速公路管理机构、建设单位、勘察设计单位、勘察设计咨询单位，这 7 个主体要素的主要职责如下：

（1）交通运输主管部门（交通运输部 / 省级交通运输主管部门）主管全省高速公路工程勘察设计管理工作，审批或审查初步设计和施工图设计。

（2）省级高速公路管理机构，负责全省高速公路工程勘察设计管理工作的指导和监督，代省交通运输厅审查或审查设计文件中的技术文件。

（3）省级交通造价管理部门，负责代交通运输厅审查全省高速公路工程初步设计概算文件和施工图设计预算文件。

（4）市级高速公路管理机构，负责本市境内高速公路工程勘察设计管理工作的指导和监督，组织设计文件的报审和相关复查工作。

（5）建设单位，负责本项目勘察设计工作的具体协调管理工作，掌握勘察设计工作动态、检查勘察设计服务工作以及考核勘察设计单位工作情况。

（6）勘察设计单位，根据合同和建设单位要求，完成勘察设计任务并提交勘察设计工作各阶段成果。

（7）勘察设计咨询单位，根据合同和建设单位要求，完成勘察设计工作的跟踪审查工作，并提交各阶段咨询成果。

3. 勘察设计管理主要流程

1）初步设计阶段

（1）初测管理流程（图 2–3）。

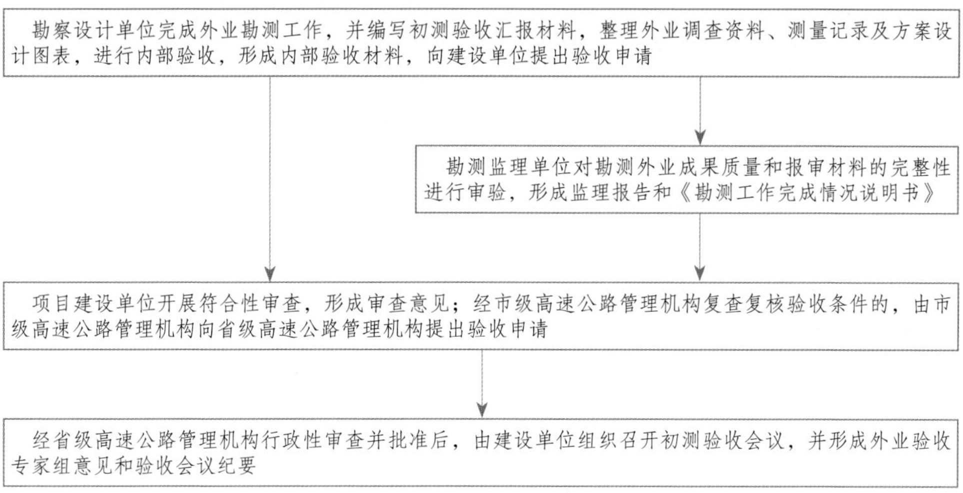

图 2–3　初测管理流程

（2）初步设计管理流程（图 2-4）。

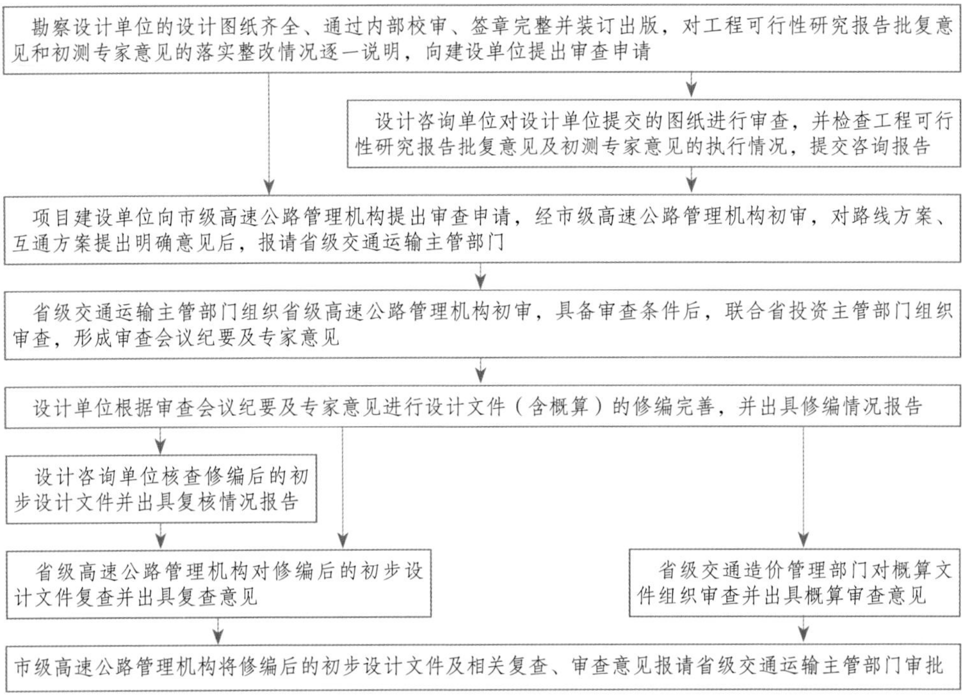

图 2-4　初步设计管理流程

2）施工图设计阶段

（1）定测管理流程（图 2-5）。

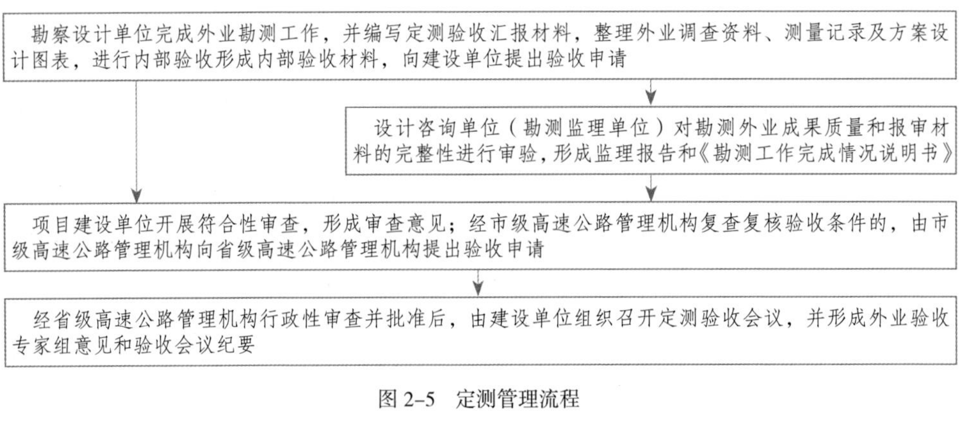

图 2-5　定测管理流程

（2）施工图设计管理流程（图 2–6）。

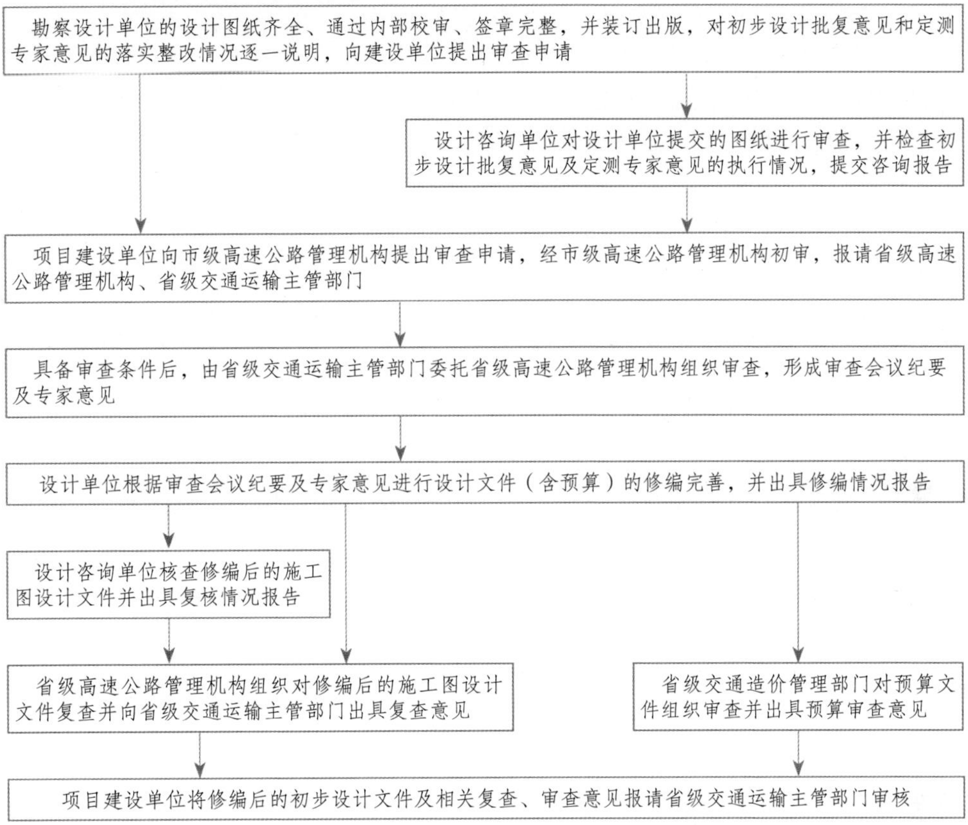

图 2–6　施工图设计管理流程

二、勘察设计合同管理标准化

合同管理是推行项目法人责任制、招投标制、工程建设监理制和合同管理制的重要手段。勘察设计合同，就是在勘察设计阶段由项目法人为委托勘察设计单位完成一定的勘察设计任务，与勘察设计单位订立的明确双方权利、义务的协议。根据勘察设计合同，勘察设计单位应完成项目法人委托的勘察设计项目，项目法人接收符合合同约定要求的勘察设计成果并向勘察设计单位付予报酬。

1. 合同的订立

高速公路勘察设计（勘察设计咨询）合同，由建设单位与勘察设计单位（勘察设计咨询单位）通过公开招投标的方式订立，采用交通运输主管部门颁布的有关合同范本，合同内容必须符合国家和交通运输主管部门制定的有关技术标准、规范、规程以及项目有关批文。

2. 合同的履行

1）建设单位的责任与义务

建设单位，应根据项目的具体情况和技术要求，合理确定设计工作量和设计周期，向设计单位提供设计依据资料，对设计单位与地方政府及有关部门的协调工作提供必要协助，组织设计成果的上报审批工作，并按合同有关规定支付勘察设计费用。

2）勘察设计单位的责任与义务

勘察设计单位，应根据合同约定提供各阶段成果，确保各阶段成果的质量和深度满足有关规范、规定要求，并积极配合建设单位进行各项招标工作，按合同规定或建设单位规定的时间提供各标段施工、施工监理招标所需图纸、工程说明和工程量清单等，对所提供的成果质量负责。

3）勘察设计咨询单位的责任与义务

勘察设计咨询单位，应在合同规定的审查工作阶段中，全方位、全过程地跟踪勘察设计工作，从外业勘察测量到内业设计都应派专家参与，并按主管部门和建设单位的要求参加项目各阶段的审查工作，在规定的时间内提交符合相关要求的咨询成果及阶段性中间咨询成果。

3. 费用与支付

（1）建设单位按照合同条款的规定，按实向勘察设计单位（勘察设计咨询单位）支付勘察设计（勘察设计咨询）费用。

（2）对勘察设计、咨询单位实行信用等级考核，按照《福建省高速公路勘察设计及咨询单位信用考核实施细则》的规定，按年度对每个项目分初测、初设、定测、施工图设计及后续服务5个阶段进行考核，考核结论与勘察设计单位设计和监理咨询单位的合同费用支付与投标信誉考核分值等相挂钩，实行奖优罚劣。

4. 其他规定

合同的延误、变更、推迟和终止、违约和赔偿、争端的解决、版权等事宜严格服从国家的法律法规、合同协议及相关管理规定。

三、勘察设计质量管理标准化

勘察设计质量管理是勘察设计管理的核心，勘察设计中的任何差错和遗漏都会在施工和运营中扩展和放大，引起更大的失误，从而影响到整个工程的投资、进度和质量目标的实现。勘察设计质量管理就是要在严格遵守法律法规和技术标准的基础上，加强勘察设计过程管理，才能使设计更好地满足建设单位所需要的功能和使用价值。

1. 推行标准化设计

大力推行标准化设计是福建省高速公路标准化管理的有机组成部分，福建省总结多年的高速公路建设经验与教训，编制了《福建省高速公路设计指南》来指导设计，通过推广技术成熟、便于施工的标准化、模块化设计，不仅加快了设计进度、保障了设计质量，而且促进了施工标准化水平提升，提高了施工阶段的生产效率、节约了建设成本，对工程建设项目降低工程造价、提高经济效益起到了重要的作用，是高速公路建设项目获得安全、质量、进度协调统一的有力保障。

2. 推行设计双院制审查

按照《福建省高速公路勘察设计咨询工作管理办法（试行）》的规定，推行设计双院制审查，在初测、初步设计、定测、施工图设计 4 个阶段开展现场监理及设计咨询工作，对各阶段设计过程中的关键技术问题组织专家研讨，提出咨询意见，不断优化设计。咨询单位参加各阶段的中间检查、外业验收、方案论证、审计图纸审查等会议，并按合同要求提交设计咨询报告和意见。

3. 规范设计审查、验收工作

在勘察设计初测、定测阶段，严格执行《福建省高速公路勘测工作外业验收办法》的相关要求，完成勘察设计单位内部验收、建设单位验收、行业主管部门验收。在初步设计和施工图设计审批阶段严格执行《福建省交通运输主管部门关于加强重点公路建设项目设计管理工作的意见》的相关要求，完成勘察设计单位内部审查、建设单位审查、市级高速公路管理机构审查、交通运输主管部门审批等程序。

4. 规范专家评审工作制度

初测、定测验收阶段专家评审由建设单位组织，邀请省级交通运输主管部门、省级高速公路管理机构等相关单位参加；初步设计和施工图设计文件专家评审则由建设单位提出申请，由省级交通运输主管部门或省交通运输主管部门委托相关单位组织。专家的确定采用从各专业专家库随机抽取和相关单位或部门推荐相结合的方式，为保证审查工作的连续性，同一项目同一专业各阶段审查专家遵循一致性原则，审查方式上采用提前送交图纸和集中开会讨论相结合的方式，确保专家和建设单位、设计单位、咨询单位能够进行深入、充分的沟通和研究。专家评审过程中，各专家须单独提交个人书面审查意见并签名，各专业组组长组织审查专家充分讨论后形成专业组意见，明确推荐性意见，供审批机关决策。

四、勘察设计投资管理

投资控制贯穿于工程项目实施的全过程，不同的建设阶段对高速公路建设项目投资影响的程度是不同的，而勘察设计阶段、特别是初步设计阶段对工程造价的影响最大，因此勘察设计投资管理的重点是概算控制。

1. 推行限额设计

在初测外业阶段，设计单位完成纸上定线并通过专家的路线方案评估后，通过分析工程可行性，研究走廊的地形、路线基本线位及构筑物的分布情况，对初步设计推行限额设计，掌控总体指标及分项指标。由省投资主管部门、省级交通运输主管部门、省级高速公路管理机构、省级交通造价管理部门、项目所在地设区市级高速公路管理机构、项目业主以及设计、咨询单位等组成评判小组，根据项目的具体因素套用相应限额指标，由相关评判小组结合项目特殊因素，适当修正后提出限额总体指标和分项指标。

2. 设计剖析

对在概算预控分析中每公里造价较高或总概算突破估算 10% 的项目开展设计剖析。主要针对项目的平面设计是否充分利用地形地貌和地质、是否少占农田、是否避开大型建筑物等，纵断面设计是否避免了大填大挖等，特殊路基设计是否采用经济合理的处理方法，桥梁涵洞是否采用了经济合理的结构形式，互通的位置和形式是否经济合理等。不仅要考虑技术上的可行性，同时还要考虑经济上的合理性，通过设计剖析集思广益、取长补短，在充分保障使用性能（或功能）及安全性能的前提下，尽可能降低工程造价。

3. 造价审核

高速公路项目初步设计概算和施工图设计预算编制完成后，应上报省级交通造价管理部门进行审查，由造价管理部门结合近期项目的造价编制和执行情况对项目概预算进行比较，对造价的合理性进行分析，提出工程造价审核意见上报省级交通运输主管部门和项目立项部门。

第三节　招标投标管理标准化

招标投标制是在“公开、公平、公正、诚实信用”等市场竞争准则的前提下选择设计、监理、施工单位和采购主要材料的所必须遵循的规范性行为，是实现项目法人责任制的重要保障措施之一。高速公路建设项目招标一般可分为勘察、设计招标，施工招标，建立咨询招标，材料及机械设备招标等几种。本节就福建省高速公路建设项目招标管理体系进行详细介绍。

一、招标主体和行政监督

如前所述，福建省高速公路建设实行“建设以地市为主，省市合作”的建设管理模式。招投标工作主要以地市为主，所有工作均由项目法人组织开展和实施，省级交通运输主管部门、省级高速公路管理机构根据有关规定进行监督和指导。省级交通运输主管部门与省级高速公路管理机构联合成立招投标监督管理工作领导小组，负责领导全省高速公路建设项目招投标活动监管工作，研究制定有关招投标管理制度，指导招投标投诉处理，依法查处违法违规行为，维护交通建设市场的公平公正。各项目业主也成立招投标领导小组和招投标工作小组，负责招投标的具体工作。

二、招投标制度

福建省高速公路招投标严格执行《中华人民共和国招标投标法》、《招标投标法实施条例》、国家相关部委关于设计、监理、施工和货物招标等有关规定，以及福建省《招标投标条例》等有关法律、法规、规章，认真贯彻落实福建省交通运输主管部门《关于进一步规范我省高速公路建设项目招标投标工作的意见(试行)》，全省所有高速公路建设项目的项目投资人的选择和项目的勘察设计、勘察监理设计审查（咨询）、施工、施工监理、试验检测以及与工程建设有关的重要设备、材料等的采购，均按《福建省依法必须招标项目具体范围和规模标准规定》实行公开招标。符合有关规定，需要采用邀请招标或不进行招标的，须经项目审批部门或省政府批准。任何单位和个人不得将依法必须进行招标的项目化整为零或者以其他任何方式规避招标。

三、统一资格审查方式、标准、内容

1. 统一资格审查方式

施工招标原则上采用资格后审，对于技术特别复杂的工程可采用资格预审。勘察设计、勘察监理设计审查（咨询）、施工监理、试验检测和重要材料采购招标应采用资格后审。

2. 制定资格条件标准

招标人应制定强制性资格条件的量化标准。标准要高低适当，与招标标段的工程内容、规模和技术复杂程度相适应，特别是对资质和注册资本金要求，应严格执行资质管理的有关规定，不得擅自提高或降低。施工、监理招标资格条件原则上应参照福建省高速公路招标文件范本设置。

3. 简化资格审查内容

（1）对勘察设计、勘察监理设计审查（咨询）、施工和施工监理、试验检测的招标，招标人应仅对投标人的资质、业绩、财务能力、履约信誉和主要人员的资历等设定强制性资格条件；对设备和其他技术管理人员等不作为通过资格审查的内容。

（2）对重要材料采购招标，招标人应仅对投标人的业绩、财务能力、履约信誉、技术指标等设定强制性资格条件；设备、材料的原产地等其他要求不作为通过资格审查的内容。

四、招投标监督体系

（1）对招标公告公布、专家抽取、投标、开标、评标、定标、合同签订等具体环节进行严格把关，确保在程序上合法合规。

（2）对招投标进行事前、事中、事后的全方位监督，把招投标活动全过程纳入招投标监管机构监督之下，不留死角。

（3）形成严密的招投标监督网络。各级监督机关与有关部门相互配合，强化行政监察、财政监督、审计监督和项目稽查作用，同时发挥社会监督的作用，公布投诉、举报电话等，把招投标工作置于严密的监督网络之中，保证招投标活动的健康发展。

五、防范违规投标措施

（1）推行资格后审，实行随机确定投标标段的办法。除技术特别复杂的工程外，施工招标应根据项目标段特点进行分组。原则上，以 2 ～ 5 个标段为一组，招标人按组设定强制性资格条件，投标人可投标 1 ～ 2 个组，但必须对 1 ～ 2 组内的所有标段进行投标并报价。开标时，采用随机抽取的方法确定每个投标人应开标的 1 ～ 2 个标段，增加投标随机性，提高围标串标难度。

（2）要求投标人缴纳的投标保证金，必须从投标人注册地基本账户转入，且缴纳人的名称必须与投标人名称相一致，退还时也是同一账户，严格防范投标人借用资质挂靠投标行为。

（3）随机确定评标基准价计算方法，在招标文件中列出 5 种评标基准价的计算办法，在开标时随机抽取其中的一种方法计算评标基准价，使投标人难以事先掌控规律，减少相互串通操纵评标基准价的可能。

（4）核查投标人主要信息。业绩、主要人员信息，应在评标现场由评标专家或清标小组通过全国公路建设市场信用信息管理系统进行核实，不再要求投标人提前提供。投标人提供的业绩、主要人员信息与在全国公路建设市场信用信息管理系统中登记不一致的，一律按无效投标处理，并报请上级有关部门按有关规定予以处罚。

六、合理确定评标办法、评标基准价和投标控制价

1. 合理确定评标办法

高速公路工程招标，一般采用合理低价法、综合评估法、最低评标价法三种评标办法进行评标。一般路基土建工程、路面及安全设施工程施工招标，采用合理低价法进行评标；机电三大系统、其他机电工程和技术特别复杂的路基土建工程施工招标，采用综合评估法或合理低价法进行评标。勘察设计、勘察监理设计审查（咨询）、施工监理、试验检测招标，采用综合评估法进行评标。重要材料采购、绿化工程招标，采用最低评标价法进行评标。单独招标的房建工程采用合理低价法或最低评标价法。

2. 随机确定评标基准价

对采用合理低价法评标的，推行随机确定评标基准价。招标人应在施工招标文件中列出 5 种评标基准价的计算办法，在报价文件开标前随机抽取其中的一种方法和相关系数计算评标基准价。

3. 合理设定投标控制价

投标控制价由招标人负责委托造价咨询机构编制，在投标截止期 7 日前由省级高速公路管理机构会同省级交通运输主管部门、省级交通造价管理部门、地市级高速公路管理机构、建设单位共同审定后告知各投标人。投标控制价应按照国家有关造价管理规定，适当考虑施工成本和合理利润进行编制。投标控制价应控制在批准的概算内。投标价超出投标控制价的，按无效投标处理。

七、风险划分

1. 采用“除外包干”合同模式

为加强投资控制，路基土建工程施工应采用“除外包干”合同模式。除招标文件（或范本）中列明的非包干项目外，其他项目实行总额包干。包干工程数量允许在合同签订后两个月内以施工图为准进行勘误，勘误结果经项目业主、设计、监理、施工单位共同确认后作为计量支付依据，包干数量在合同履行期间保持不变。非包干项目的工程数量按实计量，同时在招标文件中明确变更作价原则。合同中应设定包干风险金，一般不少于第 100 章至 700 章清单合计价的 1%，由投标人在投标时自行报价。

2. 调整主材价差

为公平合理地分担工程施工期间价格波动风险，对用于永久性工程的钢筋、隧道用的型钢、钢绞线、沥青以及柴油等主要材料进行价差调整。价差调整的原

则，应根据省级交通运输主管部门下发的价差调整指导意见，对调价材料的权重采用价格调整公式进行调整，并在招标文件中明确调价材料的权重和基期价格。基期价格原则上为编制最高限价时参考的信息价。

3. 调整中标人报价清单中各子目中标单价

为防止不平衡报价，招标人应在签订施工合同时，对中标人报价清单中的各子目中标单价，依据招标文件工程量清单中列明的工程数量和同标段所有被宣读的投标价（去掉超出招标人最高限价的投标价和低于最高限价的 75% 的投标价）中各子目单价的平均值，按中标价与投标人平均报价的比例进行调整；暂估价、低价风险金、保险费、奖励金、安全生产费等按招标文件规定计算，中标总价保持不变。

八、招标文件审查备案制度

项目招标开始前，招标人应提出项目打包和标段划分方案，经市级高速公路管理机构审查并提出审查意见报省级高速公路管理机构批准后编制招标文件，招标文件（含资格预审）经市级高速公路管理机构审查提出审查意见后再报送省级高速公路管理机构，并同时抄送省级交通运输主管部门。收到文件后 12 个工作日内，省级高速公路管理机构会同省交通运输主管部门召开审查会，提出审查意见。未经省级高速公路管理机构审查同意，招标人不得发布公告和出售招标文件。经审查备案的招标文件的实质性条款原则上不得修改，确需修改应事先征得省级高速公路管理机构书面同意。

评标结束后，招标人应及时将评标报告和定标结果报省级交通运输主管部门、省级高速公路管理机构备案，并将中标人、中标候选人及其业绩、主要人员等信息在省交通运输主管部门网站上公示。同时根据《福建省招标投标条例》，确定中标人之日起 3 日内将中标结果等事项在福建招标与采购网进行公示。

九、评标管理

（1）招标人应严格按照相关规定和程序组织评标工作，组建的评标委员会应严谨、客观、公正地履行职责，独立行使评审职责，合理分工、充分沟通、交叉审核，对所有投标文件（资格审查文件，下同）逐份审查，全面系统评审，并出具评标报告。

（2）评标专家抽取，应由各地市高速公路管理机构或项目业主委派一名副总经理或处级以上领导干部负责，各地市监察部门派人监督，参与抽取、监督、接送的人员（含驾驶员）对专家的保密工作负责。专家名单在评审、评标工作结束前始终保密。

（3）招标人要做好招投标过程保密工作，指定专人负责出售招标文件、发出投标邀请。购买招标文件名单、邀请名单和资审结果应严格保密。在评标工作期间，除专家、清标人员、监督人员外，其他任何人员不得进入评标工作场所；评标过程中发表的各种意见和形成的各种资料、评标结果等应严格保密，任何人都不得将评标过程、内容、有关问题传给与评标工作无关的人员；评标过程中的评标文件、资料及各种表格等只限于在评标规定的场所使用，不得外带，评标中产生的废纸应统一销毁。

（4）评标工作时间应由评标委员会根据评标工作量及项目的复杂程度等因素合理确定，原则上不得少于2天。坚决杜绝简化评标程序、评标走过场、走形式。评标委员会不得以工作忙等为由压缩评标时间，招标人不得指定或限制评标时间。

第四节　设计剖析典型案例

在本章第二节中，已经解释了勘察设计阶段投资控制的重要性和管理体系，本节就以福建省某项目为例，具体进行设计剖析的实际应用。

一、案例背景

剖析项目为省高速公路网的组成部分，地处东部沿海地区，路线全长24.536km，全线设3处互通立交，2处收费站，采用双向6车道标准建设，设计速度100km/h，路基宽度33.5m。项目初步设计审查概算为39.734亿元，超工程可行性研究报告批复估算的10%。为降低项目造价、优化路线设计，相关部门多次召开设计剖析会，对设计单位提出的多个路线初步设计方案进行优化论证，最后提出标准合适、工程安全、造价合理的路线方案。

二、案例概述

根据本项目沿线地形、地质、水文条件，铁路交叉、城镇规划、工程规模、设计造价等因素，设计单位共提出4个比选方案，具体如下：

1. K1方案（设计剖析提出的路线方案——增坂外线方案）

在A村与沈海线主线分流后向南延伸，设一处隧道，至B村上跨铁路隧道，跨某市政道路分离式立交设落地互通，建一座特大桥，与铁路并行，跨海湾后至C镇设一处枢纽互通，建一座隧道后到项目终点。全线新建路线长24.343km，按双向6车道、设计速度100km/h、路基宽度33.5m的标准建设，概算造价为34.72亿元，每公里平均造价为 1.426 亿元。

2. K2 方案（初步设计审查会审定的推荐方案——外线方案）

起点 D 村设一处十字枢纽连接沈海高速公路，至 B 村上跨铁路隧道，跨某市政道路分离式立交设落地互通，建一座特大桥，与铁路并行，跨海湾后至 C 镇设一处复合互通，建一座隧道后到项目终点。全线新建路线长 23.94km，按双向 6 车道、设计速度 100km/h、路基宽度 33.5m 的标准建设，初编概算造价 39.734 亿元。经设计剖析如暂缓实施十字枢纽互通的 C、F 匝道，C 镇复合互通的 H、I 匝道，以及施工临时设施优化，征地拆迁个案落实评估，总概算造价 36.92 亿元，每公里平均造价约为 1.54 亿元。

3. K3 方案（工可报告比较方案——老路拓宽方案）

起点 D 村设一处枢纽互通连接沈海高速公路，从枢纽至 E 镇沿老路拓宽，E 镇至 C 镇为主线分叉，在 C 镇设一处枢纽互通，建一座隧道后到项目终点。路线总长 22.72km，初编概算造价为 30.56 亿元，每公里平均造价约为 1.35 亿元。其中：起点枢纽互通至 C 镇主线分叉段计 12.448km，按双向 8 车道、设计速度 100km/h、路基宽度 41.0m 的标准建设，C 镇主线分叉至项目终点段计 4.7km，按双向 6 车道、设计速度 100km/h、路基宽度 33.5m 的标准建设。

4. K4 方案（设计剖析提出的路线方案——大内线方案）

起于 F 村，穿一座隧道至 G 村，沿水库下游布线，设一座大桥、至 H 村设落地互通连接国道，跨溪穿隧道至某山庄，建大桥跨城市公园，而后沿市区后山布线，经 3 个村后穿隧道于 I 村设互通，主线合流后沿老路拓宽至 J 村设一落地互通，主线分叉后下穿铁路至某码头，设一处枢纽互通，建一座隧道后到项目终点。路线全长 31.014km，其中 H 互通至起点段 8.36km 按双向 4 车道、设计速度 80km/h、路基宽度 24.5m 的标准建设，其余 24.594km 按双向 6 车道、设计速度 100km/h、路基宽度 33.5m 的标准建设，全部并入沈海复线项目建设，估算总造价为 34.98 亿元，每公里平均造价约为 1.422 亿元。

三、论证分析

针对上述 4 个方案，专家组从以下 5 个方面进行了具体的论证分析：

1. 从功能定位分析

作为沈海线的复线，需有效分流原沈海线过境本地区车辆。K1 方案、K2 方案及 K4 方案均能有效分流，但 K2 方案在 D 村枢纽互通处出现较大绕行，不利于分流交通流。

2. 从规划需求分析

K1 方案、K2 方案的路线沿市区在铁路和学校之前的预留走廊布设，符合地方规划，地方规划局已按该线位方案完成该市规划并上报省住建厅审批通过；K3 方案（拼宽线）、K4 方案（大内线）的路线走向与该市城市总体规划有矛盾，地方政府认为不符合城市发展要求，反对这两个方案。

3. 从施工条件分析

K1 方案不从市区中心穿越，征拆工作量、施工干扰均较小，有利于工程顺利实施，但存在原沈海线上已有落地互通的搬迁问题；K2 方案存在电力走廊与输水管线的拆迁问题，协调难度大；K3 方案虽利用现有道路，少占用土地约 600 亩①，施工影响沈海高速及国道运营，保通压力大，路线从市中心穿越，拆迁工程量大，对市区干扰较大，需要对部分已有的构造物拆除重建；K4 方案需要穿过密集的居民区与城市公园，征迁量巨大，影响面广，施工难度极大。

4. 从路网条件分析

K1 方案、K2 方案、K4 方案均为新建沈海复线（6 车道），加上原沈海线（4 车道）通行能力大于扩建后的沈海线（8 车道），服务水平、交通组织调度也有较大优势。在路网里程上，K1 方案比 K2 方案（原设计推荐线）、K3 方案（老路拓宽线）、K4 方案（大内线）分别短 3.12km、2.163km、4.603km，K1 方案最为便捷。

5. 从造价条件分析

K1 方案比 K2 方案节省 2.27 亿元、比 K3 方案高了 4.15 亿元、比 K4 方案节省 0.26 亿元，K3 方案造价最低。但从新增每车道的造价比较：K1 方案新增 6 个车道，每车道的造价 5.78 亿元；K2 方案也新增 6 个车道，每车道的造价 6.16 亿元；K3 方案新增 4 个车道，每车道的造价 7.64 亿元；K2 方案也新增 6 个车道，每车道的造价 5.83 亿元；K1 方案较优，同时 K1 方案仅比 K3 方案高 4.15 亿元，却增加了两个车道，从总体投资上是有利的。

通过分析比选，最终推荐采用 K1 方案，该方案经修编、上报、审查后，项目初步设计批复概算为 34.096 亿元，比初步设计审查概算 39.734 亿元节省 5.638 亿元，比批复估算 34.79 亿元节省 0.694 亿元，节约估算 1.99%。

通过上述案例分析，设计剖析在勘察设计管理中所起的作用不言而喻。就本案例而言，经济方面造价从超估算 10% 到比估算节约 1.99%，技术上土石方数量由 22.4 万 m^3/km 优化为 17.2 万 m^3/km，桥隧比例从 69.26% 增至 69.96%，路线平曲线指标也得到优化。

在进行设计剖析的过程中，我们体会到路线设计是高速公路工程设计的关键，线形检验和评价是项目剖析工作的核心。从技术方面讲，线形设计决定了行车的安全性、舒适性；从经济方面讲，线形设计决定了公路的技术等级、规

① 1 亩 =666.6m^2

模及经济性。为使线形在设计阶段工程造价具有最优经济性的同时，其使用质量及服务水平在运营阶段也具有最佳的安全性、舒适性及经济性，设计阶段应该对线形进行检验与评价。通过线形检验与评价，找出线形的内在缺陷并进行改善，从而使路线更加适合地形条件，线形元素的选取以及它们之间的组合更加科学，实现在工程造价上经济合理，在使用质量上满足各项需求，达到投入与产出协调统一。

第三章　建设管理行为标准化

高速公路项目建设周期长、建设程序复杂、组织管理难度大，实行管理行为标准化，可以有效解决高速公路建设管理力量有限、管理水平不平衡、管理行为不规范的现象，切实做到工作有目标、实施有标准、操作有程序、过程有控制、结果有考核，提升建设管理水平。本章主要从组织管理、信息化管理、监督考核、工程验收等方面，对项目管理行为进行规范。

第一节　组织管理

高速公路工程施工阶段的组织管理，主要包括人员管理、管理制度、目标控制等。

一、人员管理

人员管理标准化就是根据项目的需要和岗位要求，配备的人员要懂业务、会管理，满足管理的相关要求，使项目机构成为实现项目建设目标的高效率工作团队。建设单位管理机制、机构设置、人员配备，应满足交通运输部《关于进一步加强公路项目建设单位管理的若干意见》。监理单位管理机制、机构设置、人员配备，应满足招标文件和交通运输部《公路工程施工监理规范》（JTG G10—2006）的要求。施工单位管理机制、机构设置、人员配备，应满足招标文件的要求。试验室管理机制、机构设置、配备人员和资格要求，应满足投标文件和交通运输部《公路水运工程试验检测管理办法》文件的要求。建设单位应按照招标文件加强施工、监理单位和试验室人员的管理，制订相应的考勤办法。

1. 建设单位

高速公路项目公司的机构应精简高效，面向一线。项目公司驻地应设置在项目沿线所在县（市）。项目公司内部管理机构应设置综合部（含纪检）、计划合同部、工程技术部（含技术、质量等）、财务审计部、安全管理部等职能部门。

项目公司董事长或总经理，应优先推荐具有高速公路建设管理经验的专业技术人员担任，且具有较强的组织管理和协调能力。若两个职位由一人担任，该职位应由专职人员担任，该负责人应具有中级及以上工程专业技术职称，具备高速公路项目的建设管理经验。若两位负责人分开设置，二者中应有一位负责人为专职人员，并需满足上述要求。

分管工程技术的项目公司副总，应熟悉、掌握公路工程技术标准、规范和规程，具有高级及以上工程专业技术职称，并具备高速公路项目的技术管理经验。分管工程技术的项目总工，应熟悉、掌握公路工程技术标准、规范和规程，具有高级及以上公路工程类专业技术职称，并具备高速公路项目的技术管理经验。财务部门负责人，应熟悉掌握国家财经法规和财务制度，具有中级以上职称，并具备高速公路建设项目的财务管理经验。工程部门负责人，应具有中级及以上公路工程类专业技术职称，具备高速公路建设项目的管理经验。计划合同部门负责人，应具有中级及以上公路工程类专业技术职称，并具备高速公路建设项目的管理经验。安全部门负责人，应具有中级及以上专业技术职称，并经过省级以上交通质量安全监督部门安全培训，具备高速公路建设项目的管理经验。

建设单位派驻工程现场的管理人员上岗时应佩戴工作牌，工作牌应具有人员姓名、工号、照片、所在部门、职务等相关信息。

2. 监理单位

监理单位，一般设置两级监理机构，即总监办和驻地监理工程师办公室（驻地办）。在中标通知书下达后，由监理企业按投标承诺及时组建监理驻地。监理驻地设置地点以方便工作为原则，应考虑项目组成、工程规模、难易程度、合同工期、地理位置、现场条件等因素，从项目实际出发，根据不同情况设置相应的监理机构。

总监办设总监办公室、工程部、综合部和工地试验室（有第三方检测的不设）。中心试验室设水泥室、力学室、土工室、标养室、混凝土室、集料室、样品室、沥青室、沥青混合料室和办公室。驻地办按标段设驻地监理办公室。总监办应加强组织领导，建立健全监理管理体系及管理制度。

监理单位根据投标承诺及工程实际需要，配置监理机构的人员，如总监理工程师、副总监理工程师、驻地工程师、专业监理工程师、监理员及后勤工作人员等；中心试验室设试验室主任、技术负责人及试验员。在基本配备的基础上，根据工程规模、工程进展阶段，实行人员调配。中标通知书下达后总监理工程师及试验室主任（若总监办设有试验室）应及时到位，其他人员在具备施工条件时必须全部到位。

总监办应配备1名总监理工程师和若干名专业监理工程师。总监理工程师，应具有相应专业的高级技术职称、5年以上的现场工程监理经历、担任过两项及以上同类工程的驻地监理工程师或总监理工程师职务。驻地办应配备1名驻地监理工程师和若干名专业监理工程师。驻地监理工程师，应具有相应专业的中级或以上技术职称、同类工程3年及以上的监理经历。专业监理工程师，应按照对工程实施有效监理的原则，根据监理内容、工程大小及类别配备。总监办、驻地办均应配备相应数量安全、环保专业方面的监理工程师。

所有监理人员上岗时，应佩戴工作牌，工作牌应具有人员姓名、工号、照片、所在部门（监理组）、职务等相关信息。对所有监理人员进行信息化管理，不允许随意变动，如需更换，应经项目建设单位批准。

3. 施工单位

在中标通知书下达后，由施工企业按投标承诺及时组建项目部。项目部设置地点以方便工作为原则，应设在建设项目现场。项目部应设置“五部二室”，即工程技术部、安全环保部、物资设备部、计划合同部、综合管理部和工地试验室、农民工工资管理办公室。项目部成立管理领导小组，加强组织领导，强化过程控制，建立健全项目部管理体系、管理制度，落实责任。

项目部应根据投标承诺以及工程实际需要，配置项目部主要负责人、部室负责人及其他人员，再根据工程规模、工程进展阶段，实行专业调配。同时，根据人员管理培训要求，建立考核、培训、培养机制，促进在岗工作人员的技术业务素养提高的同时，加强企业文化建设、加强思想文化引导、加强廉政建设、加强团队的意识建设，创造“公正、和谐、团结、奋斗”的氛围，带动建设工作全面开展。

中标通知书下达后，项目部主要负责人和负责前期工作的技术人员必须及时到位，项目部其他人员在具备施工条件时必须全部到位。

项目经理，应具有中级或以上专业技术职称，持注册建造师证，具备多个高速公路项目的建设管理经历，并持有安全生产“三类人员”B类证书；总工程师，应具有高级及以上专业技术职称，具备多个高速公路项目的建设管理经历，熟悉、掌握公路工程技术标准、规范和规程，并持有安全生产“三类人员”B类证书；项目副经理至少配备2名，并持有安全生产“三类人员”B类证书。

项目部所有技术人员上岗时，应佩戴工作牌，工作牌应具有人员姓名、工号、照片、所在部门、职务等相关信息。质检员、试验员、安全员、测量员等技术人员上岗前，应经过监理工程师组织的考核，考核合格报建设单位批准。

项目部所有劳务人员应身体健康，具备适应相关工作的身体条件。上岗时应佩戴工作牌，工作牌应具有人员姓名、工号、照片、工种等相关信息。项目部应依据劳动法明确劳务人员的合同关系，并对所有劳务人员进行信息化管理，登记造册，建立流动档案管理。具备条件的鼓励推行“架子队”管理模式。凡新进项目的劳务人员应进行第三级的安全教育和岗前（转岗）培训，并经考核合格后方准安排生产岗位。特殊工种应具有国家有关部门颁发的证件，上岗前应进行相关作业的安全技术交底学习，报监理工程师备案。特殊工种实行定岗定人制管理，不允许随意变动，如需更换，应报监理工程师批准。所有劳务人员作业时，应按照要求佩戴规定的防护用品（如安全帽、雨鞋、手套、口罩等），并严格遵守安全操作规程。

项目部应设立技术培训学校对劳务人员进行培训和技术交底，并建立培训、交底记录台账，及时将培训、交底情况进行登记，报监理工程师备案。在关键工艺、工序和关键步骤施工前再次对劳务人员进行教育培训，以提高工程的施工质量，确保安全生产。

4. 试验检测单位

试验检测单位（以下简称“母体试验室”），应取得交通运输部工程质量监督局或省级交通质监机构颁发的《公路工程试验检测机构综合乙级以上等级证书》，并在工程项目现场设立工地试验室。母体试验室对工地试验室的试验检测工作负责。

试验室设置地点以方便工作为原则，宜设置在混凝土集中拌和场或预制场附近，其周边场所通道均应进行硬化。工地试验室开展的试验检测项目所需要的仪器设备必须符合标准规范使用要求。工地试验室应按规定对仪器设备进行校准和检定。对可自行校准的仪器或设备，工地试验室应配备符合量值溯源要求的专用计量器具，并编制切实可行的仪器设备自检自校规程。工地试验室应建立仪器设备管理档案和台账，并做好使用和维护记录。

工地试验室根据合同的约定合理配备试验检测人员。工地试验室主任和技术负责人必须持有交通运输部工程质量监督局颁发的《试验检测工程师证书》，其他试验人员必须持有省级交通质监机构颁发的《试验检测员证书》。试验报告的签发和审核人员必须持有试验检测工程师证书。工地试验室所有试验人员的照片和资质等信息应张贴在办公室或会议室的墙上。

工地试验室检测人员，应由母体检测机构或其授权法人机构聘用和管理。工地试验室授权负责人，应为母体检测机构通过岗位登记人员，并持有交通运输部试验检测工程师证。所有人员上岗时，应佩戴工作牌，工作牌应具有人员姓名、工号、照片、所在部门、职务等相关信息。试验员上岗前应经过监理工程师组织的考核，考核合格报建设单位批准。

二、管理制度

高速公路建设管理制度，是保证高速公路建设管理工作标准化、程序化、规范化和科学化的基本条件。高速公路建设管理的内容，既有行政管理方面的，又有经营管理方面的。前者是政府管理社会公共事务的权力与责任在高速公路建设过程中的具体表现；后者则是企业从事高速公路建设施工过程中力求提高质量、降低成本、按期交工的经营组织活动。一般来讲，高速公路建设管理制度可分为 4 个方面内容：一是有关国家法律和法规等；二是有关国家或地方政策规定；三是行业或高速公路建设技术标准与规范；四是各管理机构自定的管理制度等。

1. 国家法律和法规

国家涉及高速公路的法律和法规是高速公路建设管理最基本的条件和依据，属于上位法的规定，国家行业主管部门、地方政府或管理机构指定的条例、制度、规定等都不能违反。如：《中华人民共和国公路法》、《中华人民共和国招标投标法》、《中华人民共和国安全生产法》、《中华人民共和国合同法》、《中华人民共和国土地管理法》等。

2. 国家或地方政策规定

国家或地方政策规定根据国家有关的法律和法规结合行业或各地的实际情况制定，是对国家法律、法规的细化和补充，适用于全国高速公路或当地高速公路建设管理。如：《中华人民共和国公路管理条例》、《公路工程竣（交）工验收办法》、《×× 省高速公路管理条例》、《×× 省高速公路招投标管理办法》等。

3. 行业或高速公路建设技术标准与规范

技术标准与规范是高速公路建设实施过程中，必须遵守的有关施工工序、工艺、质量要求等方面应满足技术要求的标准与规范。这些技术标准与规范在法律上是被确认的，必须严格遵守和执行，一般由交通运输部或相关的部委发布。如：《公路工程技术标准》、《公路桥涵施工技术规范》、《公路隧道施工技术规范》、《公路隧道设计规范》等。

4. 管理机构自定的管理制度

在国家法律、法规、国家或地方政策规定、行业或高速公路建设技术标准与规范等的限定下，高速公路建设各管理机构根据各自机构的职能，制定各项管理制度，目的在于如何落实上述各类法规、规定、规范等的要求，更好地进行项目管理。如：《×× 省高速公路质量管理办法》、《×× 省高速公路工程材料采购与供应管理办法》、《×× 省高速公路信用考核管理办法》、《×× 省高速公路工程监理管理规定》、《×× 项目工程计量支付管理办法》等。

根据国家相关法律、法规的规定，目前不管采用何种管理体制，在建设管理方面都主要实行 4 项制度，就是项目法人责任制、招投标制、工程监理制和合同管理制。4 项制度是贯穿高速公路建设始终的基本管理制度，也是项目管理行为标准化的基础。

（1）项目法人责任制。实行项目法人责任制，由项目法定代表人对高速公路项目目标的实现，包括质量、安全进度、投资等总负责，是确保高速公路项目达到预定目标的必要条件。项目法人要对工程建设负法律责任，项目法人不遵守建设市场运行准则，则其他的制度都无法执行。因此，项目法人必须具备相应的政治、业务素质和组织能力，具备高速公路项目管理的经验。项目法人单位（项目公司）的人员素质、内部组织机构，必须满足工程管理和技术上的要求，会应用招标投标方法选择合格的参建企业（包括勘察设计、施工、监理、试验检测等单位），并能掌握和运用合同管理项目。

（2）招投标制。高速公路项目实行招投标制度，是提高投资效益和工程质量的措施，也是防止项目出现腐败的有效手段。必须通过规范的招投标方式确定各参建单位和进行材料设备采购。招标活动要按照国家有关法律规定运行，体现公平、公正、择优和诚信的原则。招标单位要合理划分标段，合理确定工期，合理标价定标。中标单位签订合同后，严禁转包和违法分包。

（3）工程监理制。工程监理是监督参建单位严格按照设计和技术规范施工，防止施工过程出现问题的重要保证。在高速公路项目中也同样实行监理制。未经监理人员签字认可，材料、配件和设备不得在工程上使用和安装，不得进入下道工序的施工，不得拨付工程进度款，不得进行竣工验收。必须由与高速公路项目建设要求相同资质条件的机构和人员承担监理工作。监理单位必须配备足够的、合格的监理人员，严格、认真履行监理职责。

（4）合同管理制。合同管理制度是维护合同双方正当权益，通过法定契约形式明确责任从而保证高速公路项目目标实现的重要手段，高速公路项目涉及的参建单位，如勘察设计、施工、监理、试验检测、材料供应等，都要依法签订合同。各类合同都要明确目标要求、履约担保和违约追究。

三、目标控制

高速公路建设项目管理主要以建设阶段为对象，以质量、安全、进度、成本为 4 大目标。

1. 高速公路建设质量控制

质量是高速公路建设项目的生命，高速公路的质量是指整个高速公路系统能够满足人们快速、安全、舒适、便捷需要所具备的特性。高速公路建设项目的质量控制牵涉到多个单位、部门之间的协作，涉及了工程管理的全过程，且其好坏直接反映了系统内部各环节工作的综合水平。因此，在高速公路建设项目质量控制中，必须针对高速公路质量影响因素，实施全面质量管理，坚持系统的质量观。

质量控制，主要是监督项目的实施结果，并判断是否符合相关质量标准及确定排除不一致的原因和方法。具体步骤为：通过度量来获取项目质量的真实状态；将项目质量实际值和质量标准进行比较；识别项目的质量偏差并确认问题；对项目的质量问题进行原因分析以及采取纠正的措施来消除质量偏差。质量控制最主要的特征是直接对产品进行检查，监理单位安排合理的监理人员在项目施工各环节进行旁站、测量、检查、测试等工作。发现问题和缺陷，除了直接排除之外，还要分析产生缺陷的根源，及时沟通，采取根本性措施预防缺陷再次出现。

根据高速公路项目施工各阶段工程质量形成的过程，必须明确各阶段质量管理的内涵。对于高速公路工程质量控制过程也必须严格依照每阶段质量管理的内涵展开质量控制工作。与动态的进度管理一样，高速公路建设项目的质量管理也是一个循环往复、动态的过程。

2. 高速公路建设安全控制

安全控制贯穿于项目的整个始末。这是一个很重要的工作，随着社会化大生产的不断发展，劳动者在生产经营活动中的地位不断提高，安全问题也越来越受到政府及公众的重视。

安全，既包括人身安全，也包括财产安全。安全控制就是要求我们采取措施使项目在施工中没危险，不出事故。安全法规、安全技术和工业卫生是安全控制的 3 项主要措施。这 3 大措施与控制对象和控制内容的关系是：安全法规侧重于对劳动者的管理，约束劳动者的不安全行为，其主要内容是安全生产责任制、安全教育、事故的调查与处理；安全技术侧重于劳动对象和劳动手段的管理，消除、减弱物品不安全状态，其主要控制内容是安全检查和安全技术管理；工业卫生侧重于环境的管理，以形成良好的条件，主要控制内容也是安全检查和安全技术管理。人、物和环境这些控制对象构成了安全体系，安全控制要管人、管物、管环境。

安全蕴于施工生产中，并对施工生产发挥作用。安全和施工管理的目标及目的有高度的一致性，安全管理是施工管理的重要组成部分。一切与施工生产有关的机构、人员都必须参与安全管理并承担安全责任。安全控制管理的目的是对施工过程中的人、物、环境因素状态的管理，有效地控制人的不安全行为和物的不安全状态，消除或避免事故，达到保护劳动者的安全与健康的目的。

安全生产的方针是“安全第一，预防为主”。“安全第一”是从保护生产力的角度和高度来看的，表明在生产范围内安全与生产的关系，肯定安全在施工生产活动中的位置和重要性。在施工生产活动中进行安全管理，针对生产特点，对生产因素采取管理措施，有效地控制不安全因素，把可能发生的事故消灭在萌芽状态，以保证施工生产活动中人的安全与健康。贯彻“预防为主”，要端正对施工生产中不安全因素的认识，端正消除不安全因素的态度，选准消除不安全因素的时机。在安排与布置生产内容时，针对施工生产中可能出现的危险因素，采取措施，明确责任，尽快、坚决地消除事故隐患。

安全控制不是少数人和安全机构的事，而是一切与施工生产有关的人共同的事。施工组织者在安全控制中的作用固然重要，但全体参与管理也不能缺乏。安全控制涉及生产活动的各个方面，涉及从开工到施工交付使用的全部过程，涉及全部生产时间和一切变化着的生产因素。因此，生产活动中必须坚持全员、全过程、全方位、全天候的动态安全管理。对施工人员的不安全行为和物的不安全状态的控制，必须看作是动态的安全管理。事故的发生，是由于人的不安全行为运动轨迹与物的不安全状态活动轨迹交叉的结果。对生产因素状态的控制，应该当作安全管理的重点。施工生产活动是不断发展与变化的，导致事故的因素也处在变化之中，因此要随生产的变化而改善安全管理工作，不断提高管理水平。

3. 高速公路建设进度控制

工程项目进度（或工期）控制，是指为实现预定的进度目标而进行的计划、组织、指挥、协调和控制等活动。高速公路建设项目进度管理的最终目的是通过采取一定的控制措施，保证项目在决策控制时间内保质保量地完成。高速公路建设项目进度管理的主要流程是：在规定的时间内，对项目资源进行优化配置；制订合理的进度计划、项目的最终进度目标和阶段进度目标；在施工过程中，不断将项目实际进度与目标进度进行对比，发现偏差之后，采取一定的措施以纠正偏差，如此循环直至项目的竣工。伴随着进度管理的流程，还有一个重要的协调关系，即协调各参建方、进度相关方之间的关系，以促进项目的顺利实施。

针对高速公路建设项目特点、进度计划编制主体以及进度计划所涉及的内容、范围和时段等情况，其进度计划主要分为 3 个大的层次进行管理：业主层、监理层和施工承包人层。通常，业主在工程进度控制上要比监理更为宏观，但由于高速公路建设项目规模大、工期长、参与建设的监理和施工方多，导致其业主方对于进度的控制要相对一般公路项目更为深入和细致。高速公路项目的监理方和施工方的工作内容只是整个项目的一个阶段的一个方面，而作为项目全局的把握者，业主方在资源供应及各标段交接和协调上，形成了进度控制的复杂关系。项目的施工方，一般原则上只是按照合同规定实施并保证阶段目标的实现，在具体的施工安排上，他们是不会考虑对其他施工方的影响的。即使有了监理方的协调，要想完全、彻底地解决进度计划在时间、空间、资源上的矛盾还是不够的。为了满足项目总体进度的要求，还需要业主方的协调参与。

业主对于进度的控制主要是通过招标文件中的开工、完工时间及阶段目标来实现的；监理则是在业主方控制的基础之上，通过对工期、阶段目标进行进一步的分解和细化后，编制出高速公路建设项目的分标段、分项工序的进度计划，以确保项目按进度计划执行；而施工承包人则是在项目分标段进度计划的基础上，在确定了施工方案和施工组织之后，对招标文件要求的工期、阶段目标进一步细化编制而成的。高速公路建设项目施工承包人通过年度、季度、月度和周度进度报告的形式，告知监理方和业主方。在实际操作过程中，需要将进度实际执行情况进行反馈，对原有的计划进行调整，循环往复，对项目进度做到及时有效的控制。

4. 高速公路建设成本控制

项目成本控制就是按照事先拟订的计划，将项目实施过程中发生的各种实际成本与预算成本进行对比、检查、监督和纠正，尽量使项目的实际成本控制在计划和预算范围内的管理过程。

分阶段多次计价是高速公路建设项目成本管理的特点。由于在一定时间内，受到经验知识和技术条件的限制，不可能在工程的最开始就设计出一个一成不变的造价（即项目成本）目标，随着工程的实施，经过不断地实践、认识的往复过程，成本控制的目标才能够不断地清晰化和准确化。这些体现在实际工作中，就形成了成本控制的主要内容，即估算—概算—预算—决算。

高速公路工程项目成本控制是在保证满足工程质量、工期等合同要求的前提下，通过计划、组织、控制和协调等活动，尽可能降低项目成本费用。成本控制的关键是经常及时地分析实际成本绩效，尽早发现成本差异和成本执行的无效率，以便在情况变换之前及时采取纠正措施，实现有效的成本管理。成本控制是依据项目的成本预算和成本基准计划进行。

高速公路建设项目各施工方要实施成本管理，即在有限资源的约束下，如何实现项目进度—质量—资源的平衡。项目基于前述资源配置实施也要进行成本控制。项目成本管理必须紧紧围绕影响成本变化的各个环节，事前预测、事中控制、事后总结。

成本控制对象除生产成本外，应逐渐扩展到预测成本、施工方案成本和质量成本、安全成本等，将成本控制的触角伸展到项目每个领域和过程。在具体实施中，要注重树立全员、全过程的动态控制观念；从施工组织、技术方案和三大费用上降低成本；加强工程质量安全和合同管理。

第二节　信息化管理

随着国家对交通行业的质量管理要求越来越高，各级交通质量管理部门在不断采取各种手段加强对交通工程质量的管理。其中，计算机信息管理作为一种现代管理手段成为了提升交通工程质量管理水平的有效手段。信息化、网络化管理将是高速公路管理中的一项常态化、制度化的工作，能促进工程项目管理的系统性、实时性、准确性、客观性和科学性，是提升建设管理标准化的一种有效途径。

信息化管理要求各管理单位、参建单位设立信息化管理专用办公场所（图 3-1），配套计算机、屏幕、网络等设施，指定信息化管理负责人、联系人，负责监管、系统维护、编制报表和协调联络等工作。信息化管理系统与工程施工同步运行。高速公路建设的信息化管理主要包括建设管理系统、远程视频监控、工地试验室数据监管、沥青拌和站数据监管、隧道电子门禁系统等方面。

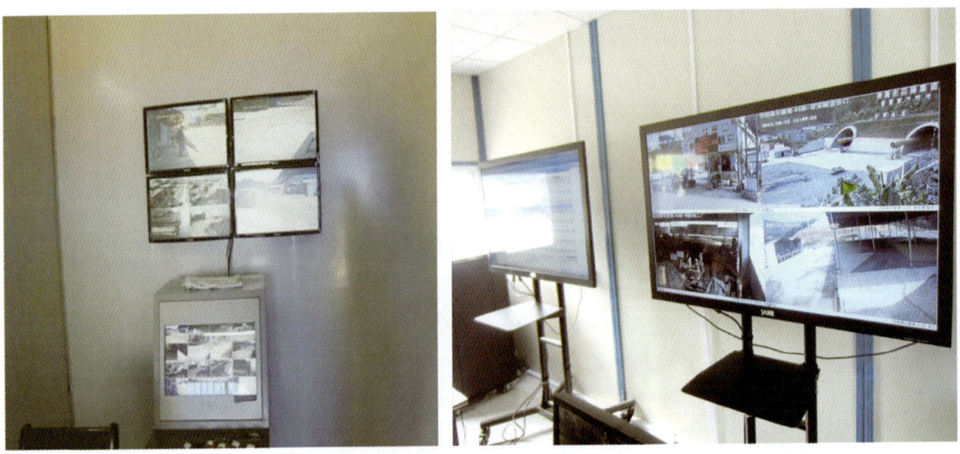

图 3-1　信息化管理办公场所

一、建设管理系统

我国现阶段正处于基础设施建设比较集中的时期，特别是高速公路、普通公路等交通工程。高速公路工程项目参建单位多，时空跨度大，产生的工程信息量大而繁杂，为及时准确把握利用工程项目建设信息，并为工程建设保存完整的建设资料，其最好的解决途径就是在工程项目建设初期就应用先进的工程信息管理软件系统地管理利用工程信息。

省级高速公路管理机构利用网络信息技术手段，建立全省高速公路建设管理系统（图 3-2），供全省各项目、各参建单位使用，所有参建单位使用统一软件，贯彻福建省高速公路建设管理部门的管理思想和管理模式，加强项目业主的管理力度，提高工程建设管理水平。

建设管理系统使用者涵盖行业主管、建设、施工、监理、咨询、设计等各类从业单位与相关从业人员。系统提供信息管理、合同管理、投资管理、计划进度管理、质量安全管理、廉政建设、工程决算、资料管理、竣工管理及上级单位下发的通知、通报等功能，全面实现高速公路建设过程中项目集成管理的要求。

图 3-2　建设管理系统

应用建设管理系统的各方及各级业务人员需在规定时间内录入（或提交）、审核（或核准）、审定（或批复）相关业务数据。未按规定及时录入的数据，原则上不允许补填，如必须补填，或遇特殊情况（如遇服务器遭受攻击或网络病毒等）需要录入过期数据，须报省级系统管理员（或授权项目业主的系统管理员）批准并专门授权有关操作。

项目初步设计文件批复后，项目业主应根据工作的进展情况，及时将项目工程简介、项目审批程序、合同登记等信息录入系统；项目开工（以正式下发开工令为准）后一个月内，各使用单位应完成数据初始化工作（包括统计规则的确定、工程量清单导入、项目分解等），并录入合同段概况、参建单位、现场机构、廉政、安全、管理制度等方面的信息。

项目动态数据的录入与更新要具有及时性、准确性和完整性，动态数据主要有：

（1）人员信息。施工单位的项目经理、总工或监理单位专监以上人员发生变更的，施工单位或监理单位应在业主批准变更后的 3 个工作日内更新。

（2）进度计划数据。施工单位的年度计划在上一年的 12 月 30 日前录入和提交，季度计划在上个季度最后一个月的 30 日前录入和提交，月度计划在上个月 27 日前录入和提交；监理、项目业主在审核、审批当日实时提交审核、审批情况。

（3）进度统计数据。施工单位的月进度数据在当月的 28 日前录入和提交；总监办在当月 30 日前完成所管辖各合同段提交的月进度数据的审核并提交；业主应于次月 3 日前审定该月的月进度数据并发布。

（4）反映主要结构物工程进展的图片资料每半个月上传更新一次，上传更新时间分别为每月的 11 日、26 日。

（5）工程计量数据。施工单位在每月 30 日前将所有计量申报材料录入和提交；监理、项目业主在审核、审批当日实时提交审核、审批情况。

（6）工程变更信息。变更申请单位使用系统进行变更申请，审核、审批部门在审核、审批当日实时提交审核、审批情况。

（7）质量、安全检查整改信息。现场检查发现问题并发出整改要求后，整改通知信息应在文件（或通知书等）形成后两个工作日之内录入和提交，对整改的反馈也照此办理。整改通知的录入责任单位原则上应为通知发文单位（省、市交通主管部门和其他管理部门发出的整改通知由项目业主录入）；整改反馈的录入责任单位为被要求整改的责任单位。

（8）考核信息。项目业主对施工单位、监理单位的每次考核结果，在形成正式文件后的 3 个工作日内录入系统。

（9）月报信息。施工月报的上传时间为每月 28 日前，监理月报的上传时间为每月 30 日前，项目业主工程月报的上传时间为次月 3 日前。

（10）奖惩信息。发出违约处罚或奖励文件（包括通知单等）的单位应在文件发出后的两个工作日内，将奖惩情况录入和提交（省、市交通主管部门和其他管理部门发出的整改通知由项目业主录入和提交）。

（11）合同登记信息。施工单位应在发生专业、劳务分包后的 3 个工作日内将相关信息录入。

（12）农民工工资管理信息。各合同段应根据农民工进、退场情况，定期和不定期更新农民工花名册，并在每月 30 日前将当月农民工工资发放资料，按《系统》格式要求录入和提交。

（13）保险索赔信息。施工单位应在保险索赔获批后的两个工作日之内，将保险索赔数据录入和提交。

二、远程视频监控系统

高速公路建设项目远程视频监控系统主要是对高速公路工程的重点部位、控制性工程等开展现场监控、在线监督、决策辅助，形成 24 小时全天候管控。重点部位、控制性工程一般包括钢筋加工场、悬浇桥、特大桥梁、特长隧道以及施工、监理、试验检测单位的试验室等（图 3–3）。各监控点应能监视室内加工、制作和试验检测工作状况以及室外施工现场进展全貌。

图 3–3　重点部位、控制性工程监控点

省级高速公路管理机构负责建设全省高速公路建设项目远程视频监控平台，将各项目的监控视频内容汇集、编排（图 3–4），以实现省、市、项目公司各级建设管理人员依据用户名和密码（无需 KEY 密钥）登录互联网或移动终端查看施工重点部位的实时工作状态，系统也可向施工单位法人代表开放，形成各方共同监督管理。

图 3–4　省级远程视频监控平台

各项目业主负责视频监控系统的建设、管理与维护。项目业主、施工监理单位也应建立监控平台，指定专人实施实时监控和信息存储，按档案管理规定妥善保存。项目业主、施工监理单位的领导、主要管理人员也要定期或不定期地通过视频监控系统检查施工状况，充分发挥监控信息在进度、质量、安全和标准化管理等方面的监督作用。

各项目建立的远程视频监控系统接入省级远程视频监控平台，确保各级建设管理人员通过互联网或移动终端能够清晰查看施工现场、钢筋加工场、工地试验室内的工作状态。

工程基本完工时，由施工单位报项目业主出具同意拆除系统的意见后，方可拆除。

三、工地试验室数据监管系统

试验检测结果是衡量工程质量的最主要依据，推行试验数据信息化可有效解决数据造假问题。高速公路项目应用工地试验室数据监管系统，实现试验过程的自动操作，试验数据自动上传、试验记录、报告、台账自动生成。试验过程可追溯，数据成果不可更改，永久保存，保证了试验数据的真实、准确、全面，消除人为操作误差，杜绝数据弄虚作假，规范了试验检测及管理流程。

省级高速公路管理机构负责建立全省统一的高速公路试验室数据监管平台，各工地试验室负责对工地试验室试验设备进行数字化改造，并建立工地试验室数据监管系统。通过互联网，将各试验设备自动采集的数据自动传输到省监管平台。各相关管理部门可通过互联网随时登录省监管平台，实时查看其管辖内的任一试验室的试验资料，对试验检测数据进行监控、抽查和分析统计。工地试验室数据联网模式架构图见图 3–5。

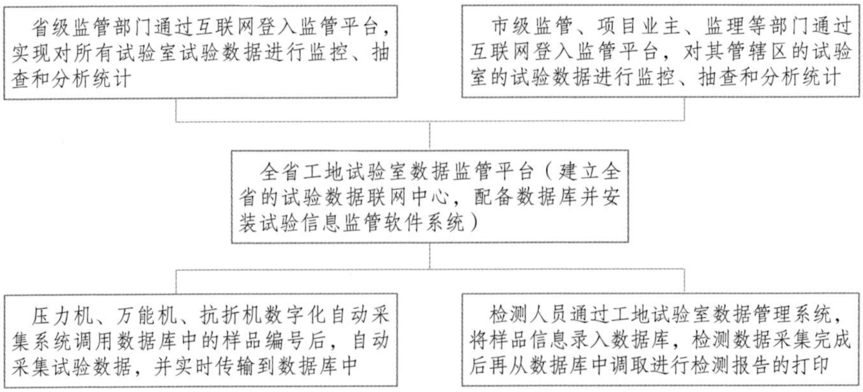

图 3–5　工地试验室数据联网模式架构图

高速公路工地试验室数据监管平台主要包括查询、统计、检测数据对比、检测过程监督、资质信息、系统维护等6大功能（图3–6）。平台可分类查询所有报告、不合格报告、异常报告、修改报告以及重点报告；统计各个单位、各个标段以及项目分类的试验报告数量；检测数据比对，进行有异常数据的报告一览统计和异常数据处理的专家核实；检测过程监督可实现试验过程实时监督、试验过程回放、不合格/异常检测数据的一览统计和专家核实。资质信息主要是收集检测机构资质信息，以及检测机构下的人员检测资质和设备检测资质信息。

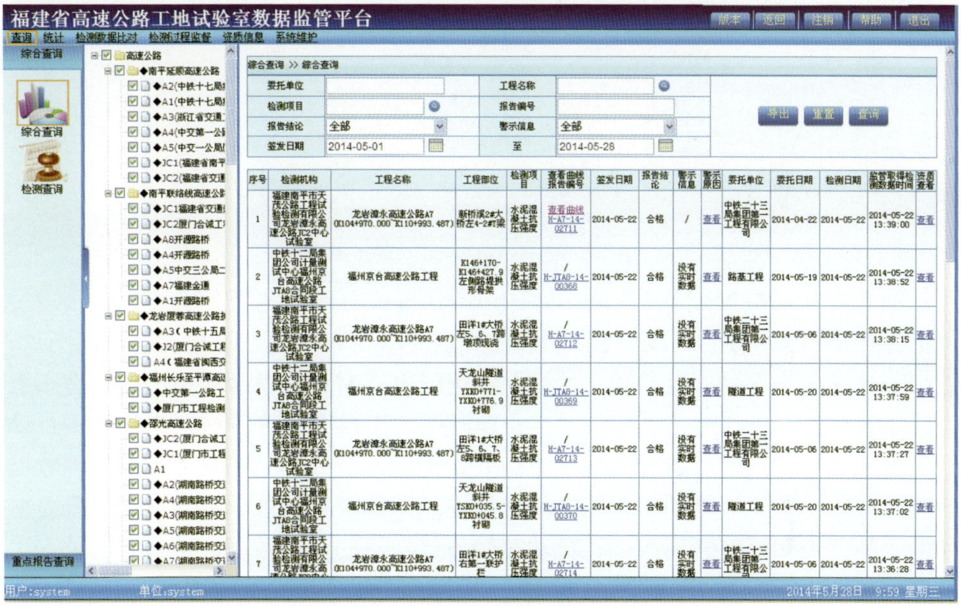

图3–6　工地试验室数据监管平台

工地试验室数据监管系统是提高高速公路建设质量管理水平和监管效率的重要举措，是进一步提升标准化管理的重要手段，也是试验室标准化建设的重要内容，对参建各方履行质量管理职责，及时发现质量问题，遏制数据造假行为具有重要作用。在日常检查中发现，通过建立工地试验室数据监管系统，做到现场检查与网络监控相结合，不断提高试验检测数据的准确性和客观性，有效发挥试验室数据监管系统在控制工程质量和指导工程建设的作用。

四、沥青拌和站数据监管系统

沥青混合料的拌和质量直接影响沥青路面的质量、使用寿命。因此，对沥青拌和站的管控十分重要。而传统的质量管控主要是针对事前的样本试验和事后的实体抽检，缺乏时效性，也影响施工进度及既定通车目标的实现。通过在拌和站的出料口和控制室各视频探头、控制室主机屏幕外接 VGA 分线器、VGA 编码器、工控机、DVS、设备机柜、监控软件等组成，建立沥青拌和站数据监管系统（图 3–7），运用质量动态管理的方法，采用软硬件结合的手段，对沥青混合料拌和站生产的各材料用量、出料温度、拌和时间等数据进行实时采集，并通过无线网络传输，实现对沥青混合料的生产过程关键参数实时动态监控，保证了沥青混合料的拌和质量。

图 3–7　沥青拌和站数据监管系统

沥青拌和站数据监管系统采用统一 WEB 方式登录，实现免安装，直接通过浏览器登录监视系统；可实时查看出料口、控制室、控制室计算机屏幕抓拍图片、视频，自动采集部分拌合参数；从控制室电脑上实时获取混合料生产的关键参数（图 3–8），如油石比、集料温度、沥青温度、出料温度、各材料用量等，自动检测参数与告警；实时通过网络或无线数据传输入服务端，在服务端上实现数据的监测分析、对比，判断是否超过规定范围，并按级别预警，自动发送手机短信和电子邮件告知相应管理人员；自动存储各拌和站的运行数据，做到有据可查。沥青拌和站生产监测流程图见图 3–9。

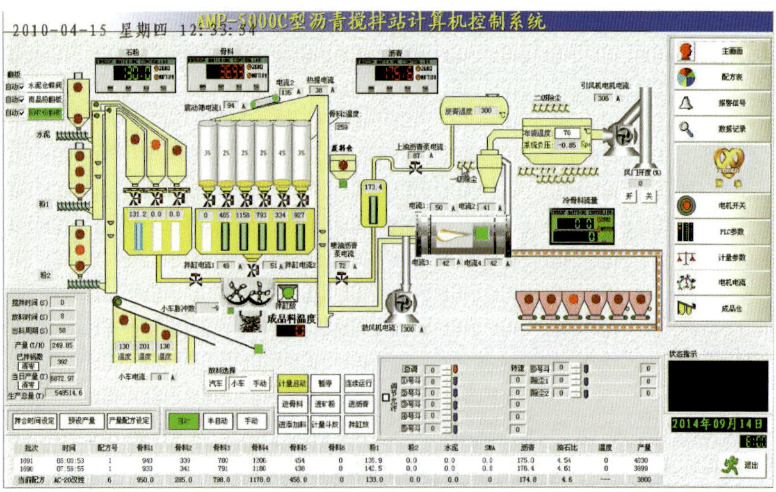

图 3–8　沥青混合料拌和参数监控

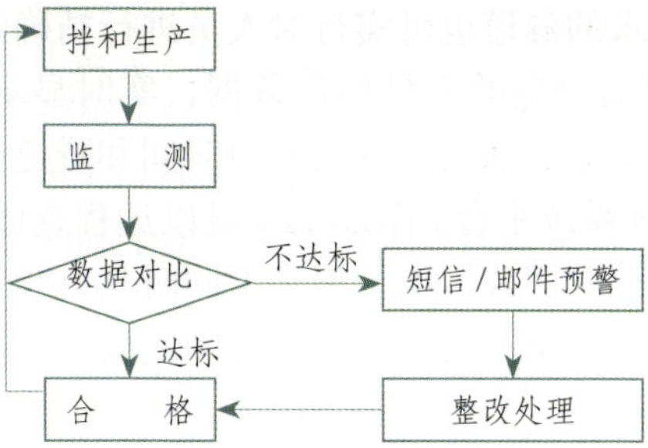

图 3-9　生产监测流程图

五、隧道电子门禁系统

隧道工程与其他工程相比具有其隐蔽性、施工复杂性、地层条件和周围环境的不确定性等突出特点，加大了施工技术的难度和建设管理的风险性，也是工程事故多发的地方。因此，建设管理中对隧道工程施工过程中的人员、车辆的实时监管是十分必要的。在建隧道工程采用了“人员与车辆出入管理门禁系统”（“电子门禁系统”）技术，能有效控制和掌握隧道内施工现场人员、车辆、设备的分布状况，确保施工安全起到很好的作用。隧道双洞 1km 以上的长隧道和特长隧道，施工单位在隧道洞门施工完毕后，必须安装隧道电子门禁系统。

隧道电子门禁系统一般由视频监控系统、考勤定位系统、LED 同步控制系统、管理系统等组成（图 3-10）。考勤定位系统是通过隧道洞门口设置门禁（图 3-11），在洞内设置信息基站，人员和车辆配戴电子识别卡，地面监控人员可通过隧道地图实时观测到所有隧道内人员的真实分布情况、数量、姓名等相关信息；对地质

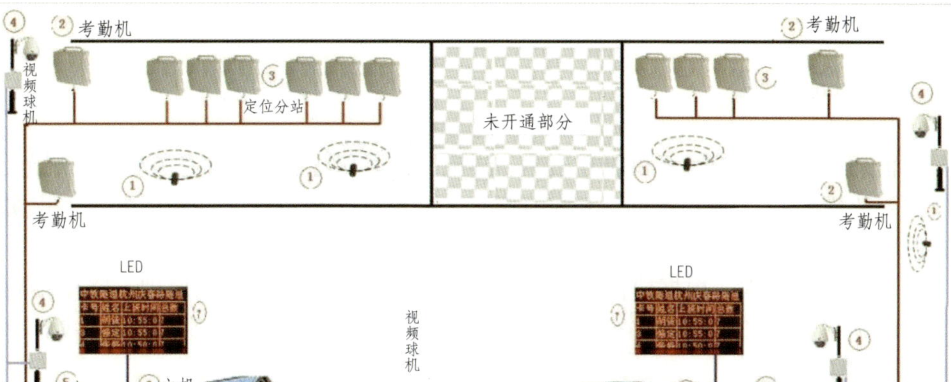

图 3-10　隧道电子门禁系统

（1）按照合同和公路工程监理规范要求，负责合同范围内的验证试验、工艺试验、标准试验、抽样试验、验收试验，及时提供试验检测成果与报告，并对其真实性负责。

（2）及时、准确地为监理工程师提供试验报告或监理工程师、项目业主认为有必要的试验检测分析意见，为监理工程师进行工程质量控制和评估提供依据。

（3）依据监理工程师的工作计划，同步编写试验检测工作计划，报送监理工程师、项目业主。同时试验检测单位应据此安排好试验检测服务工作。

（4）根据总监办传送的监理实施细则，进行参照编制相应的试验检测细则，并报送总监办批准，同时抄送项目业主。

（5）执行监理工程师试验、检测工作指令。工作指令以《工作联系单》的形式传递，《工作联系单》发件人及接收人须签字，相关信息力求详细，具有可操作性。

（6）及时、准确地向监理工程师提供试验检测数据。

（7）参加监理工程师主持召开的工地例会及相关质量专题分析会议。

（8）参与施工单位施工质量事故的调查处理，并有义务向监理工程师和项目业主报告在检测中发现的重大问题。

（9）参加监理工程师组织的中间交工验收、项目业主组织的交工验收和质监部门组织的竣工验收。

（10）参与监理工程师组织的工程质量评定工作，编制中心试验室试验检测工作总结报告。

（11）监理单位与试验检测单位都应承担交（竣）工验收、缺陷期管理等工作，各自负责监理及试验检测部分。

2. 省级中心试验室抽检

为加强对全省高速公路施工过程的质量监管，发挥质量督促与威慑作用，成立省中心试验室（以下简称“中心试验室”），对全省各在建高速公路项目独立、及时开展工程质量抽检，分析质量动态，规范工地试验室，核查举报情况，对全省高速公路施工过程质量进行有效管控。主要承担：

（1）贯彻执行上级有关质量管理文件、技术规范、标准、试验检测规程等有关规定。

（2）按就近原则对各区域内的在建高速公路施工过程原材料、中间产品、工程实体进行抽检，分析工程建设过程中的质量状况，为决策提供依据。

（3）参与省高速公路建设管理部门组织的与工程质量有关的工作会议。

（4）承担省高速公路建设管理部门下达的专项检查和工程举报核查任务。

（5）参与检查、指导各在建路段工地试验室工作。

（6）按照工作要求，及时提交检测报告、质量状况分析报告和抽检专报。

（7）在质量抽检或专项检查过程中，如发现重大质量问题，第一时间上报省高速公路建设管理部门。

省中心试验室通过不定期对全省各在建高速公路项目独立、及时开展工程质量抽检，分析质量动态，及时出具检测报告，根据抽检结果，及时通知整改，有效管控施工工程质量。对抽检不合格的，及时报告项目管理单位按有关规定提出处理意见。

三、建设检查

省、市高速公路建设管理机构，统筹有序安排高速公路建设检查工作。省级综合检查原则上每季度开展一次，由省高速公路建设管理机构行文下发检查通知，各地市高速公路建设管理机构根据通知要求及时组织对本市境内在建项目进行全面检查（自查），在一周内完成。省高速公路建设管理机构和专家组成的联合检查组开展检查，检查覆盖每个在建项目和合同段，并视情况以地市或项目为单位召开检查反馈及生产调度会。

省级高速公路建设管理机构可根据各地市、各项目进展和质量安全动态，适时开展日常督查和暗访工作。安全、专项工程、具体项目等专项检查视情不定期开展。

省、市高速公路建设管理机构制订并细化检查发现问题的处罚规则，对各项检查中发现的问题给予信用考核、经济等方面处罚，并严格落实到位。每次检查后，由检查单位视情下发整改通知书。季度综合和专项检查，由省高速公路建设管理部门下发检查情况通报，并根据处罚规则给予相应处罚。

在每季度综合检查中，市级高速公路建设管理机构原则上应提出至少一个项目或标段列为市级督查。省级高速公路建设管理机构检查组根据检查情况与市高速公路建设管理机构商定后，确定是否列为下季度的省级重点督查对象，并在季度检查反馈会上作典型剖析。列为省级重点督查的项目或标段，进行全省通报批评，信用考核从重扣分，并通报给相关法人单位。若市级高速公路建设管理机构未提出市级督查项目或标段，而在季度综合检查中有项目或标段被列为省级重点督查的，则应与市级高速公路建设管理机构和相关项目业主的年度绩效和信用考核挂钩。

对存在问题较多、情况较为严重的项目和标段，省级高速公路建设管理机构检查组应驻点进行专项督查，并督促进行整改，直至达到整改目标。对屡次整改不到位，在下季度检查中仍未有明显改观的省级重点督查项目和标段，将提请省交通运输厅、省重点项目建设领导小组办公室，将其年度信用考核直接定为C级，并约谈项目业主或参建单位法人代表，从重进行信用考核和经济处罚，取消当年度各项奖励和评优评先资格，并视情况抄报交通运输部。

对在各项检查中表现较好并通报表扬的项目或标段，在年度信用考核和评优评先中给予优先考虑，市高速公路建设管理部门或项目业主视情给予相关单位一定经济奖励。对项目管理中好的经验和做法予以推广。

四、信用考核

建立信用考核制度是为了增强高速公路建设市场从业单位、人员的守法、诚信意识，引导高速公路建设市场健康、有序发展。信用考核的对象主要是项目法人（或项目建设管理单位）、勘察设计、设计咨询、施工、监理、试验检测等市场主体和从业人员。

省交通运输厅组织信用管理工作，负责审定并公布从业信用考核定级结果。省级高速公路建设管理机构各部门按照职责分工负责组织全省高速公路项目从业单位、人员信用的具体考核、管理工作。各地市高速公路建设管理机构负责本管辖区高速公路建设市场的信用管理工作。项目法人负责本项目从业单位、人员的信用登记、考核工作。

项目法人及主要人员信用考核等级分AA级（信用好）、A级（信用较好）、B级（信用一般）、C级（信用较差）4等；其他从业单位和人员信用考核等级分AA级（信用好）、A级（信用较好）、B级（信用一般）、C级（信用较差）、D级（信用差）5等。项目法人（或项目建设管理单位）及勘察设计、设计咨询、施工、监理、试验检测单位和其主要人员采取直接考核定级和综合评分定级相结合的双重考核方式；其他从业单位、从业人员仅采取直接考核定级方式。

项目法人主要考核基建程序、前期工作、工程进度、质量、安全、资金管理、维稳、环保和廉政建设等；设计单位主要考核路线方案比选优化、征地拆迁准确率、设计变更、工程数量和造价准确性及设计文件完整性、设计深度、设计质量、后期服务情况等；设计咨询单位主要考核地勘监理情况、咨询质量、合理化建议、设计错误发现率、服务情况等；施工单位主要考核履约情况、工程进度、质量、安全、文明施工实施情况和资金使用情况等；监理单位主要考核履约情况、工程进度、质量、安全监理和计量支付情况等；试验检测单位主要考核试验检测工作开展情况、试验数据真实性等。

省交通运输厅不定期对项目建设过程存在严重质量安全、进度严重滞后问题及违法违纪违约等不守信用行为的从业单位及从业人员进行直接考核定级，定级结果为C级、D级2个级别。省级高速公路建设管理机构也可根据工程实施期间从业单位履约表现，报省交通运输厅审核同意后，对从业单位直接考核定级为C级。对存在现场管理混乱、进度滞后等问题，未达到C级定级标准的从业单位，由省交通运输厅或省级有关部门列入省级重点督查对象。

省交通运输厅每年年终组织对从业单位、人员进行考核，并确定其信用等级。省级高速公路建设管理机构根据各自职责，负责制定具体的考核办法或标准，各项目业主按照省级相关部门制定的考核标准开展各类别考核工作。每次项目初测验收、初步设计审查、定测验收、施工图审查时，下发审查专家、设计咨询单位评分表进行评分。每年年终，省交通运输厅对各考核单位评分结果（主要对分歧较大的评分内容）进行必要审核后，按各单位、部分评分权重值计算综合得分。

各参建单位承担多个同一考核类别工程（以下简称“同类工程”）的，采用倒权重法计算综合得分；对于设计单位在同一考核年度内，既有设计阶段，又有后期服务阶段的，按照设计阶段60%、后期服务阶段40%的权重计算该单位综合得分。

原则上，综合得分≥95分为AA级，85分≤综合得分＜95分为A级，75分≤综合得分＜85分为B级，60分≤综合得分＜75为C级，60分以下为D级。

第四节　工程验收

通过项目业主、施工、监理等参建单位的组织、管理及施工，当高速公路项目所包含的建设内容完成时，则进入工程验收阶段，一般包括交工验收和竣工验收两个阶段。

一、交工验收

交工验收是高速公路项目进入试运营期前最重要的一个环节，通过交工验收工作，检查施工合同的执行情况，评价工程质量是否符合技术标准及设计要求，是否满足通车要求，并对各参建单位工作进行初步评价，未通过交工验收的项目不得开放试运营。

交工验收工作，一般按合同段进行，并应具备以下条件：

（1）合同约定的各项内容已全部完成，各方就合同变更的内容达成书面一致意见。

（2）施工单位按《公路工程质量检验评定标准》及相关规定对工程质量自检合格。

（3）监理单位对工程质量评定合格。

（4）质量监督机构按《公路工程质量鉴定办法》对工程质量进行检测，并出具检测意见，检测意见中需整改的问题已经处理完毕。

（5）竣工文件按公路工程档案管理的有关要求，完成《公路工程项目文件归档范围》规定部分内容的收集、整理及归档工作。

（6）施工单位、监理单位完成本合同段的工作总结报告。

交工验收由项目法人负责。项目法人负责组织公路工程各合同段的设计、监理、施工等单位参加交工验收，并邀请运营、养护管理单位参加。路基工程作为单独合同段进行交工验收时，应邀请路面施工单位参加。交通运输主管部门、高速公路管理机构、质量监督机构视情况参加交工验收。交工验收程序：

（1）施工单位完成合同约定的全部工程内容，且经施工自检和监理检验评定均合格后，提出合同段交工验收申请报监理单位审查。交工验收申请应附自检评定资料和施工总结报告。

（2）监理单位根据工程实际情况、抽检资料以及对合同段工程质量评定结果，对施工单位交工验收申请及其所附资料进行审查并签署意见。监理单位审查同意后，向项目法人提交独立抽检资料、质量评定资料和监理工作报告。

（3）项目法人对施工单位的交工验收申请、监理单位的质量评定资料进行核查，必要时可委托有相应资质的检测机构进行重点抽查检测，认为合同段满足交工验收条件时应及时组织交工验收。

（4）对若干合同段完工时间相近的，项目法人可合并组织交工验收。对分段通车的项目，项目法人可按合同约定分段组织交工验收。

（5）通过交工验收的合同段，项目法人应及时颁发“公路工程交工验收证书”。

（6）各合同段全部验收合格后，项目法人应及时完成“公路工程交工验收报告”。

交工验收不合格的工程应返工整改，直至合格。交工验收提出的工程质量缺陷等遗留问题，由项目法人责成施工单位限期完成整改。对通过交工验收的工程，可以安排项目进入试运营，并安排养护管理。

二、竣工验收

高速公路项目的竣工验收是建设全过程的最后一道程序，也是工程项目管理的最后一项工作。它是高速公路建设投资成果转入生产或使用的标志，也是全面考核投资效益、检验设计和施工质量的重要环节。

按照高速公路工程管理权限，各级交通运输主管部门应于年初制订年度竣工验收计划，并按计划组织竣工验收工作。列入竣工验收计划的项目，项目法人应提前完成竣工验收前的准备工作。

高速公路工程竣工验收应具备以下条件：

（1）通车试运营2年以上。

（2）交工验收提出的工程质量缺陷等遗留问题已全部处理完毕，并经项目法人验收合格。

（3）工程决算编制完成，竣工决算已经审计，并经交通运输主管部门或其授权单位认定。

（4）竣工文件已完成《公路工程项目文件归档范围》的全部内容。

（5）档案、环保等单项验收合格，土地使用手续已办理。

（6）各参建单位完成工作总结报告。

（7）质量监督机构对工程质量检测鉴定合格，并形成工程质量鉴定报告。

竣工验收准备工作程序：

（1）公路工程符合竣工验收条件后，项目法人应按照公路工程管理权限及时向相关交通运输主管部门提出验收申请。

（2）相关交通运输主管部门对验收申请进行审查，必要时可组织现场核查，审查同意后报负责竣工验收的交通运输主管部门。

（3）以上文件齐全且符合条件的项目，由负责竣工验收的交通运输主管部门通知所属的质量监督机构开展质量鉴定工作。

（4）质量监督机构按要求完成质量鉴定工作，出具工程质量鉴定报告，并审核交工验收对设计、施工、监理初步评价结果，报送交通运输主管部门。

（5）工程质量鉴定等级为合格及以上的项目，负责竣工验收的交通运输主管部门应及时组织竣工验收。

竣工验收委员会由交通运输主管部门、高速公路管理机构、质量监督机构、造价管理机构等单位代表组成，并邀请有关专家参加。项目法人、设计、施工、监理、接管养护等单位代表参加竣工验收工作，但不作为竣工验收委员会成员。

高速公路项目通过竣工验收后，表明该项目正式完成全部建设任务，进入运营管理和养护阶段。

第五节　案　　例

一、案例背景

交工验收是评价公路工程是否满足通车试运营的重要条件，交工验收工作的质量决定着工程项目是否能够顺利投入试运营。本节结合福建省高速公路建设项目落实交通运输部《公路工程竣（交）工验收办法》（交通部令2004年第3号）和《公路工程竣（交）工验收办法实施细则》（交公路发〔2010〕65号）等有关规定，以沈海复线仙游至南安金淘高速公路莆田段工程交工验收的具体情况进行介绍。

沈海复线仙游至南安金淘高速公路莆田段（以下简称“沈海复线高速公路莆田段”）是国家高速公路网G15W3线（沈海复线宁波至东莞）的重要组成部分，

也是莆田市修建的第三条高速公路。起点位于仙游县游洋镇五星村，与已建成通车的福州福永高速公路相接，途经游洋镇、石苍乡、菜溪乡、钟山镇、社硎乡、书峰乡、榜头镇、大济镇、鲤城街道、龙华镇等10个乡镇的35个行政村，止于仙游县龙华镇金溪村，与沈海复线高速公路泉州段相连。主线全长50.332km，沿线设菜溪、榜头、龙华收费站3处，菜溪服务区1处，五星、蒲峰枢纽互通2处，概算总投资50.124亿元。本项目共完成路基土石方2 113万m^3，防护工程25万m^3，排水工程13.6万延米，涵洞、通道134座，桥梁39座10 693.5m，隧道6座10 763.5m，共征用土地5 368.48亩，拆迁房屋713户9.28万m^2，迁移三杆315处、坟墓7 400座。路基土建工程施工分为7个标段，路面、交通安全设施、绿化、房建工程施工分为2个标段，交通机电工程分为2个标段，于2011年5月25日下达工程开工令正式动工建设，经过全体参建者31个月的奋力拼搏，于2013年12月18日建成并顺利通过交工验收，经福建省交通运输厅批准于2013年12月28日通车试运营。

二、案例概况

1. 交工验收前需完成的工作内容

（1）施工单位完成合同约定的全部工程内容，且经施工自检和监理检验评定合格，提出合同段交工验收申请报监理单位审查。交工验收申请附自检评定资料和施工总结报告。

（2）监理单位（含试验检测单位）根据工程实际情况、抽检资料以及对合同段工程质量的评定结果，对施工单位交工验收申请及其所附资料进行审查并签署意见。监理单位审查同意后，同时向项目业主提交独立抽检资料、质量评定资料和监理工作报告。

（3）项目业主对施工单位的交工验收申请、监理单位的质量评定资料进行核查后，及时向福建省交通质监局申请交工验收前的质量检查、检测，根据《公路工程竣（交）工验收办法实施细则》（交公路发〔2010〕65号）中《公路工程质量鉴定办法》规定的内容及频率委托有相应资质的检测机构福建省交通工程检测中心进行工程实体检测、外观检查。主要检查、检测内容如下：

①路基弯沉和压实度检测；

②桥梁外观检测；

③桥梁荷载试验；

④隧道水泥路面取芯；

⑤隧道衬砌厚度及外观检查；

⑥路基外观检查和结构物实体检测；

⑦路面弯沉、平整度、交通安全设施外观检查和实体检测；

⑧路基土建工程内业资料审查及路基外观抽查；

⑨路面、交通安全设施工程内业资料审查及外观检查。

2. 交工验收前质量复查

完成交工验收前实体检测、外观检查等工作内容后，福建省交通质监局于2013年11月26日组织对本项目进行交工验收前工程质量检查、复查、内业资料审查。

质量复查工作程序包括：召开预备会；现场质量检查、复查、内业资料审查；检查情况反馈，含桥检、外业检测情况。

检查内容包括：工程质量检查，采用抽查的方式对工程质量进行检查；工程质量整改情况复查，桥检问题的整改情况，外观检查中发现的较大问题的整改情况。

内业资料审查是对质量保证资料进行审查，主要包括：原材料和成品检验结果、试验资料、外委检测报告、隐蔽工程施工资料、施工过程遇到非正常情况记录及其对工程质量影响分析、施工过程各方指出较大质量问题的处理情况资料、施工过程如发生质量事故的补救认可证明文件、中间交工验收资料等。

3. 交工验收组织情况

项目业主于2013年12月13日发出会议通知，并于12月18日在莆田市仙游县召开交工验收大会，会议邀请省、市有关部门及相关参建单位代表参加会议。

1）参加对象

（1）邀请单位。

福建省交通运输厅、福建省高速公路建设总指挥部（福建省高速公路有限责任公司）、福建省交通建设质量安全监督局、莆田市高速公路建设总指挥部、莆田市交通运输局、莆田市审计局、莆田市高速公路有限责任公司、莆田市重点办、福建省高速公路有限责任公司莆田管理分公司、福建省交通综合行政执法总队莆田高速公路支队、福建省公安厅交警总队莆田高速公路支队、莆田市交通质监站。

（2）参建单位。

路基土建工程，路面、交通安全设施、房建及绿化工程，交通机电工程的设计、监理、施工单位和路基、路面试验检测单位代表。

2）主要议程

（1）成立交工验收委员会，确定主任、副主任人选。

（2）听取各参建单位工作报告：

①建设单位汇报建设执行报告；

②勘察设计单位汇报设计、勘察工作报告；

③监理单位作监理工作报告及工程质量检验评定报告；

④施工单位作施工总结报告。

（3）福建省交通建设质量安全监督局报告关于沈海复线高速公路（莆田段）工程交工验收前质量检测意见。

（4）宣布交工验收组分组（综合、路基路面、桥梁隧道、附属设施、内业5个小组）及成员名单、验收内容。

（5）现场检查及内业资料审查。

（6）各验收小组分组讨论形成意见并报告。

（7）讨论并通过交工验收会议纪要。

4. 交工验收备案

各合同段全部验收合格后，项目业主及时完成《公路工程交工验收报告》，于2013年12月19日上报省交通运输厅备案。同时向福建省高速公路公司申请开征车辆通行费。省交通运输厅15天内未对备案的项目交工验收报告提出异议的，项目法人可开放交通进入试运营期。

5. 交工验收遗留问题

对交工验收提出的工程质量缺陷遗留问题，项目业主责成相关单位限期整改到位。对属于施工单位按照合同文件应履行的合同义务和缺陷责任，由项目业主和监理单位督促各责任单位落实，对不按要求进行整改的，由项目业主进行协调，移交运营单位进行处置。

6. 交工验收证书

对通过交工验收的合同段，项目业主及时颁发《公路工程交工验收证书》，并对各参建单位进行初步评价。

三、案例分析

通过公路工程交工验收工作，保证了项目各合同段约定的各项内容已全部完成，各方就合同变更的内容书面达成一致意见；施工单位按《公路工程质量检验评定标准》及相关规定对工程质量自检合格；监理单位对工程质量评定合格；质量监督机构按《公路工程质量鉴定办法》对工程质量进行检测，并出具检测意见，检测意见中需整改的问题已经处理完毕；竣工文件按公路工程档案管理的有关要求，完成《公路工程项目文件归档范围》第三、四、五部分（不含缺陷责任期资料）内容的收集、整理及归档工作等。同时，试运营期相关工作和竣工验收准备工作也同步开展，组织编制工程决算和财务决算，接受审计并整改；处理工程缺陷及遗留问题，做好试运营期预防性养护工作，发现重要质量问题及时妥善处理，确保试运营安全；开展档案、环水保等专项验收，办理土地证等。

第四章　工地建设标准化

本章主要从拌和站、钢筋加工场、预制场、小型构件预制场标准化建设等方面介绍高速公路建设项目工地建设标准化。

第一节　拌和站标准化

高速公路建设项目的拌和站，主要包括水泥混凝土拌和站、沥青混合料拌和站、水泥稳定集料拌和站。拌和站标准化管理，主要包括拌和站的总体规划设计、场地建设、标识标牌、机械设备、安全文明施工等。

一、总体规划设计

拌和站选址，应根据本合同段的主要构造物分布、运输条件、通电和通水条件等特点综合选址，尽量靠近主体工程施工部位，做到运输便利、经济合理；远离生活区、居民区，尽量设在生活区、居民区的下风向。

拌和站应根据工程实际情况集中布置，应采用封闭式管理，四周设置围墙，入口设置大门和值班室（图 4-1）。拌和站建设应综合考虑施工生产情况合理划分拌和作业区、材料计量区、材料库、运输车辆停放区、试验区、集料堆放区及生活区，内设洗车池（洗车台）、污水沉淀池和排水系统。拌和站的生活区应同其他区隔离开，场地应进行硬化处理。

拌和站必须保证在施工高峰期进行混凝土不间断供应。同时，混凝土拌和站应配备足够的混凝土搅拌车和混凝土泵送车，满足混凝土高峰作业的需要。每个合同段所有用于桥梁、隧道（不含初支喷射混凝土）、通道涵洞工程的混凝土必须进行集中拌和，自动计量，严禁在施工现场使用小型拌和设备生产混凝土。拌和站及工点，施工便道的修建要保证混凝土运输车等施工车辆晴雨顺畅通行（图 4–2）。

图 4–1　拌和站封闭管理

图 4–2　拌和站便道硬化

二、场地建设

1. 场地面积

拌和站场地面积、搅拌机组配置及产能应满足生产、施工需求和工程进度要求，一般不低于表 4–1 规定。

拌和站建设标准　　　　表 4–1

拌和站类型	场地面积（m^2）	每个拌和站搅拌机组最低配置
水泥混凝土拌和站	8 000	2 台拌和机（每台至少有 3 个水泥罐、4 个集料仓）
沥青混合料拌和站	35 000	1 台拌和机（每台至少 3 个沥青罐、2 个矿粉罐、冷热集料仓各 5 个）
水泥稳定集料拌和站	15 000	1 台拌和机（每台至少 3 个水泥罐、4 个集料仓）

注：场地面积为含备料场面积。

2. 场地处理

拌和站站界应用砖砌围墙封闭，材料堆放区、拌和区、作业区应分开或隔离，场内地面应做硬化处理。

拌和站的所有场地必须进行混凝土硬化处理，必须使用不小于 15cm 厚片、碎石垫层，不小于 10cm 厚的 C15 混凝土进行混凝土硬化处理；拌和站的一般行车道路硬化，必须使用不小于 15cm 厚片、碎石垫层，不小于 20cm 厚的 C20 混凝土进行混凝土硬化处理；大型作业区（如路面沥青拌和站）、重车行车道路硬化，必须使用不小于 15cm 厚片、碎石垫层，不小于 20cm 厚的 C20 混凝土进行混凝土硬化处理（图 4–3）。场地硬化按照四周低、中心高的原则进行，面层排水坡度不应小于 1.5%，场地四周应设置排水沟，排水沟底面采用 M7.5 砂浆进行抹面，做到雨天场地不积水、不泥泞，晴天不扬尘。

在场地外侧合适的位置设置沉砂井及污水过滤池，严禁将站内生产废水直接排放。拌和站入口处应设置洗车池（图 4–4），所有车辆进入拌和站前应通过洗车池，确保拌和站场内的干净整洁，避免污染料仓。洗车池内的洗车水应定期更换，并清理淤积物。

图 4–3　拌和站内场地硬化

图 4–4　拌和站设洗车池

3. 水泥、矿粉、外加剂库房

水泥、矿粉、外加剂库房的面积按照 1.5t/m^2 的标准建设。不同品种、不同批次、不同生产日期的水泥、矿粉、外加剂应分区堆放，并根据不同的检验状态和结果采用统一的材料标识牌进行标识；库房应设置进库门和出库门，确保水泥、矿粉、外加剂的正常循环使用。库房内应建立详细的外加剂调拨台账，使物资的使用具有一定的可追溯性。

使用散装水泥、矿粉的拌和站，要设水泥、矿粉储存罐，根据用量选定储罐容量，配合电脑自动输出。库房内外加剂的存放高度不应超过 2.0m；不同批次、不同品种、不同生产日期的外加剂应分开存放，并根据不同的检验状态和结果采用统一的材料标识牌进行标识（图 4–5）。库房原则上采用砖砌房屋，尽量靠近

图 4–5　外加剂库房

拌和机，库房内部采用水泥粉刷，地面采用 C15 混凝土进行硬化，然后利用方木或砖砌上搭 5cm 木板，使外加剂储存离地 30cm。外加剂存放应离四周墙体 30cm 以上。

4. 堆料场

凡用于工程的砂石料，应按配料要求，不同粒径、不同品种分仓存放，不得混堆、交叉堆放或向料仓口卸料，并设置明显标志，分料仓应采用“48”墙砌筑或采用不小于 30cm 厚的 C20 混凝土浇筑 2.5m 高，采用石灰或水泥砂浆抹面，仓内地面向仓料口设不小于 3% 的地面坡度（图 4-6），严禁设置反坡向仓后排水。料仓口应设置排水沟，防止积水并定期清理。

储料仓配置 8 个（两个四仓式，其中一个四仓式为检验合格仓，另一个四仓式为待检仓），严格按照规定对现场材料进行标识，为保证白昼施工需要，采用上下牌标识，其中上牌悬挂于料仓雨棚正中间，下牌置于分仓隔墙上。标识牌内容包括材料名称、产地、规格型号、生产日期、出产批号、进场日期、检验状态、进场数量、使用部位等（图 4-7）。料仓的容量应满足最大单批次连续施工的需要，并留有一定的余地，另外还应满足运输车辆和装载机等作业要求。包括储料斗在内的所有地材存放场地必须加设轻型钢结构顶棚，钢结构顶棚起拱线高度 7m。

图 4-6　储料仓隔墙、排水

图 4-7　八仓式储料仓

混凝土拌和采用强制式拌和机，配置 8 个下料仓（两个四仓式），下料仓之间隔板高度不小于 100cm（图 4-8）。沥青结构层所用粗集料宜搭设遮雨棚，路面细集料必须搭设遮雨棚，遮雨棚应采用钢结构，面积应满足工程需要（图 4-9）。

图 4–8 八仓式下料仓

图 4–9 沥青路面用粗集料储料仓

三、标识标牌

拌和站入口大门位置，必须悬挂详细的现场布置图，站内各功能区应设置明显的标识牌（图 4–10）。拌和站内醒目位置应设置工程告示牌、安全生产牌、消防保卫牌、管理人员名单及监督电话牌、文明施工牌等明示标志。拌和站出入口、拌和楼控制室应设置禁止、警告、指令标志。

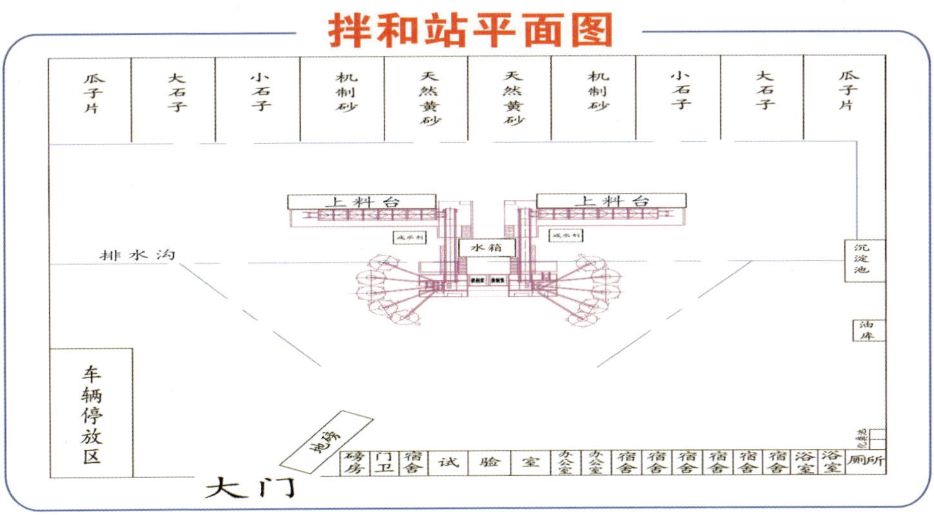

图 4–10 拌和站平面布置图

拌和机操作房前醒目位置，应悬挂混凝土配合比标识牌，油漆喷涂确保不褪色，数字采用彩笔填写，字迹工整清晰。标识牌内应包括以下内容：混凝土设计与施工配合比(含外加剂),粗细集料的实测含水率及各种材料的每盘使用量等(图4-11)。具备条件的也可采用LED显示屏，面积不宜小于8m²，单屏可以完整的显示出上述内容(图4-12)。拌和站管理人员和作业人员应统一制服挂牌上岗。

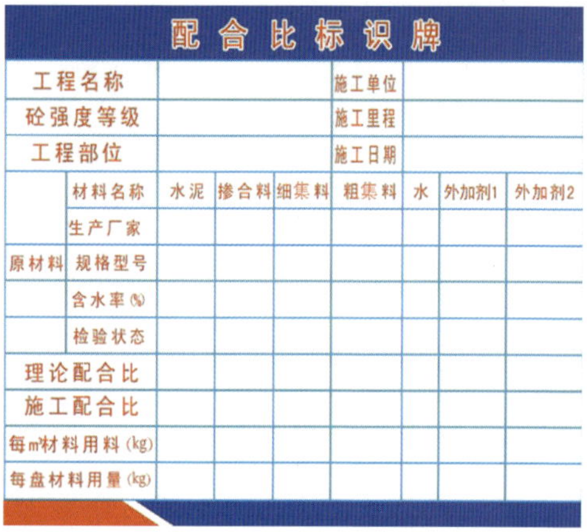

图4-11　配合比标识牌

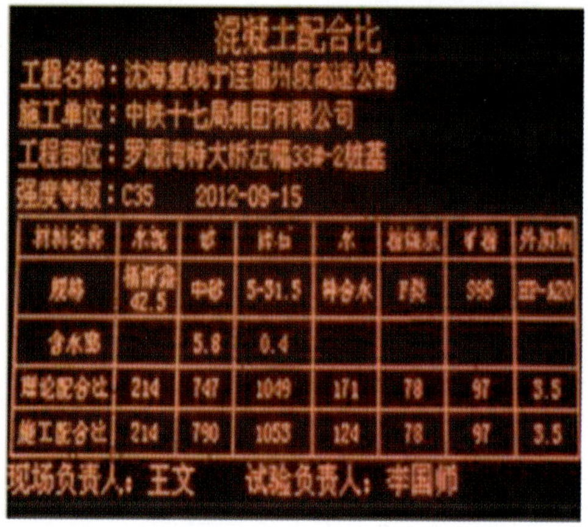

图4-12　配合比LED显示屏

四、机械设备

1.水泥混凝土拌和站

所有拌和站必须达到两个四仓式自动计量标准(图4-13)，粗集料按4.75～13.2mm、13.2～19mm、19～31.5mm三种粒级进行采集和掺配，若是梁片预制的专用拌和站可只配备4.75～13.2mm、13.2～19mm两档料仓。拌和机性能应保持良好，单机生产能力应不低于90m³/h(图4-14)。拌和站使用之前，

图4-13　四仓式自动计量

施工单位施工临时工程必须配备相应混凝土拌和设备。所有永久工程必须实现混凝土集中拌制。拌和站建设完成后，需根据拌和机的功率配备相应的备用发电机，确保拌和站有可靠的电源使用。拌和站的计量设备，应通过当地政府计量部门标定后方可投入生产，使用过程中应不定期进行复检，确保计量准确。

2. 水泥稳定碎石 / 沥青混凝土拌和站

水泥稳定碎石 / 级配碎石拌和采用强制式拌和机，配置 4 个集料仓和 1 个水泥仓，料仓之间隔板高度不小于 50cm，自动补水器加水，拌和机性能应保持良好，其能力不低于 400t/h。沥青混合料采用间歇式拌和机拌和，配备计算机及打印设备，施工 SMA 路面时需配置纤维添加装置。冷料仓的数量满足配合比需要，通常不宜少于 5 ~ 6 个，拌和机性能应保持良好，其能力应符合投标时的承诺，并不低于 240t/h（图 4–15）。拌和楼的计量设备通过有关部门标定后方可投入生产，使用过程中应不定期进行复检，确保计量准确。

图 4–14　水泥混凝土拌和机

图 4–15　沥青混凝土拌和机

3. 混凝土运输设备

混凝土运输车的数量要与拌和站的生产能力及工程所需要的混凝土数量相匹配，混凝土车必须具备在运输过程中有自动搅拌的能力，搅拌罐容积不小于 $6m^3$。

五、安全文明施工

站内各功能区必须在明显位置设有防火设施。站内灭火器不少于 10 个，至少设置 1 个消防池并配备相应的灭火器材。

进入站内的车辆，均应通过洗车池清洗，设置明显标志。地面应定期清扫洒水，对粉尘源进行覆盖遮挡。每次混凝土拌和作业完成后，及时清洗机具，清理现场，做到场地整洁。临近居民区施工产生的噪声不应大于《建筑施工场界环境噪声排放标准》（GB 12523—2011）的规定，否则应进行监控。施工机械设备产生的废水、废油及生活污水不得直接排入河流、湖泊或其他水域中，也不得排入饮用水附近的土地中。处理达标后方可排入市政污水管网或河流。水泥、粉煤灰等材料进料时，要注意材料罐顶的密封性能，当粉尘较大时，应暂时停止上料，待处理完后方可继续。定期、专人进行拌和站的清理和打扫，保持拌和站内卫生。水泥或粉煤灰罐必须安装避雷设施及揽风绳，在进行场地硬化时应在地面预埋揽风绳拉钩。

第二节　钢筋加工场标准化

高速公路建设项目的钢筋加工场标准化管理，主要包括：钢筋加工场的总体规划设计、场地建设、标识标牌、机械设备、安全文明施工等。

一、总体规划设计

钢筋加工场选址，应根据本合同段的主要构造物分布、运输条件、钢筋加工量等特点综合选址。每个路基土建合同段原则上只设置一座大型钢筋加工场，对合同段内桥梁、隧道、涵洞等结构物的钢筋进行集中加工，加工场地应合理选择设置地点，宜采用集中加工配送方式，减少二次搬运量，做到加工与施工互不干扰（图 4-16）。

图 4-16　钢筋加工场

钢筋加工场的规模及功能，应符合投标文件承诺的有关要求及满足施工需要。材料堆放区、成品区、作业区应分开或隔离，并设置避雷及防风的保护措施。

钢筋进出场必须严格执行登记制（在钢筋加工场出口处设置登记房屋），原材料检验合格后由施工单位、监理单位共同确认后登记入场，钢筋加工成品或半成品出场由施工单位、监理单位检查合格后确认登记出场，做到钢筋进出场有据可查，防止中途调换或以次充好。

二、场地建设

1. 场地面积

场地面积根据钢筋（材）加工量的大小、工期等要求设置，一般不低于表 4–2 规定。顶棚及架构宜采用工厂式标准件钢结构搭设。

加工场规模及面积标准　　表 4–2

规　模	加工总量（t）	场地面积（m^2）
大	$t > 10\,000$	3 500
中	$6\,000 \leqslant t \leqslant 10\,000$	2 000

2. 场地处理

钢筋加工场，应根据工程实际情况集中布置，宜采用封闭式管理。钢筋加工场应做硬化处理并做好散水。棚内地面必须使用不小于 15cm 厚片、碎石垫层，不小于 15cm 厚（场地内的道路不小于 20cm 厚）的 C20 混凝土作为面层。棚内按照其使用功能分为：原材料堆放区、钢筋下料区、加工制作区、半成品堆放区、废料区（图 4–17）。场地硬化按照四周低、中心高的原则进行，面层排水坡度不应小于 1.5%，场地四周应设置排水沟。

图 4–17　钢筋加工场场地硬化及分区

3. 堆料场

钢筋应垫高堆放，要离地 20cm 以上，下部支点宜采用水泥混凝土枕梁，以保证钢筋不变形为原则。钢绞线的存放应注意保持干燥，防止被雨水淋湿。废料应统一堆放，统一处理。

三、标识标牌

钢筋加工场内在醒目位置应设置工程公示牌、施工平面布置图、安全生产牌、消防保卫牌、管理人员名单及监督电话牌、文明施工牌等明示标志（图 4–18）。在加工制作区应悬挂各号钢筋的大样设计图，标明尺寸、部位，确保下料及加工准确（图 4–19）。

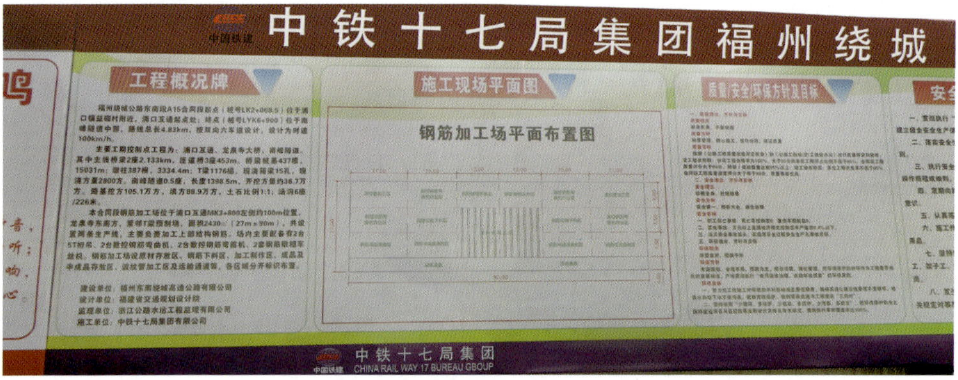

图 4–18　钢筋加工场平面布置图

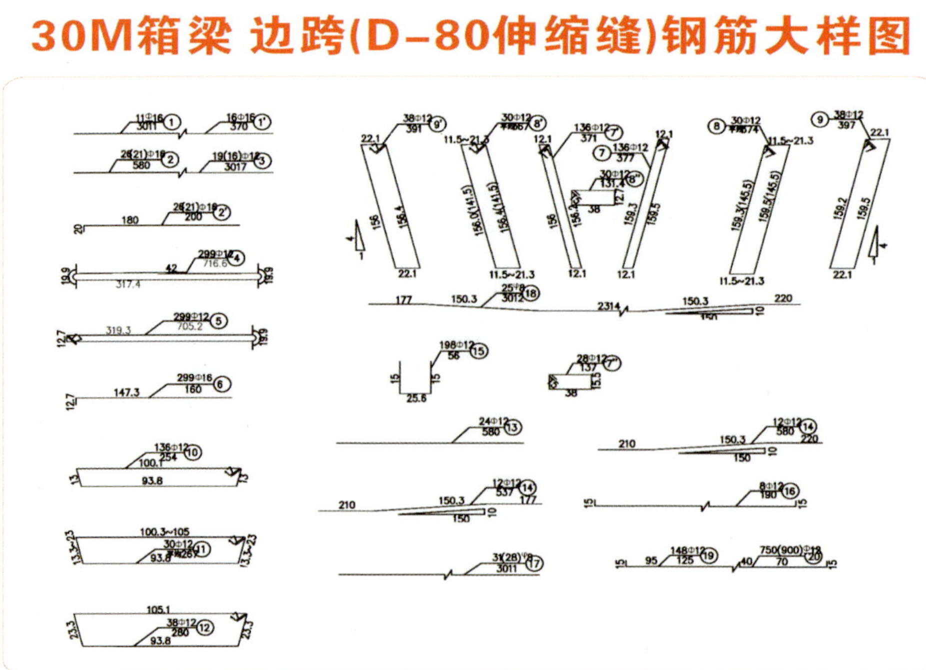

图 4–19　钢筋大样图

储存区、加工区、成品区布设合理，应严格按照规定对现场材料进行标识。标识内容应包括材料名称、产地、规格型号、生产日期、出产批号、进场日期、检验状态、进场数量、使用单位等，并根据不同的检验状态和结果采用统一的材料标识牌进行标识。场内各区应设置明显的标识标牌（图 4-20）。

图 4-20　钢筋成品及半成品堆放

焊接、切割场所应设置禁止标志、警告标志。木工加工区应设置禁止标志。安全通道应设置禁止标志。使用氧气、乙炔等易燃易爆场所应设置禁止标志和明示标志。加工场出入口和场内应设置禁止标志和警告标志。用电场所应设置警告标志。易发生火灾场所应设置警告标志。消防器材放置场所应设置提示标志。各作业区应设置分区标识牌。机械设备应悬挂机械操作安全规定公示牌（即安全操作规程）和设备标识牌。各种原材料、半成品或成品应按其检验状态与结果、使用部位等进行标识。

四、机械设备

进场机械设备，必须能满足工程质量和施工进度要求，安装调试简便、容易操作、维修方便、可靠性高、安全性能好，对环境不会造成污染和破坏，如油、声污染。为满足钢筋加工的精确度，钢筋加工场必须配备数控钢筋弯曲机 1 台、数控弯箍机 1 台，保证工程所需各种钢筋均由机械自动加工成型，严禁人工弯曲钢筋（图 4-21）。钢筋加工场还须配备桁吊或龙门吊，并能满足钢筋加工场内各功能区之间的钢筋转运要求。龙门吊必须是由专业厂家生产，使用前须获得有关部门的鉴定，严禁使用自行组装的门吊。配备桁吊或龙门吊必须考虑施工现场最大单次起吊重量，桁吊或龙门吊设备操作人员要经培训持证上岗（图 4-22）。

图 4–21　数控弯曲机、弯箍机

图 4–22　龙门吊、桁吊

严格遵守持证上岗制度，机械操作人员必须熟悉本机的构造、性能及保养规程，熟练掌握机械设备的操作规程。作业前应按设备的操作规程进行检查，作业中严格遵守劳动纪律，严格执行相应操作规程和有关的安全规章制度，并做好设备使用、维护、保养记录。金属加工工作台应稳固；卷扬机应安装牢固、稳定，防止受力时移位和倾斜。桥梁桩基、立柱等直径大于或等于 25mm 以上的主筋应采用机械连接工艺。各种气瓶应有标准色，气瓶间距不小于 5m，距明火不小于 10m 且采取隔离措施。气瓶使用或存放应符合要求，应有防震圈和防护帽。施工现场各类试验设备应定期检查。

五、安全文明施工

场内各功能区必须在明显位置设有防火设施。场内灭火器不少于 10 个，至少设置一个消防池。场内施工用电应规范管理，各作业区用电回路分开设置，加设断路器和漏电保护器。照明设施应加设网罩防护。

施工机械设备产生的废水、废油及生活污水不得直接排入河流、湖泊或其他水域中，也不得排入饮用水源附近的土地中。加工剩余的短小材料或废料要合理回收、充分利用。定期、专人进行钢筋加工场的清理和打扫，保持场内卫生。

各种机械加工设备，必须经有关部门检查验收合格后方可使用，并且做好验收合格记录，以备检查。起吊钢筋，下方禁止站人，必须待钢筋降落到地面 1m 以内方准靠近，就位支撑好方可摘钩。人工断料工具必须牢固。切断小于 30cm 的短钢筋，应用钳子夹牢，禁止用手把挟，并在外侧设置防护箱笼罩。钢筋进行防腐处理时，制作区应远离办公生活区。焊接时，应有可靠的接地装置，导线绝缘良好。焊接操作时应佩戴防护用品。

作业人员需有工班长带领进入施工现场。现场管理人员和作业人员的安全帽应区分。安全监察人员应佩戴袖标（牌）。作业人员进入施工现场必须穿戴相应劳动保护用品。冬季施工，当温度低于 –5℃，钢筋焊接时应有防雨雪、防风、防寒的措施。

第三节　预制场标准化

高速公路建设项目的预制场标准化管理主要包括预制场的总体规划设计、场地建设、标识标牌、机械设备、安全文明施工等。

一、总体规划设计

每个路基土建合同段原则只设置一座预制梁场。对于山区高速公路个别标段确实因为预制场地、运输通道等客观条件所限，预制场规划的预制梁片数量达不到“不少于 300 片”要求的，经总监办和项目业主批准，可以考虑相邻标段合并预制或委托相邻标段进行预制。若确因客观原因无法委托相邻标段预制的，由施工单位提出书面申请，经总监办及项目业主审批同意后，可以适当增设或降低建设规模（图 4–23）。

图 4–23　梁片预制场

预制梁场选址以方便、合理、安全、经济及满足工期为原则，结合施工合同段所属预制梁板的尺寸、数量、架设要求以及运输条件等情况进行综合选址。

原则上不宜设在主线征地范围内，若确实存在用地困难等特殊情况需要将预制场设于主线征地范围内时，应报项目建设单位审批。

预制场选址与布置要经过多方案比选，合理划分办公生活区、制梁区、存梁区、构件加工区域。预制场建设要与桥梁下部结构施工基本同步启动，避免出现“梁等墩”及“墩等梁”现象。预制场的建设标准应满足表 4–3 要求。

预制场建设标准　　表 4–3

序号	内　容	要　求
1	预制梁片数量	不少于 300 片
2	钢筋半成品、锚具、支座等存料棚	至少 1 座
3	台座数量	应与预制时间相匹配，按 1.5 片 /（座・月）控制。至少设置 1 处梁片出坑检查台座
4	吊装设备	满足起吊吨位需要，至少 2 台
5	模板数量	按照台座数量的 1/（4 ~ 6）匹配
6	自动喷淋养护设施	每片梁板设喷管不得少于 3 条（顶部 1 条，侧面各 1 条）；喷管长为梁体长 +1m，喷头间距 0.5m
7	必备的施工辅助设施	横隔板钢筋定位架、钢筋骨架定位架、横隔板底模支撑架
8	其他施工设备	满足施工需要

预制场宜采用封闭式管理，场地内应按办公区、生活区、构件加工区、制梁区和存梁区、废料处理区等科学合理设置，功能明确，标识清晰。预制场应设置远程视频监控探头，确保能 24h 监控。

二、场地建设

1. 场面面积

一般路基土建合同段预制场的占地面积不少于 6 000m^2；主要工程为隧道的合同段预制场的占地面积不少于 4 000m^2（或经相关单位批准并到相邻合同段）；主要工程为桥梁的合同段预制场的占地面积不少于 8 000m^2。

2. 场地处理

预制场布置要符合工厂化生产的要求，道路和排水畅通，场地四周用砖砌围墙（或通透式围栏）。预制场的所有场地必须进行混凝土硬化处理，必须使用不小于 15cm 厚片、碎石垫层，不小于 10cm 厚的 C15 混凝土进行混凝土硬化处理；预制场的行车道路硬化，必须使用不小于 15cm 厚片、碎石垫层，不小于 20cm 厚的 C20 混凝土进行混凝土硬化处理。场地硬化按照四周低、中心高的原则进行，面层排水坡度不应小于 1.5%，场地四周应设置排水沟，排水沟底面采用 M7.5 砂浆进行抹面，做到雨天场地不积水、不泥泞，晴天不扬尘（图 4–24）。

图 4–24　场地硬化及排水

预制场应配备梁板钢筋骨架定位胎膜，并安装牢固（图 4–25）。场地内必须根据梁片养生时间及台座数量设置足够的梁体养生用的自动喷淋设施，喷淋水压加压泵应能保证提供足够的水压，确保梁片的每个部位均能养护到位，尤其是翼缘板底面及横隔板部位。养护用水需进行过滤，避免出现喷嘴堵塞现象，并且管道埋入地下（图 4–26）。

图 4–25　钢筋骨架定位胎膜

预制梁的台座强度应满足张拉要求，台座尽量设置于地质较好的地基上；对软土地基的台座基础要进行加固；台座与施工主便道要有足够的安全距离。预制场设置在填方路堤或线外填方场地时，为防止产生不均匀沉降变形而影响预制的质量，应对场地分层碾压密实，并对台座基础进行加固，尤其台座两端应用 C20 以上的片石混凝土扩大基础进行加固，以满足梁板张拉起拱后基础两端的承载力要求。同时应在台座上设置沉降观测点进行监控。存梁区台座应视基地的承载力情况适当配筋。台座应满足不同长度梁片的制作，底模应采用复合式不锈钢板，不得采用混凝土底模，钢板厚度应为 6 ～ 8mm，并确保钢板平整、光滑，及时涂脱模剂，防止吊装梁体时，由于黏结而造成底模“蜂窝”、“麻面”。底模钢板应采取防止变形的措施。

图 4-26　梁片自动喷淋养生

存梁区台座混凝土强度等级不低于 C20，用于存梁的枕梁可设在离梁两端面各 50 ~ 80cm 处，且不影响梁片吊装的位置。支垫材质必须采用承载力足够的非刚性材料，且不污染梁底。

预制台座、存梁台座间距应大于 2 倍模板宽度，以便吊装模板。预制台座与存梁台座数量应根据梁板数量和工期要求来确定，并要有一定的富余度。

横隔梁的支撑优先选用固定式底座，底座与 T 梁台座同步建设。若采用独立支撑底模，数量应满足施工进展要求。

预制场内应至少设置一处梁片出坑检查台座（图 4-27），梁板预制完成后，应先将梁片放置在检查台座上进行外观检查，合格后方可移入存梁区。

空心板、箱梁最多存放层数应符合设计文件和相关技术规范要求。设计文

图 4-27 梁片出坑检查台座

件无规定时，空心板叠层不得超过 3 层，小箱梁和 T 梁堆叠存放不超过 2 层。预制梁存放时（特别是叠层存放）应采取支撑等措施确保安全稳定（图 4-28）。

预制梁模板在厂家加工、试拼、验收并编号，合格后方能运至现场，模板运至现场后应按表 4-4 进行验收，验收合格后方可使用。

图 4-28 梁片堆放

预制梁片模板有关要求 表 4-4

内 容	要 求
尺寸	符合设计要求，允许偏差不大于长度和宽度的 1/1 000，最大 ± 4.0mm
梁体模板厚度	不小于 6mm
底模厚度	不小于 6mm
板面平整度	不大于 3mm（用 2m 直尺及塞尺检查）
侧模加劲竖梁间距	翼缘环形钢筋间距的整数倍，不影响翼缘环形钢筋安装
侧模加劲竖梁宽度	小于翼缘环形钢筋间距，不影响翼缘环形钢筋安装
梳形板厚度	不小于 10mm
横隔板底模	使用独立的底模，不与侧模连成一体
横坡	翼缘板能根据设计要求调整横坡

内　容	要　求
相邻模板面的高低差	不大于 2mm
两块模板之间拼接缝隙	不大于 2mm
模板接缝错台	不大于 1mm
芯模（适用于预制箱梁及空心板）	使用整体收缩抽拔式钢内模
预留孔洞	符合设计要求，位置允许偏差 ±2mm。钻孔应采用机具，严禁用电、气焊灼孔
堵浆措施	使用泡沫填缝剂或高强止浆橡胶棒，严禁使用沙石、砂浆或布条
脱模剂	严禁使用废机油

三、标识标牌

预制场内醒目位置应设置工程公示牌、施工平面布置图（图 4–29）、安全生产牌、消防保卫牌、管理人员名单及监督电话牌、文明施工牌等明示标志（图 4–30）。吊装作业区、安全通道应设置禁止标志；预制场的制梁区、存梁区、构件加工区等各生产区域应设置明示标志。钢筋绑扎区在明显位置应设置标识牌。正在使用的机械设备应在醒目位置悬挂机械操作安全规定公示牌（即安全操作规程），易发生机械伤害的场所、施工现场出入口应设置禁止和警示标志。

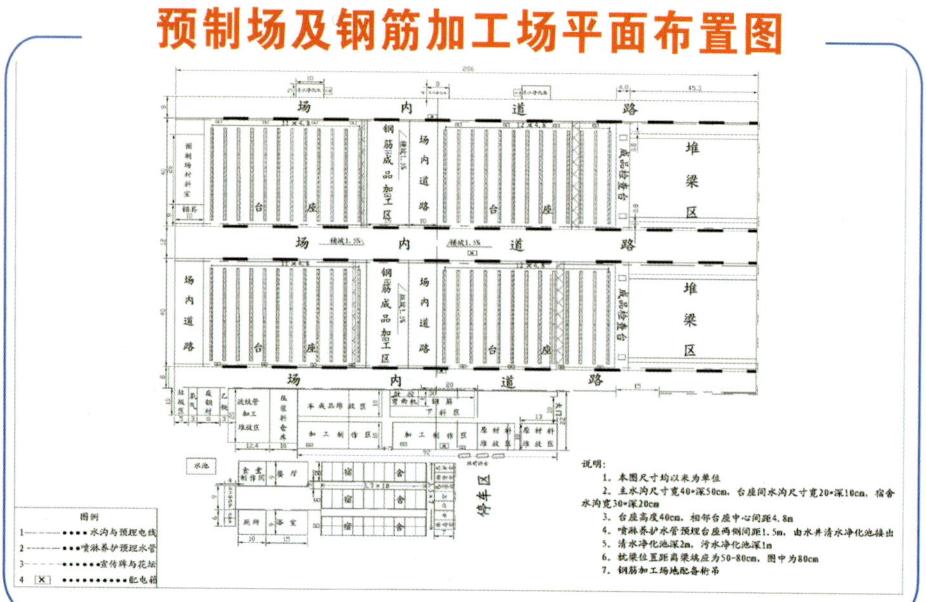

图 4–29　预制场及钢筋加工场平面布置图

图 4-30 梁场标牌

四、机械设备

大型机械施工现场必须严格执行一机一人专职防护，做到“五个一”即：一机、一人（专职防护）、一本（机械施工日志）、一牌（设备标识牌）、一证（机械操作证）。严格遵守持证上岗制度，机械操作人员必须熟悉本机的构造、性能及保养规程，熟练掌握机械设备的操作规程。施工现场安装、拆装大型施工机械时，必须由具有相应资质的单位承担，施工单位负责人、安质部长、安全（设备）主管工程师到场把关。转场时，应有“专项方案、专项检测、专项见证、专项放行、专项检查”。技术负责人、领工员、安全员、技术员及监理员要现场把关。大型施工机械夜间不得安排转场、移机。大型施工机械作业时现场必须有领工员、安全员、技术员、监理员等有关人员把关。龙门吊、架桥机、塔吊必须经有关技术监督部门检验合格后方可投入使用。

机械作业人员进入施工现场作业前，应按设备操作规程进行检查，作业中严格遵守劳动纪律，不得酒后上岗或连续疲劳作业，应严格执行操作规程和相关安全规章制度，并做好设备使用、维护、保养记录。

预制场内应设置起重设备（如龙门吊）（图 4-31），便于预制梁（板）模板的安装拆卸、存梁堆码以及浇注混凝土的调运。吊装作业区应进行封闭，设置安全警告标语牌，作业场所应有安全执勤人员负责看守，严禁非工作人员进入，所有人员均不得在起吊和运行的吊物下站立。对组装好的龙门吊，在使用前必须进行满载试吊，运梁轨道和龙门轨道在使用前应进行试运行，满足要求后方可正式使用（图 4–32）。

图 4–31　龙门吊

图 4–32　龙门吊轨道采用铁路专用道钉

所有预制梁的预应力张拉应采用智能张拉技术，智能张拉设备在预制梁开始施工前应进场并调试完成（图 4–33）。

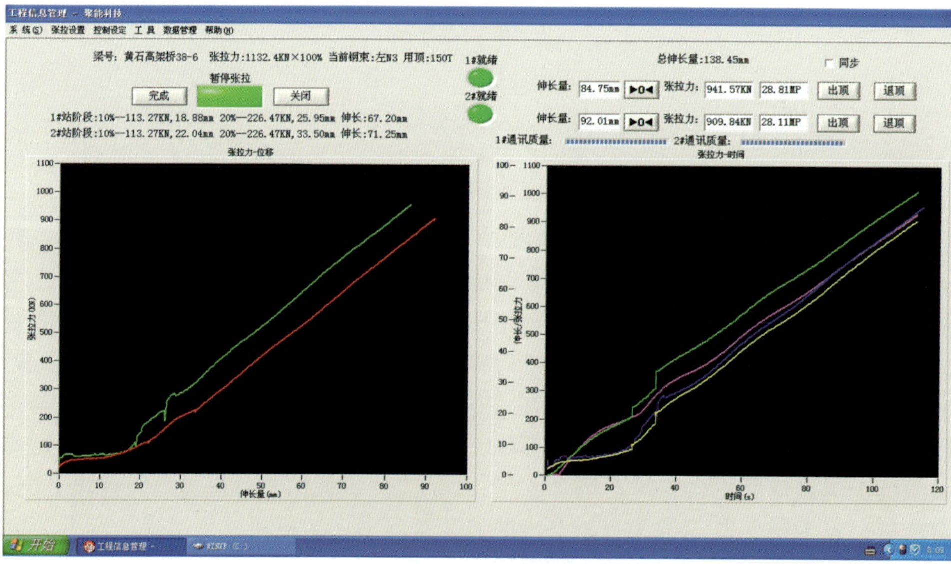

图 4–33　预应力智能张拉系统

五、安全文明施工

预制场出入口宜设置洗车台（池），防止运送材料车辆、混凝土罐车等将泥土带进场内。场内应设置沉淀池，施工污水应先汇入沉淀池处理达标后方能排放。

张拉台座两端应设置指令标志，并设置钢板防护，确保张拉操作时人员安全（图 4–34）。宜配备钢筋安装移动遮雨棚，改善工人施工环境（图 4–35）。

预制场施工用水应满足预制场施工用水的水质和水量要求，预制场的蓄水池应确保施工用水充足。生产、生活营地的消防、安全设施应齐全到位，并做好临时雨水、污水排放以及垃圾处理，以防止污染环境。

图 4–34　张拉防护

图 4–35　移动遮雨棚

第四节　小型构件预制场标准化

高速公路建设项目的小型构件预制场标准化管理主要包括小型构件预制场的总体规划设计、场地建设、标识标牌、机械设备等。

一、总体规划设计

路基排水工程的水沟盖板、防护工程的各型预制块、隧道排水工程盖板及其他设计要求的小型预制构件必须集中预制。小型构件预制场选址与布置要经过多方案比选，功能区规划合理，要严格按照招投标承诺的有关要求进行建设。结合拌和站或梁片预制场综合设置（图 4–36）。

小型构件预制场利用桥台后的挖方路基时，路堑边坡的防护及排水设施应提前完成。小型构件预制场的生活区应同其他区隔离开，场地进行硬化处理。生产、生活营地的消防、安全设施应齐全到位，并做好临时雨水、污水排放以及垃圾处理，以防止污染环境。

图 4–36　小型构件预制场

二、场地建设

一般路基土建合同段小型构件预制场的占地面积不少于 2 000m^2。根据小型预制构件特点，预制场需分生产区、养护区、成品区、模板清洗区、试拼区以及办公区等（图 4–37）。各区域的划分用黄油漆隔离标志，并在各个区域设置标识牌，规划合理，交通流畅。

预制场布置要符合工厂化生产的要求，道路和排水畅通，场地四周用砖砌围墙（或通透式围栏），预制场的所有场地必须进行混凝土硬化处理，必须使用不小于 15cm 厚片、碎石垫层，不小于 10cm 厚的 C15 混凝土进行混凝土硬化处理；预制场的一般行车道路硬化，必须使用不小于 15cm 厚片、碎石垫层，不小于 15cm 厚的 C20 混凝土进行混凝土硬化处理（图 4–38）。场地硬化按照四周低、中心高的原则进行，面层排水坡度不应小于 1.5%，场地四周应设置排水沟，排水沟底面采用 M7.5 砂浆进行抹面，做到雨天场地不积水、不泥泞，晴天不扬尘。

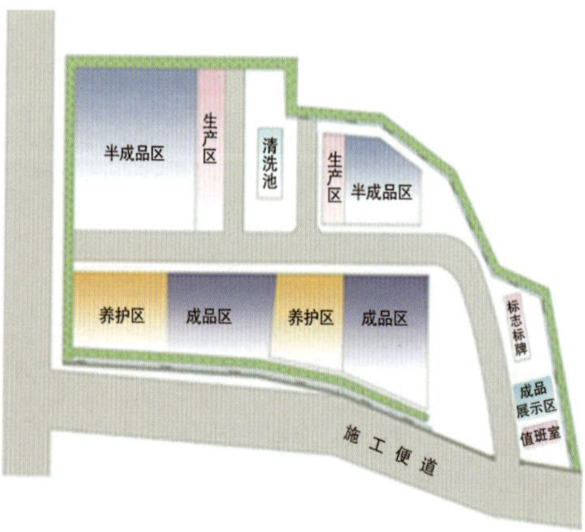

图 4–37　场地分区

图 4–38　场地硬化

生产区根据标段设计图纸确定的预制构件的种类设置生产线。养护区（图 4–39）采用自动喷淋养护系统结合土工布覆盖对构件进行养护，确保构件处于湿润状态。混凝土必须覆盖养生 7d 以上。模板清洗区（图 4–40）应根据模板的数量设置足够面积的盐酸清洗池，确保脱模后能及时清洗模板，并有足够的场地进行晾晒，盐酸池内的盐酸应定期更换。试拼区（图 4–41）应设置一处不小于一榀骨架的模拟边坡，对边坡防护工程的预制块应先进行试拼，对尺寸不符合要求的模板进行更换。

成品区（图 4–42）按不同规格分层堆码。对于预制块、片（如防护衬砌肋、盖板等）堆码不得超过两层，对于整体式预制件（如缝隙式水沟等）不得超过四层。层间需用土工布进行隔开，预制件养护期不得进行堆码存放，以防损伤，运输过程中应轻拿轻放，防止缺边掉角，有条件的可以进行扎带包装。

图 4–39　喷淋养护

图 4–40　模板清洗池

图 4–41　边坡拱形骨架试拼

图 4–42　成品绑扎堆放

三、标识标牌

小型构件预制场内醒目位置应设置工程公示牌、施工平面布置图、安全生产牌、消防保卫牌、管理人员名单及监督电话牌、文明施工牌等明示标志。作业区、安全通道应设置禁止标志；小型构件预制场的生产区、养护区、成品区以及办公区等各生产区域应设置明示标志。正在使用的机械设备应在醒目位置悬挂机械操作安全规定公示牌（即安全操作规程），易发生机械伤害的场所、施工现场出入口应设置禁止和警示标志。

四、机械设备

每条生产线必须设置振动台（图 4–43），同时配备小型拌和站一座（尽可能与既有拌和站一起设置）。振动台电机功率应经过现场试验，对振动台的性能进行分析与比选，确定振动台的电动机功率，一般为 1.2 ~ 1.5kW，振动台数量根据预制构件生产数量确定。混凝土可由就近大型拌和站集中供应，若单独设置拌和站，拌和站必须达到三仓式自动计量标准。

图 4–43　生产线及振动台

模板必须使用钢模或高强度塑料模板，入模前应进行拼缝检查，对拼缝达不到要求的，辅以双面胶或泡沫剂，必须选用优质脱模剂，保证混凝土外观。在周转间隙必须有覆盖措施，防止雨淋、生锈、被污染。按照小型预制构件设计尺寸及要求，由专业生产厂家制作塑料模具的各种钢模母胎。钢模母胎制作完毕后，利用钢模母胎及塑性复合材料批量生产，加工成混凝土小型预制构件的高强度塑性模具，塑性模具的材料为聚丙乙烯、ABS 及部分添加剂经过一定的加工工艺而形成的一种复合材料（图 4–44）。未经清洗、变形、破损的模板严禁用于小型预制构件施工。

图 4–44　高强塑料模板

第五节 案 例

一、案例背景

传统的工地建设往往采取的是多点分散、管理分离的普通模式，长期的施工过程中，这一工地建设模式给项目管理造成了较大的难度。工地建设的随意性和非标准化，直接导致了项目管理过程中的综合成本增加、质量控制难度加大、安全生产风险因素增多、施工形象弱化等一系列问题。

本节结合福建省高速公路建设项目推行工地建设标准化情况，以漳永高速公路龙岩段 A9 合同段落实工地建设标准化的具体措施进行介绍。龙岩漳永高速公路 A9 合同段，起讫桩号 K119+400 ~ K129+400，全长 10km，标段区间范围的重点工程主要包括仁竹山隧道（左洞 621m/ 右洞 634m）、怡坑大桥（左幅 8×30m/ 右幅 6×30mPC 连续 – 刚构 T 梁）、陈九大桥（左幅 5×30m/ 右幅 5×30mPC 连续 – 刚构 T 梁）、逢湖大桥（左幅 6×30m/ 右幅 7×30mPC 连续 – 刚构 T 梁）、陈坑大桥（左幅 5×30m/ 右幅 4×30mPC 连续 – 刚构 T 梁）、大坪大桥（5×30mPC 连续 – 刚构 T 梁）。主要工程量有桥梁桩基 148 根、预制 T 梁 280 片，12 座盖板涵、9 座盖板通道以及路基挖方 361.8 万方、路基填方 372.0 万方、换填透水性材料 146 537.9 方、冲击碾压或强夯 689 005m^2、填挖交界路基处理土工格栅 96 900m^2，预应力锚索 122 134kg、非预应力锚杆 8 532m、预应力锚杆 5 076m、框架梁（地梁）3 930 方、抗滑桩 11 根、挡墙 31 252.35 方，隧道左右洞合计 1 255 延米。合同工期为 24 个月，总合同金额为 3.84 亿。

二、案例概况

在临建工程选址与建设期间，通过对现场的充分调查，并进行多址比选，最终选定项目驻地设置于主线 K123+400 ~ K123+460 右侧，拌和站、钢筋加工场、小型构件预制场设置于主线 K123+480 ~ K123+680 右侧，预制场设置于 K123+530 ~ K123+820 主线上，达到了项目驻地、试验室、混凝土拌和站、钢筋加工场、T 梁预制场和小型构件预制场的“六集中”（图 4–45）。临建场地的集中化更加有利于人员材料设备的综合管理，更加有利于标准化生产。

1. 项目驻地

项目驻地占地面积 3 960m^2，办公、生活用房建筑面积 1 399m^2，满足办公、生活用房建筑面积不小于 1 000m^2，场地占地面积不小于 800m^2 的要求。办公区和生活区通过办公区后侧 2m 高台阶分开，四周采用砖砌 + 铁艺围墙，大门采用电动伸缩门，场地内除花坛以外全部用混凝土硬化，健身场、外边坡种草绿化。

图 4–45 “六集中”场地远景图

2. 拌和站

拌和站面积约为 10 380m^2，满足不小于 10 000m^2 的要求，其中搅拌机、水泥罐面积 517m^2，料仓面积 3 700m^2。拌和站采用封闭式管理，四周设置围墙，进出场设置大门，并悬挂安全、生产标语。近大门处设置门卫室，安装监控设备。拌和站合理划分为生活区、拌和作业区、材料计量区、材料库及运输车辆停放区。在搅拌机及水泥罐底部悬挂配合比标识牌及各种安全标识牌等。拌和站大门右侧设立三集中场地平面布置图、工程告示牌、安全质量环保标识牌等。上料仓顶部用雨棚覆盖，并悬挂各种粗细集料标识牌。拌和站场地内设置停车位、外加剂库房和配电房，配电房外侧设置围栏，并悬挂各种标识标牌。

3. 钢筋加工场

钢筋加工场面积约为 2 592m^2，满足不小于 2 000m^2 的要求。钢筋加工场场地封闭式管理，建设彩钢厂房，钢筋加工全部为工厂流水线作业。钢筋加工场纵向布置，按照钢筋型号不同设立不同功能区域，每一个功能区域用于堆放及加工一种钢筋。在场内醒目位置设置施工平面布置图以及各种提醒、警告、禁止标志等，场内分为原材料堆放区、钢筋加工区、半成品堆放区和成品堆放区，配备数控钢筋弯曲中心和弯箍机。

4. 工地试验室

试验室设置在拌和站新搭建的活动板房内，共设 10 间，面积 233m^2，满足不小于 200m^2 的要求。功能区划分符合标准化要求。各功能区均配备冷暖空调，水泥室和标养室配备自动喷淋设备，做好保温保湿。

5. 预制场

本标段预制 T 梁全部为 30m，共计 280 片。T 梁预制场地位于主线 K123+500 ~ K123+830 处，总面积 8 910m^2，预制规划长度为 330m，宽度为 27m，分钢筋加工区、T 梁预制区、存梁区三部分，长度分别为：30m、175m、

125m。设置22个底座，其中包括2个胎膜化钢筋绑扎台座。T梁预制场配备智能张拉系统、移动防雨棚，制作梁肋及顶板钢筋绑扎胎膜等。

6. 小型构件预制场

小型构件预制场面积2 028m^2，满足不小于2 000m^{2}的要求。预制场分生产区、养护区及成品堆放区。生产区内设置振动台及传送带，并采用移动式雨棚覆盖、养护区布设养护水管，实行自动喷淋养护。

三、案例分析

工地建设标准化的提出，尤其是“三集中（混凝土集中拌制、钢筋集中加工、混凝土构件集中预制）”原则的标准化设计，从管理模式上根本性地解决上述难题，化繁为简，极大地提升了项目管理的可操作性。有条件的合同段还将“三个集中”场地与驻地合并建设，实现“多集中”。同时，各参建单位及时转变理念，对施工一线人员的权益更加重视，将大部分工作由户外作业转到场内作业，大部分生产环节集约完成、工序间无缝连接，生产环境和文明施工程度大大改善。工地建设标准化的实施不仅减少了临时用地、劳动消耗、材料消耗等费用，还提高了生产效率和生产质量，且减少了劳力人员配置，是标准化管理直接经济效益的体现。

第五章　施工工艺标准化

本章主要从路基工程、路面工程、桥梁工程、隧道工程、机电工程等方面来介绍高速公路建设项目施工工艺标准化。

第一节　路基施工标准化

路基施工应做好临时排水总体设计，应与永久性排水设施相结合、与自然排水系统相协调。做好现场取、弃土场的位置选择和取、弃土规划，场内外便道、防护及排水工程设计。施工过程中，施工原始记录与施工工序必须同步，工程现场验收与施工资料签认同步，对隐蔽工程必须保留相关音像资料。绿化工程宜做到“三同步”：与路基工程同步准备，与路基边坡防护工程同步实施，与路基工程同步完成。路基施工标准化主要包括路基填挖、路基排水、路基边坡防护等。

一、路基填挖

路基填挖应在完成路基试验段施工及技术总结，试验段通过监理检测、评定及验收，试验段施工工艺和各种技术参数得到认可，同意推广施工或改进后实施。

1. 挖方路基

挖方路基根据挖方材料性质的不同主要分为土质路堑和石质路堑。

1）土质路堑开挖

土质路堑开挖应先完成截水沟及临时排水设施施工，确保施工作业面不积水。土方开挖应自上而下进行，且应开挖一级防护一级，严禁乱挖、超挖、掏底开挖等，避免造成的路堑边坡塌滑现象。开挖过程中，应采取技术措施保证边坡稳定。在开挖至边坡线前，应预留一定宽度，预留的宽度应保证刷坡过程中设计边坡线外的土层不受到扰动；同时应采用测量仪器对已开挖的坡面进行复核，以确保开挖坡面不欠挖、不超挖。开挖至零填、路堑路床部分后，应尽快进行路床施工；如不能及时进行，应在设计路床顶高程以上预留至少 30cm 厚的保护层。

开挖后应首先完成各级平台水沟及坡面急流槽的施工，确保水流通畅。路床施工前应先开挖排水边沟，防止边坡雨水危害路床部分。当路床土含水量高或为含水层富水性时，应采取设置盲沟、换填、改良土质、土工织物等处理措施，路床填料除应满足规范要求外，还应具有良好的水稳性和透水性能。

土质路堑开挖施工工序（图 5–1）。

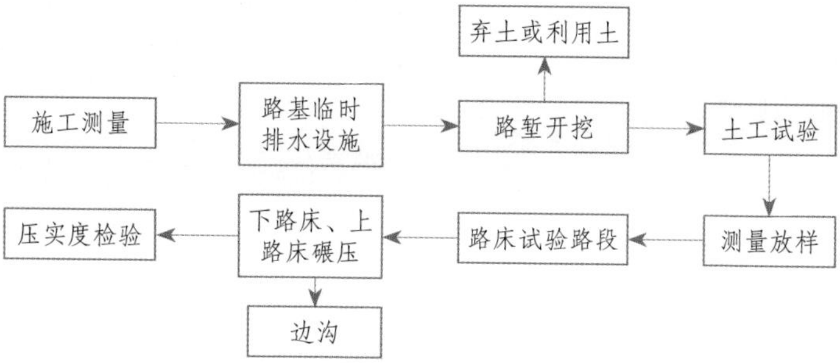

图 5–1　土质路堑开挖施工工序

填挖交界处应在路堑端开挖台阶与填方路堤相衔接，台阶宽度不宜小于压路机碾压宽度，一般不小于 2m，台阶平面设置 2% ~ 4% 的倒坡；路床顶面横向衔接长度不宜小于 5m。

土方路堑开挖应根据地面坡度、开挖断面、纵向长度及出土方向，结合土方调配距离，选用安全、经济的开挖方案（图 5–2）。

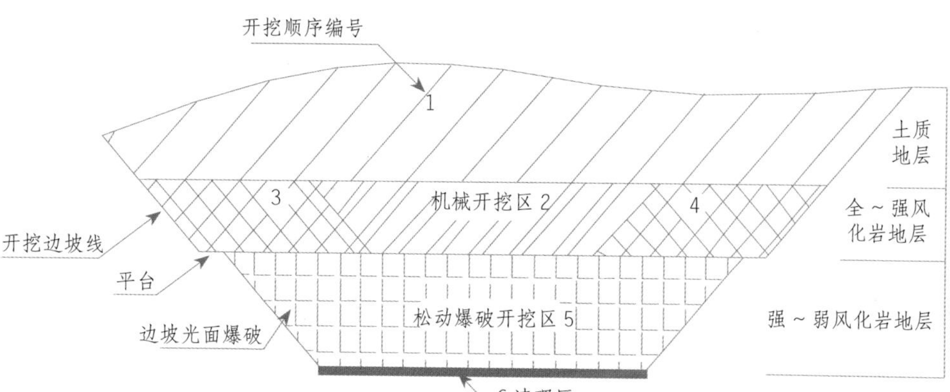

图 5–2　路堑开挖断面示意图

2）石质路堑开挖

石质路堑开挖应根据岩石的类别、风化程度、节理发育程度、岩层产状和施工环境等确定开挖方案。石方爆破开挖路基应以光面爆破、预裂爆破技术为主，禁止采用大爆破施工；软弱松散岩质路堑，宜采用分层开挖、分层防护及坡脚预加固技术。

爆破法开挖石方，应先查明空中缆线、地下管线的位置，开挖边界线外可能受爆破影响的建筑物结构类型、居民居住及出行情况等，然后制订详细的爆破技术安全方案。对起爆顺序和起爆方式要进行分析和比较，以达到最佳效果。现场施工时，起爆网络连接要严格按要求和规范执行。在使用电雷管和导爆索之前要进行检测，确保设备无质量问题。爆破施工宜按以下程序进行：测量标定炮孔位置、钻孔、炮孔检查、爆破器材准备、装药、连接爆破网络、布设安全岗哨、炮孔堵塞、爆破覆盖、起爆信号、起爆、消除瞎炮、处理危石、解除警戒、石方清运、爆破效果分析及资料记录。

挖方边坡应从开挖线往下分级清刷边坡，每下挖 2 ~ 3m，应对新开挖边坡刷坡。对于软质岩石边坡可用人工或机械清刷；对于坚硬和次坚硬岩石边坡，可使用炮眼法、裸露药包法爆破清刷边坡，同时应自上而下清除危石、松石，弃土下方和滚石危及范围内的道路，应设警示标志，并有专人把守，严禁人车通行。坡面上的操作人员必须戴安全帽，严禁在危石下方作业、停留和存放机具，边坡上方有人工作时，边坡下方严禁站人。清刷后的石质路堑边坡，坡率不应陡于设计规定。

每次爆破完毕后，宜及时清运爆破石方，开挖应与装运作业相互错开进行，严禁在上、下工作面双重作业；整理完毕应测量路床高程，高出设计高程的要进行铲出，直到符合设计要求为止；低于高程的要应采用无机结合料稳定碎石、级配碎石填平碾压密实。边坡的修整，边坡表面的破碎岩石要全部清除掉，按设计要求进行刷坡。

石质路床底面有地下水时，应采用横向渗沟连通边沟下的主渗沟，横向渗沟宽度应满足设计要求，若设计无要求时，横向渗沟宽度不宜小于 30cm，沟底流水坡度不宜小于 1%，接口处的高程不得高于主渗沟的沟底流水面。如渗沟低于边沟则应在路肩下设纵向渗沟，沟底应低于深坑洼底至少 10cm，宽度不宜小于 60cm；纵向渗沟由填方路段引出。渗沟应填碎石，并与路床同时碾压到规定的压实度。

石质路堑爆破施工工序（图 5–3）。

2. 填方路基

填方路基根据填料性质的不同分为填土路基和填石路基，填筑施工工序如图 5–4 所示。

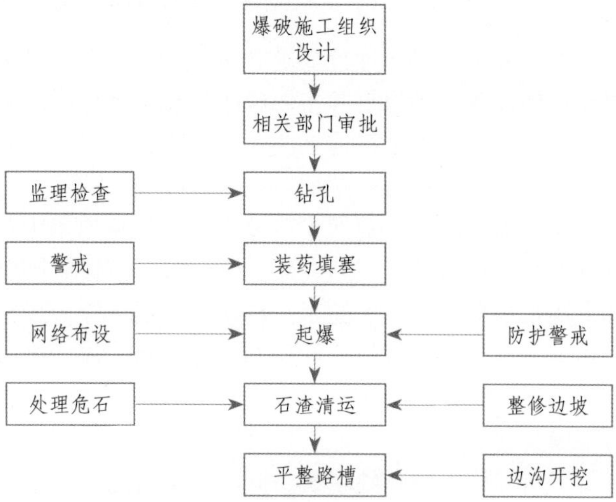

图 5-3　石质路堑爆破施工工序

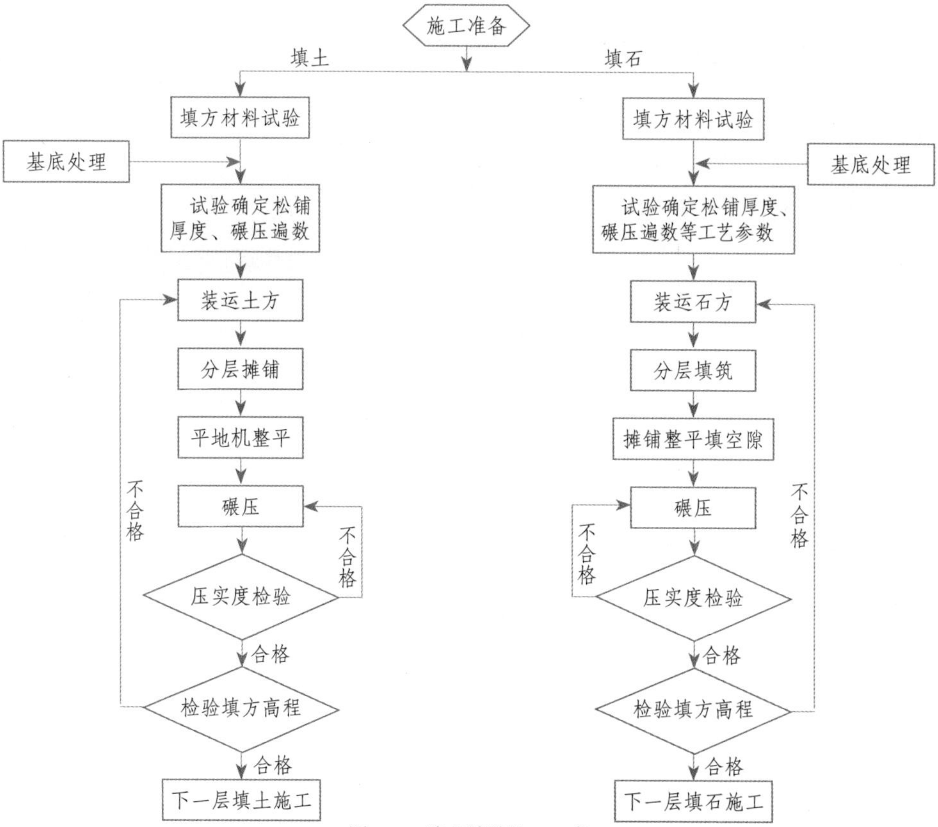

图 5-4　路基填筑施工工序

1）填土路基

路基填料应经试验确定，符合规范要求方可使用。每个路基标段应根据需求配备相应平地机等机械设备。平地机等主要施工机械设备已进场就位，填土路基开工报告经批准后方可进行土方填筑施工。

路基填方取土应尽量利用荒坡、荒地。取土深度应根据用土量、取土场面积并结合地下水等因素考虑；原地面若属于耕植土，应先挖出集中存放，以便再次利用；取土场应有规则的形状及平整的底部，不积水，边坡应按设计坡率修整。

填土路堤宜采用水平分层填筑法施工。即按横断面全宽分成水平层，逐层向上填筑；如原地面不平，应由最低处分层填起。每填筑一层，经过压实并符合规定要求后，再填上一层。路基填筑应按要求设置上料区、摊铺区、碾压区等明显标志，并注明施工段落起始桩号及所处的设计压实度区位等信息。不同性质的土应分层、分段填筑。路堤施工应整幅填筑，同一水平层路基的全宽应采用同一种填料，不得混填。

路堤填土宽度每侧应宽于填层设计宽度 50cm（图 5–5）。压实宽度不得小于设计宽度，以确保路基修整边坡后路基边缘压实度满足规范和设计要求。随着填方高度增加，路基顶应设置截水埂。截水埂开口应设置临时排水沟（图 5–6），间隔不大于 50m，临时排水沟采用机砖砌筑，以免冲刷边坡。上路床 96 区顶层 30cm 必须选用透水性良好的砂性土进行填筑。高填方路基应优先采用强度高、水稳性好的材料进行填筑，并依据规范进行专项沉降和位移观测，观测方法按设计有关内容处理。

图 5–5　路基超宽

图 5–6　路基排水沟

填方路基必须按路面平行线分层控制填土高程，填方作业应分层平行摊铺。分层填筑的各层间应平整，符合平纵坡要求，不得出现积水，以免影响填筑及碾压质量。路基每层填筑严格实行“划格上土（图 5–7），挂线施工，平地机整平”。运输车按要求卸料后，先推土机粗平后平地机精平（图 5–8），依照测量人员埋置的桩位准确铺出设计要求的横、纵坡，并形成路拱。每填筑三层要恢复一次路基中线和边线，并每隔 10 ~ 20m 设置定位桩，以保证路基轴线和宽度的准确性。

图 5-7　划格上土

图 5-8　平地机整平

碾压前对填土层的松铺厚度、平整度进行检查（图 5-9），符合要求后方可进行碾压。先静压，后振动碾压，碾压时直线段路基采用两边向中间碾压的方法施工。碾压达到试验段获取的遍数后，用灌砂法检验压实度，经监理工程师抽检验合格后方可转入下道工序。不合格路段，进行补压后再作检验，直到合格为止。路基达到表面平整，边线直顺，曲线圆滑，“五度”即填筑宽度、厚度、平整度、压实度及横坡度要求合格（图 5-10）。

图 5-9　现场平整度检测

图 5-10　路基“五度”控制

2）填石路基

填石路基填料粒径应不大于 50cm，并不宜超过层厚的 2/3，不均匀系数宜为 15 ~ 20。路床底面以下 40cm 范围内，填料粒径应小于 15cm。填石路堤应先边坡码砌后，腔内填石，路堤两侧各应宽出设计宽度 50cm 以上。填方边坡码砌填石料应为硬质岩和中硬岩石的填石路基，石料单轴饱和抗压强度≥ 30MPa，石块粒径大于 30mm；石块应尽量规则，码砌石块尽量紧贴密实、无空洞、松动现象。

各级边坡码砌坡率应符合设计边坡坡率要求，并按照设计宽度进行码砌，如设计无此要求，则从下往上单侧码砌宽度应符合下列要求：第一级码砌水平宽度 4.5m；第二级码砌水平宽度 3m；第三级码砌水平宽度 2m，各级边坡平台应全部码砌。填石路堤第一层码砌底部必须开挖基坑，保证砌体位于原地面以下一定深度。填石路基需配备大功率重型压实机具（冲击夯）进行冲击补强。

填石路基应分层填筑、分层压实，碾压时应先两侧（即靠路肩部分）后中间，压实路线对于轮碾应纵向互相平行，反复碾压。施工工序见图 5–4。

二、路基排水

路基施工前，应校核全线排水设计是否完善、合理，必要时应提出补充和修改意见，使全线的沟渠、管道、桥涵组合成完整的排水系统。临时排水设施应尽量与永久排水设施相结合，排水方案应因地制宜、经济适用。路堤施工中，各施工作业层面应设排水横坡。路堑施工中，应及时将地表水排走。

路基排水设施要求纵坡平顺，沟底平整，排水畅通。外观要求线形美观、平顺、圆滑。构造物要求坚实、稳定。基础伸缩缝应与墙身伸缩缝一致。砌体抹面应平整、压光、顺直，不得有裂缝、空鼓现象。排水设施主要有边沟、排水沟、截水沟、跌水、急流槽、渗沟、盲沟等。

1. 边沟、排水沟、截水沟、缝隙式排水沟

边沟、排水沟、截水沟的测量放样应适当加密，确保沟体线形美观，达到线形顺直、圆滑，并按设计要求设置沉降缝。路基排水应按设计及规范要求施工，并依照实际地形选择合适的位置将地面水和地下水排导出路基外，并与自然水系相衔接。施工工序见图 5–11。

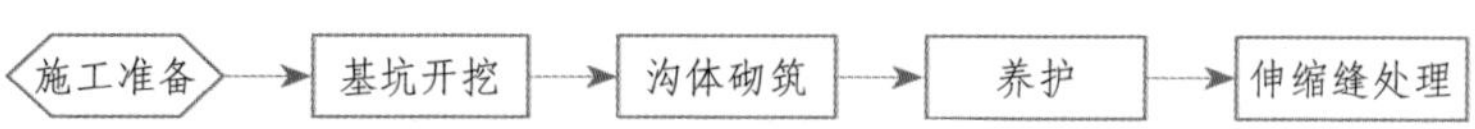

图 5–11　边沟、排水沟、截水沟施工工序

截水沟应在路基施工前施工。截水沟砌筑后，在坡体上方一侧的砌体与山坡土体连接处，坡面地表水容易产生渗漏，应严格进行夯实和防渗处理。特别是地质不良、土质松软、透水性大或岩石裂隙较多地段，截水沟应采取沟底、沟壁、进水侧加固措施，以防止顺山坡下来的地表水渗入而影响坡体稳定。截水沟顶面应略低于自然坡面，若遇冲沟应设缺口将水导入截水沟。截水沟的长度超过 500m 时应设置出水口，并将水引入自然河沟或桥涵进水口。截水沟的出水口，宜设置排水沟、急流槽或跌水，与其他排水设施平顺衔接。截水沟出水口一般应

设深度不小于 1m 的截水墙或消能设施，以免出水口在水流作用下冲毁；排水系统应完善，不得随意排放或直接冲刷边坡（图 5–12）。

边沟、排水沟施工放样一般以两个结构物之间的长度为一个单元，以确保边沟、排水沟与结构物的进出水口顺利连接。为防止边沟水流满溢或冲刷，应尽可能地利用当地的有利地形条件，采取相应措施，将边沟水流分段设置出水口排出路基外。三角形边沟每段长度不宜超过 200m，多雨地区梯形边沟每段长度不宜超过 300m。

边沟基坑开挖至设计高程时应留出 5 ~ 10cm，由人工修整成型，确保边沟、排水沟的边坡平整、稳定，严禁贴坡。基坑开挖后，需进行沟底高程复测，确保沟底纵坡衔接平顺。

施工期间永久性排水应与临时排水相结合，防止雨水冲刷；如路堑边沟每隔 50m 预留不小于 10cm × 10cm 的矩形沟或埋设直径不小于 10cm 的 PVC 管排水孔道（图 5–13）；填方路堤每隔 50m 采用机砖砌筑宽 0.7m 临时流水槽与路堤排水沟相连接。

图 5–12　截水沟排水系统

图 5–13　边沟排水孔

缝隙式排水沟预制构件的各项尺寸、强度均须符合安装要求，监理抽检合格后方可运至现场。缝隙式排水沟的预制构件吊装注意保护外观、避免磕碰，根据现场条件采取一定措施确保完好的运输到安装现场。在弯道半径大的段落，缝隙式排水沟可通过调整接缝宽度来调整线形，半径小的曲线路段应准确计算弧形拱度，通过预制两边侧不等长的梯形构件来调整曲线。

2. 跌水、急流槽

跌水与急流槽宜用浆砌圬工结构；跌水的台阶高度应按设计或根据地形、地质等条件确定；多级台阶的各级高度可以不同，其高度与长度之比应与原地面坡度相适应，台阶高度应不大于 0.6m，不同一阶坡面应上下对齐。跌水槽一般筑成矩形，若跌水高度不大，槽底纵坡较缓，亦可采用梯形断面。梯形跌水槽身，应在台阶前 0.5 ~ 1.0m 和台阶后 1.0 ~ 1.5m 范围内加固。

急流槽的纵坡，一般不宜超过 1 ： 1.5，可用浆砌片（块）石砌筑或混凝土浇筑。急流槽的基础应嵌入地面以下，其底部应按设计要求砌筑抗滑平台并设置端护墙。长急流槽时，应分段砌筑。每段长宜控制在 5 ~ 10m，接头处以防水材料填缝，应密实无空隙。急流槽宜砌成粗糙面，或嵌入约 10cm × 10cm 坚石块，以消能减小流速。

对于汇水面积较大的路堑边坡急流槽，应考虑加大、加深急流槽尺寸，并在底部设消能设施后，导入路基排水系统。同时，对于汇水面积较大的沟槽部位，应根据工程现场情况采取浆砌片石铺砌等措施进行封闭，便于沟槽部位的坡体排水。

跌水、急流槽施工工序见图 5–14。

图 5–14　跌水、急流槽施工工序

三、路基边坡防护

防护工程应按照“安全稳定、生物防护为主、圬工防护为辅”的原则实施。边坡防护应优先采用生物防护，必须采用工程防护时，应采用工程防护和生物防护相结合的方式。路堑开挖与防护工程应同步实施，开挖一级、防护一级、绿化一级。路堑段支挡工程基础开挖应分段进行，路堤段支挡工程施工与路基填筑应同步实施。

1. 普通边坡防护

普通边坡防护工程类型、方法较多，实施时应按照设计文件的要求，紧密结合边坡的稳固，严格施工工艺，达到稳定边坡、预防灾害、减少水土流失的效果。施工前应对设计文件提出的方案现场核查，结合当地类似工程经验，对设计方案进行优化、完善，选择较为成熟、经济合理、施工简单、利于环保的方案。路堤边坡防护在完成刷坡后应由下往上分级砌筑施工。路堑边坡防护应根据开挖情况由上往下分级防护，开挖一级防护一级。

1）浆砌片（块）石及混凝土预制块防护、护面墙防护

坡面密实、平整、稳定后，方可铺砌。路堤边坡防护在完成刷坡后由下往上分级砌筑，路堑边坡防护由上往下逐级砌筑，同级边坡砌体铺砌时应从下而上。砂浆应保持适宜的和易性和流动性，砂浆稠度一般为 3 ~ 5cm，并根据施工气候情况适当调整稠度。砌筑时接缝交错、坡面平整、勾缝严密、养护及时；骨架砌筑应先施工衔接处，再砌筑其他部分骨架；两骨架衔接处应处于同一高度，

骨架底部及顶部和两侧范围内，应用浆砌片石或预制块镶边加固，骨架应嵌入坡面，与坡面密贴。路堤边坡铺砌时，铺砌层的砂砾垫层材料粒径一般不大于50mm，含泥量不宜超过5%。垫层应与铺砌层配合铺砌，随铺随砌。勾缝前应清扫，并喷水湿润，勾缝宜采用凹缝。砂浆终凝前，砌体应覆盖。砂浆初凝后，及时进行养生，养护期一般为5 ~ 7d。护坡每10 ~ 15m应留一伸缩缝，缝宽20 ~ 30mm。在基底地质有变化处，应设沉降缝，可将伸缩缝与沉降缝合并设置。

路堑护面墙基础顶面高程应低于碎落台（级间平台）30cm以上，基底平面应设置2%以上的内倾坡度。坡面应平整密实，线形顺直；墙基应坚固可靠，当地基软弱时，应上报相关部门采取相应的措施处理。护面墙背必须与路堑坡面密贴，边坡局部凹陷处，应挖成台阶后用与墙身相同的圬工砌补，不得回填土石或干砌片石。坡顶护面墙与坡面之间应按设计要求做好防渗处理。墙面要砌筑平顺，两端设踏步，墙背应设反滤层且与坡面贴合密实。墙顶与边坡间缝隙应封严；局部边坡镶砌时，应砌入坡面，表面与周边平顺衔接。浆砌块石护面墙的石块应平砌，每层石料高度应大致一致。外圈定位行和镶面石块，宜按一顺一丁排列，砌缝宽度为20mm，上下层竖缝错开距离为100mm。砌体石质应坚硬，严禁使用风化石。砌体必须紧密、错缝，严禁通缝叠砌、贴砌和浮塞。砌筑时砂浆应饱满密实，采用坐浆挤密施工。按设计要求设置伸缩缝和泄水孔，伸缩缝间隙2 ~ 3cm，施工完成后用沥青麻絮填塞饱满；泄水孔位置应有利于泄水流向路侧边沟和排水沟，并保持顺畅。当有潜水露出且边坡流水较多的地方，应引水并适当加密泄水孔。砂浆初凝后，及时进行覆盖养生，养护期一般为5 ~ 7d。泄水孔材料应符合设计要求，如设计没有要求，则须采用直径不小于10cm的PVC管。泄水孔必须畅通，且有落水坡度。泄水孔与墙背入水口处用反滤材料填塞，厚度不小于30cm，粒径0.2 ~ 50mm，并符合级配要求。

浆砌片（块）石及混凝土预制块防护、护面墙防护的施工工序见图5-15。

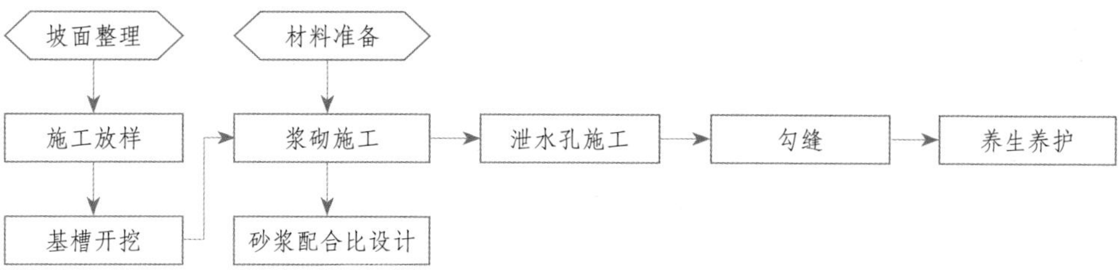

图5-15　浆砌施工工序

2）挡土墙防护

挡土墙基坑开挖应进行详细的测量定位并标出开挖线，分段跳槽开挖；边坡稳定性差或基坑开挖较深时，应设置临时支护。基坑开挖时应核对地质情况，基底应进行承载力检测。当达到设计的基坑承载力要求时，方可进行下一道工序施

第五章
施工工艺标准化

工；若不能达到设计基坑承载力要求，应根据设计要求及有关规范处理，达到设计要求后方可继续下一道工序的施工。

挡土墙在基础施工前，应做好场地临时排水。墙基础直接置于天然地基上时，应经检验并报监理工程师同意后，方可开始砌筑；墙基础采用倾斜地基时，应按设计倾斜挖凿，不得用填补法筑成斜面；墙基础设置在岩石的横坡上时，应清除表面风化层，横向凿成台阶，台阶应设置为不小于 4：1 内倾横坡，单级台阶宽度应不小于 50cm，沿墙长度方向有纵坡时，应沿纵向按设计要求做成台阶；采用台阶式基础时，台阶与墙体应连在一起同时砌筑，基底及墙趾台阶转折处不得砌成垂直通缝，砌体与台阶壁间的缝隙砂浆应饱满。

浆砌片（块）石挡土墙砌筑时必须两面立杆或样板挂线，外面线应顺直整齐，逐层收坡，内外线顺直。砌筑墙身时，应先将表面加以清洗、湿润，分层分段坐浆砌筑。挡土墙的泄水孔预先埋设，向排水方向倾斜，保证排水顺畅，不得反倾斜。砌体石块应互相咬接，砌缝砂浆饱满。砌体出地面后，浆砌强度达到 70% 以上后，方可回填墙背填料。施工工序见图 5-16。

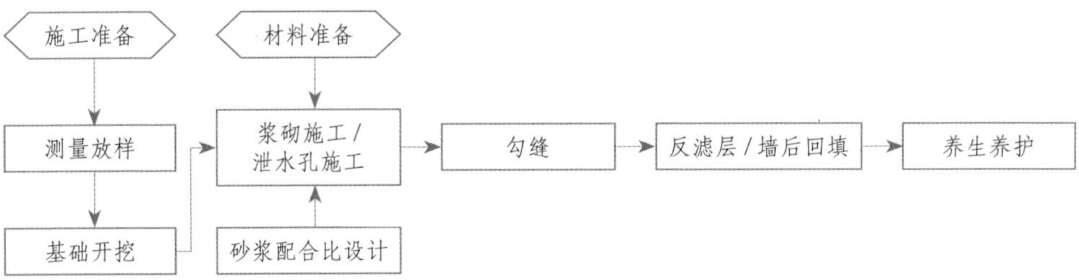

图 5-16　浆砌片（块）石挡土墙施工工序

混凝土挡土墙的浇注应符合设计和规范要求。当进行分层浇筑时，应注意预埋石榫，连接处混凝土面应凿毛，并在浇筑前清洗干净。

2. 高边坡防护与滑坡治理

高边坡防护与滑坡治理工程主要有锚固工程、抗滑桩工程、挡土墙工程及排水工程等。高边坡防护与滑坡治理工程的设计、施工采用信息化动态管理。高边坡防护与滑坡治理工程施工应选择具有相应资质的专业队伍。必要时，施工单位、项目业主可组织专家或有相应岩土工程咨询资质的咨询单位成立边坡工程专项咨询机构，对工程建设提供建议和方案。

1）滑坡治理工程

滑坡处治应先应急工程，后永久工程，尽量选择旱季施工。截断流向滑坡体的地表水、地下水及临时用水。支挡工程的施工从滑坡两侧向主轴靠近、跳槽开挖、随挖随支，滑坡体的卸载应在滑坡体的上部。滑坡地段进行边坡开挖，应自上而下进行，每开挖一级应对滑坡进行工程地质评价和坡体稳定性分析。需对边坡采取加固时，应停止开挖下级边坡，待加固工程起到稳定边坡作用后，方可进行下级边坡开挖。滑坡治理工程施工工序见图 5–17。

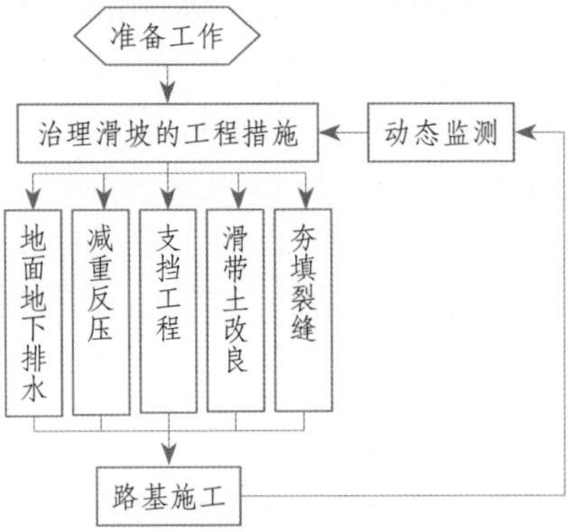

图 5–17　滑坡治理工程施工工序

2）锚固工程

锚固工程开工前应对锚杆（索）进行基本试验（即破坏性抗拔试验），以确定锚杆（索）的极限承载力。检验锚杆（索）在超过设计拉力并接近极限拉力条件下的工作性能和安全程度，以便在正式使用前调整锚杆（索）结构参数或改进锚杆（索）的制作工艺，保证施工质量。施工脚手架应满足相应承载能力和稳固条件，根据测放孔位准确安装固定钻机。锚孔钻进须采用无水干钻，采用潜孔钻机或锚杆钻机冲击成孔，在岩层破碎或松软饱水等地层中应采用跟管钻进技术，做好现场施工记录。锚杆（索）的制作须搭设锚杆（索）组装架。锚杆接头采用专用锚杆连接接头，不得采用焊接技术。钢绞线要求采用机械切割，进行防腐处理，做好编束。锚筋体组装完成后应顺直地分开摆放在通风干燥处，安放应平顺推送。锚固体安装完毕要及时并进行锚孔注浆，做好注浆记录和浆体强度试验。锚筋的张拉必须采用专用设备。锚杆（索）施工工序见图 5–18。

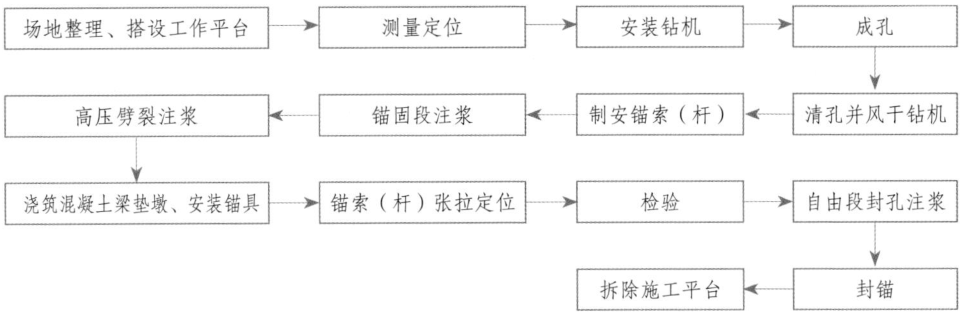

图 5–18　锚杆（索）施工工序

第五章　施工工艺标准化

3）抗滑桩工程

抗滑桩应严格按设计图施工，及时进行地质编录，以利于反馈设计，当实际情况与设计有较大出入时，应及时向监理、设计和项目业主单位报告，便于变更设计。抗滑桩混凝土浇筑前，应结合工程实际地质条件，确定混凝土浇筑方案。抗滑桩施工过程中应预埋检测管，施工完成后，应对全部抗滑桩进行超声波检测，确保抗滑桩施工质量。抗滑桩挖孔采用人工开挖桩坑时，须采用跳桩开挖方式（一般采用跳一挖一、跳二挖一等方式），施工工序见图 5-19。坡体变形较大时，抗滑桩桩坑开挖施工应由两侧至中间进行。浇筑护壁混凝土时，护壁不得侵占抗

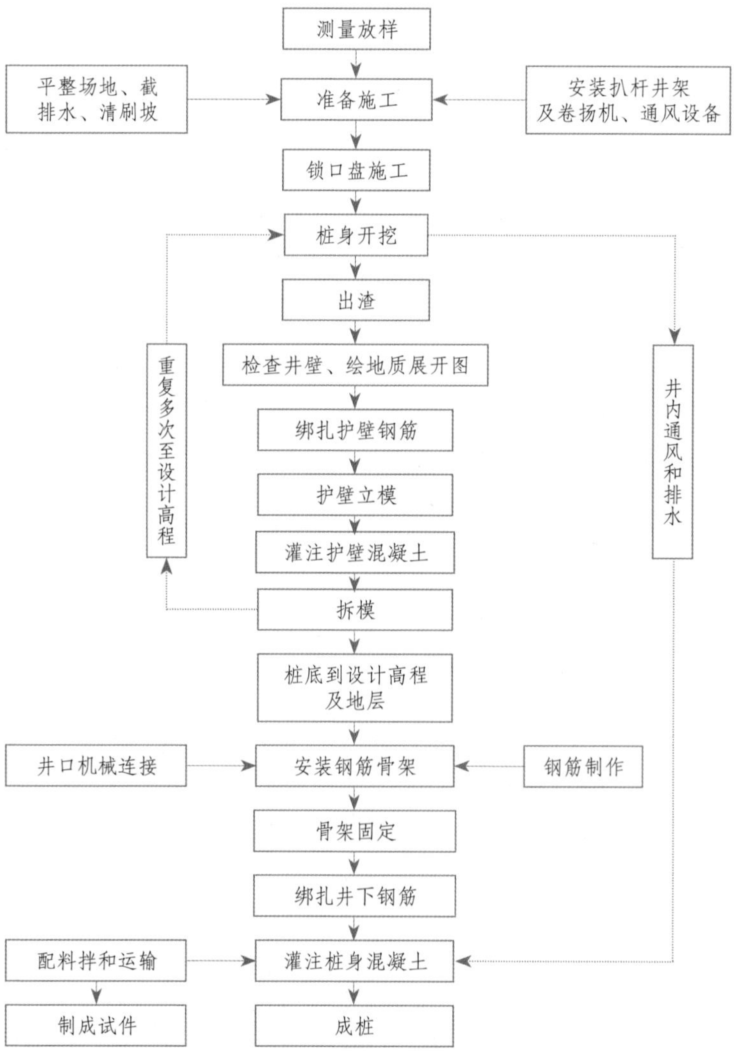

图 5-19　抗滑桩人工开挖施工工序

滑桩截面空间。钢筋笼制作宜采用工厂化制作，整体吊装或分节安装。混凝土浇筑，需采用串筒下料、分层振捣浇筑（水下混凝土除外），不得间断。

预应力锚固工程施工完成后，应及时进行锚固工程的质量检测。质量检测包括：预应力锚杆（索）长度检测、预应力锚固工程的抗拔力和锁定拉力检测。锚杆（索）框架、预应力锚杆（索）、抗滑桩、平孔排水、井点降水和监测等工程措施，施工完成后应进行统一编号，以便于工程管理。

3. 边坡生态恢复

边坡生态恢复可美化环境，涵养水源，防止水土流失和滑坡，净化空气，必须坚持以下原则：

（1）安全性原则：对边坡进行生态恢复必须确保边坡的稳定和安全。

（2）协调性原则：生态恢复后的边坡与周围环境能协调一致。

（3）永久性原则：对边坡生态恢复做到一劳永逸，尽量减少后期人工维护和管理。

（4）经济性原则：选择适宜的边坡生态恢复方法、施工工艺、养护措施，做到经济合理。

（5）因地制宜原则：应结合工程所在地的情况，合理地选择施工工艺、施工材料。

根据不同的边坡类型、坡率、固土形式等因素，选择边坡生态恢复施工工法，如液压喷草 / 液压喷草植灌、客土喷草 / 客土喷草植灌、CF 网喷灌、TBS 喷草灌、CS 混合纤维喷灌等。

为了能融合自然，应对边坡的坡顶及坡脚进行圆弧化处理，避免人工开挖的折角存在，边坡两侧应进行衔接过渡处理，使其与周边自然地形连成一体，自然过渡。坡面应回填到位，使坡面大面平整、排水顺畅。

种子的选择应根据当地的气候、播种季节的降雨量、植物的生长特点等因素综合考虑选择。草本植物种子质量不应低于《禾本科草种子质量分级》（GB 6142—2008）中所规定的二级质量标准；木本科植物种子质量不应低于《林木种子质量分级》（GB 7908—1999）中所规定的二级质量标准。如自行采集的乡土树种、乡土草种在使用前必须进行发芽试验以确定合适的播种量。

选择不同环境条件，有代表性地段的边坡进行植物配比试验。选用多种植物配比方案进行对比试验、观测，筛选出分别适应于不同气候段、不同坡面土壤条件、景观要求，且满足目标群落（如灌草丛、常绿阔叶混交林、针阔混交林等）的各类边坡最优植物配比方案。

边坡喷播种子后，当天应及时覆盖无纺布，从上到下平整覆盖，用U形钉固定，并定期进行养护。边坡应在植物正常生长 3 个月后或植被覆盖率达 80% 以上后方可进行验收。

第二节　路面施工标准化

路面施工的水稳（底）基层、级配碎石（底）基层、沥青结构层、透层、黏层、封层与混凝土附属工程等作业均应安排专业化队伍进行施工，施工前应根据施工进度计划、施工技术水平等制订详细的劳动力及设备使用计划，并及时组织进场，以满足施工需要。路面施工标准化主要包括水泥稳定碎石层、级配碎石层、热拌沥青混合料结构层等。

一、水泥稳定碎石底基层、基层

水泥稳定碎石底基层、基层应在春末和气温较高季节组织施工，施工期的最低气温应在5℃以上。水稳层应采用集中厂拌法拌制混合料，并采用摊铺机摊铺，从加水拌和到碾压终了的时间不应超过水泥初凝时间。水泥稳定碎石底基层、基层的压实厚度不超过20cm，否则应分层铺筑，每层的最小压实厚度不应小于10cm，下层应稍厚。严禁用薄层贴补法进行找平。分层铺筑时，每层都要做压实度检验，并应达到规定要求。压实度检测时挖出的坑洞应及时进行有效回填。

1. 材料要求

用于水稳层的碎石压碎值应不大于30%，破碎时应确保经过一道反击破或圆锥破。用于底基层时，单个颗粒的最大粒径不应超过37.5mm，用于基层时，单个颗粒的最大粒径不应超过31.5mm。碎石应预先筛分成至少4个粒级。当细集料数量不足时，允许掺配一定比例的砂。砂应洁净、坚硬、干燥，无风化、无杂质，符合级配要求。水泥宜采用32.5级复合硅酸盐水泥，其初凝时间应在3h以上，终凝时间应在4.5h以上。

2. 施工要点

待等候的混合料运输车多于5辆后开始摊铺混合料并保持摊铺连续。当有大功率摊铺机时，可采用单机全断面摊铺，并通过试验段比较来确定采用单机还是双机方案。不论采用何种摊铺方案，都应配备1台可自动伸缩以调整宽度的摊铺机。采用单机摊铺时应采用两侧走钢丝的方法控制高程（图5-20）。采用双机联合摊铺作业时，2台摊铺机型号应相同，前后相距5 ~ 10m，前台摊铺机采用路侧钢丝和设置在路中的导梁控制路面高程（图5-21），后台摊铺机路侧采用钢丝、路中采用滑靴控制高程和厚度（图5-22）。前后2台摊铺重叠50 ~ 100mm，中缝辅以人工修整。

在摊铺、修整后立即用压路机跟在摊铺机后在全宽范围内进行碾压。碾压应遵循先轻后重、先慢后快、从低到高的原则（图5-23）。碾压程序应按试验路段确认的方法施工。碾压时，应重叠1/2轮宽，后轮必须超过两段的接缝处。各部分碾压到的次数应尽量相同。压路机压不到的地方用小型平板式振动器施振密实。严禁压路机在已完成的或正在碾压的路段上调头或紧急制动，保证水泥稳定碎石层表面不受破坏。压实后表面做到平整，无轮迹或隆起，不得产生“大波浪”现象。

图 5-20　路侧走钢丝

图 5-21　前机路中走导梁

图 5-22　后机路中走滑靴

图 5-23　水稳层碾压

施工中应避免纵向接缝。在不能避免纵向接缝的情况下，必须保证纵缝垂直相接，在下一幅施工前，将接缝处松散的混合料铲除。每天施工结束后要做施工横缝。首先用 3m 直尺检测端部水泥稳定碎石层的平整度，确定切割的范围并画线，然后沿画出的线将平整度不合格的混合料铲除。在全幅范围内的横缝严禁采用企口缝，上下两层横缝要错开 1m 以上。摊铺机摊铺混合料时，如因故中断时间超过 2h，也应设置横向接缝。

采用土工布覆盖养生时，应先人工将土工布覆盖在碾压完成的水稳层顶面，然后用水车洒水养生。在养生期内应始终保持水稳层处于湿润状态。养生结束后将覆盖物清除干净。用洒水车洒水养生时，洒水车的喷头要用喷雾式，不得用高压式喷管，以免破坏基层结构，每日洒水次数应视气候而定。水稳层养生期不应少于 7d。在养生期间应采取隔离措施封闭交通，除洒水车外，严格禁止其他车辆通行。养生完成的水稳层上未铺封层或面层时，除路面施工车辆可慢速（不超过 30km/h）通行外，禁止其他车辆通行，确保水稳层不受到污染和破坏。

二、级配碎石垫层、底基层、基层

级配碎石结构层施工期的日最低气温应在 5℃以上，严禁雨天施工。应严格控制垫层、底基层、基层厚度和高程，其路拱和超高应符合设计要求。级配碎石混合料应采用集中厂拌法拌制，并使用摊铺机摊铺。级配碎石结构层的压实厚度不应超过 20cm。压实厚度超过上述规定时，应分层铺筑，每层最小压实厚度为 10cm。严禁用薄层贴补法进行找平。分层铺筑时，每层都要做压实度检验，并应达到规定要求。应合理组织施工，确保级配碎石结构层施工后能封闭交通，避免表层在车辆的行驶作用下松散。

1. 材料要求

级配碎石所用石料的压碎值要求：垫层不大于 30%，底基层、基层不大于 26%。用于垫层时，单个颗粒的最大粒径不应超过 37.5mm，用于底基层、基层时，单个颗粒的最大粒径不应超过 31.5mm。各种规格集料中超尺寸数量不得超过 10%，欠尺寸数量不得超过 15%。碎石中针片状颗粒总含量应不超过 20%。当细集料（石屑）数量不足时，级配碎石垫层可掺配一定比例的天然砂，底基层、基层不允许掺天然砂，应掺机制砂。

2. 施工要点

待等候的混合料运输车多于 5 辆后开始摊铺混合料，并保持连续摊铺。当有大功率摊铺机时，可采用单机全断面摊铺，并通过试验段比较来确定采用单机还是双机方案。不论采用何种摊铺方案，都应配备 1 台可自动伸缩以调整宽度的摊铺机。采用单机摊铺时应采用两侧走钢丝的方法控制高程。现场摊铺采用 2 台摊铺机阶梯式联合摊铺作业，2 台摊铺机前后相距 5 ~ 8m，前台摊铺机采用路侧钢丝和设置在路中的导梁控制路面高程，后台摊铺机路侧采用钢丝、路中采用滑靴控制高程和厚度。前后 2 台摊铺重叠 50 ~ 100mm，中缝辅以人工修整。内侧 1 台摊铺机应采用宽度自动伸缩式摊铺机，以适应内侧宽度变化的需要。

摊铺过程中应该随时注意材料离析情况，在双机连接处容易离析，应设专人和三轮车备料随时消除粗细集料离析现象。对于粗集料“窝”和粗集料“带”，应添加细集料，并拌和均匀；对于细集料“窝”，应添加粗集料，并拌和均匀。严重离析部位挖除后用符合要求的混合料填补。

在摊铺、修整后立即用压路机跟在摊铺机后在全宽范围内进行碾压。碾压应遵循先轻后重、先慢后快、从低到高的原则。碾压程序应按试验路确认的方法进行，碾压时，应重叠 1/2 轮宽，后轮必须超过两段的接缝处。各部分碾压到的次数应尽量相同。压路机碾压不到的地方用小型平板式振动器施振密实。无侧限路段摊铺宽度应略大于设计宽度，碾压前人工拍实外侧边缘，压路机靠边碾压，同时应配合强夯机加强边缘的碾压，确保碾压密实、边线整齐。严禁压路机在已经碾压成型的或正在碾压的级配碎石路段上调头或急刹车。压实后表面做到平整密实，无轮迹或隆起，不得产生“大波浪”现象，施工过程中及时用 3m 直尺进行平整度检测，不合格立即处理。

接缝处理应避免纵向接缝。在不能避免纵向接缝的情况下，纵缝首先做成 45° 斜缝，下次施工前再挖成企口缝。横向接缝处理。靠近摊铺机当天未压实的混合料，可与第二天摊铺的混合料一起碾压，但应注意此部分混合料的含水量，必要时，应人工洒水，使其含水率达到规定的要求。

三、热拌沥青混合料结构层

沥青结构层推行“零污染”施工。沥青路面不得在气温低于 10℃的情况下施工。沥青路面应加强施工过程质量控制，实行动态质量管理。在沥青结构层施工前应确保连续 10km 段落内全部路基工程（包括桥隧、防护、绿化）和交通安全设施基础等全部完工，同时全线隔离栅、中分带绿化回填土、隧道进出口转向车道全部完成，确保沥青结构层连续施工。还应针对现场实际情况，采取一切有效措施，杜绝交叉施工和运输等污染（图 5-24、图 5-25）。

图 5-24　沿线路口封闭

图 5-25　绿化完工

1. 材料要求

道路石油沥青应满足表 5-1 中道路石油沥青 70 号的各项技术指标要求。沥青必须按品种、标号分开存放。除长期不使用的沥青可放在自然温度下存储外，沥青在储罐中的储存温度不宜低于 130℃，并不高于 170℃。桶装沥青应直立堆放，加盖苫布。

70 号道路石油沥青技术要求 表 5-1

试验项目			技术要求
针入度（25℃，5s，100g）		（0.1mm）	60 ~ 70
针入度指数 PI		不小于	-1.5 ~ +1.0
延度（5cm/min，15℃）		不小于（cm）	100
延度（5cm/min，10℃）		不小于（cm）	15
软化点（环球法）		不小于（℃）	47
60℃动力黏度		不小于（Pa·s）	180
闪点（COC）		不小于（℃）	260
含蜡量（蒸馏法）		不大于（%）	2.0
密度（15℃）		（g/cm^3）	实测记录
溶解度（三氯乙烯）		不小于（%）	99.5
TFOT 或 RTFOT	质量变化	不大于（%）	±0.8
	针入度比	不小于（%）	61
	延度（10℃）	不小于（cm）	6

改性沥青应满足表 5-2 中各项技术指标要求。改性沥青宜在固定式工厂或在现场设厂集中制作，改性沥青的加工温度不宜超过 180℃。工厂制作的成品改性沥青到达施工现场后存储在改性沥青罐中，改性沥青罐中必须加设搅拌设备并进行搅拌，使用前改性沥青必须搅拌均匀。在施工过程中应定期取样检验产品质量，发现离析等质量不符要求的改性沥青不得使用。

I ~ D 级 SBS 改性沥青技术要求 表 5-2

试验项目			技术指标
针入度（25℃，100g，5s）		（0.1mm）	40 ~ 60
针入度指数 PI		不小于	0
延度（5cm/min，15℃）		不小于（cm）	20
软化点（环球法）		不小于（℃）	70
运动黏度（135℃）		不大于（Pa·s）	3
闪点（COC）		不小于（℃）	230
溶解度（三氯乙烯）		不小于（%）	99
储存稳定性离析，48h 软化点差（℃）		不大于（℃）	2.5
弹性恢复（25℃）		不小于（%）	75
TFOT 或 RTFOT	质量变化	不大于（%）	±1.0
	针入度比（25℃）	不小于（%）	65
	延度（5℃）	不小于（cm）	15

高速公路粗集料采用具有足够强度和耐磨性的碎石，其表面应清洁、无风化、无杂质。AC 和 SMA 混合料不应使用天然砂，ATB 混合料视配合比情况可掺配天然砂，其数量不应超过集料总量的 10%。矿粉必须采用石灰岩或岩浆岩中的强基性岩石等憎水性石料经磨细得到，要求干燥，不含泥土。为改善石料与沥青的黏附性，要求在矿粉中掺加矿粉总量 20% 的一级消石灰。

2. 施工要点

热拌沥青混合料面层施工前，应对混合料进行配合比设计。配合比设计分目标配合比设计、生产配合比设计和生产配合比验证 3 个阶段。热拌沥青混合料面层施工，应采用集中厂拌混合料、摊铺机摊铺、压路机碾压的施工工艺。在正式施工前，必须铺筑试验段，对施工工艺进行总结。

沥青混合料应采用间歇式拌和机，在施工过程中，应安排专人对沥青拌和机进行日常检查维护，确保拌和机运转正常。集料上料过程中，装载机从底部按顺序竖直装料，减小集料离析。拌和机须配备计算机设备，拌和过程中逐盘采集并打印各个传感器的材料用量和沥青混合料拌和量、拌和温度等各种参数，随时在线检查矿料级配和油石比，并定期对拌和机的计量和测温进行校核。道路石油沥青混合料每盘的拌和周期一般不少于 45s，其中干拌时间一般不少于 5s；改性沥青混合料拌和时间适当延长，改性沥青 SMA 混合料拌和周期一般为 60 ~ 70s。严格控制沥青和集料的加热温度以及沥青混合料的出厂温度，集料温度应比沥青温度高 10 ~ 15℃。沥青混合料出厂时应逐车检测沥青混合料的质量和温度，记录出厂时间，签发运料单。

热拌沥青混合料宜采用大吨位的车辆运输。车辆数量应根据运输距离、摊铺速度确定，适当留有富余。摊铺机前方应有不少于 5 辆运料车等候卸料为宜，以确保现场连续摊铺的需要。采用数字显示插入式热电偶温度计检测沥青混合料的出厂温度和运到现场温度，插入深度要大于 150mm。运料车应采用厚苫布覆盖严密，苫布至少应下挂到车厢板的一半，卸料过程中宜继续覆盖直到卸料结束。在气温较低时，运料车车厢侧面应加装保温层，确保混合料温度稳定。

待摊铺机前的运料车不少于 5 辆方可开始摊铺混合料，避免停机待料，保持摊铺连续。当有大功率摊铺机时，可采用单机全断面摊铺，并通过试验段比较来确定采用单机还是双机方案。不论采用何种摊铺方案，都应配备 1 台可自动伸缩以调整宽度的摊铺机。当采用 3 层沥青结构层时，摊铺下层时不论是否分层施工，均应采用挂线法施工（图 5-26），中、上层宜采用非接触平衡梁（图 5-27）或浮动基准梁装置施工，但在桥头过渡段中层仍应采用挂线法施工。当采用双机联合摊铺 3 层沥青混合料结构层时，下、中层两幅搭接位置宜避开车道轮迹带，前后 2 台摊铺机轨道重叠 30 ~ 60mm，中、上层搭接位置宜错开 200mm 以上，2 台摊铺机前后的距离一般为 5 ~ 10m 以确保混合料不发生离析，且纵向接缝为热接缝。表面层纵向接缝位置应位于标线处，其余各层应分别紧挨路面标线两侧。各层摊铺后应人工配合拍边，使边缘整齐、密实。

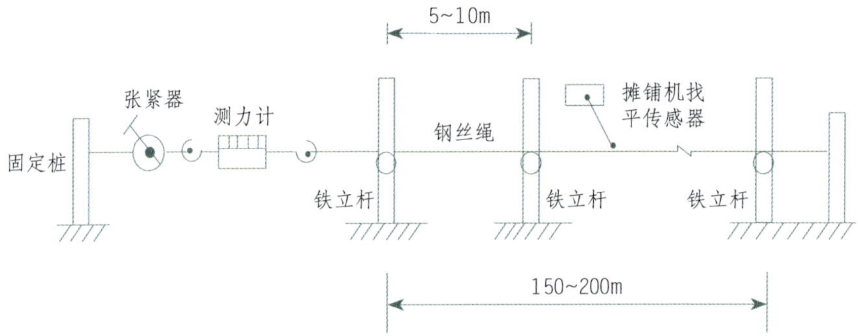

图 5-26 挂线示意图

图 5-27 非接触式平衡梁

摊铺机开工前应提前 0.5 ~ 1h 预热熨平板至不低于 120℃。铺筑过程中应选择熨平板的振捣或夯锤压实装置具有适宜的振动频率和振幅，以提高路面的初始压实度。熨平板加宽连接应仔细调节至摊铺的混合料没有明显的离析痕迹。摊铺机的螺旋布料器应相应于摊铺速度调整到保持一个稳定的速度均衡地转动，两侧应保持不少于送料器 2/3 高度的混合料，以减少在摊铺过程中混合料的离析。沥青混合料的摊铺速度控制在 2 ~ 6m/min 为宜，上面层摊铺速度不应超过 5m/min，其摊铺用料量应和拌和机的产量相适应。

移动路脊法一般在上面层实施。根据采用移动路脊法的施工路段长度，在路段的起始端两侧取对角线，划分两个板块施工（图 5-28）。

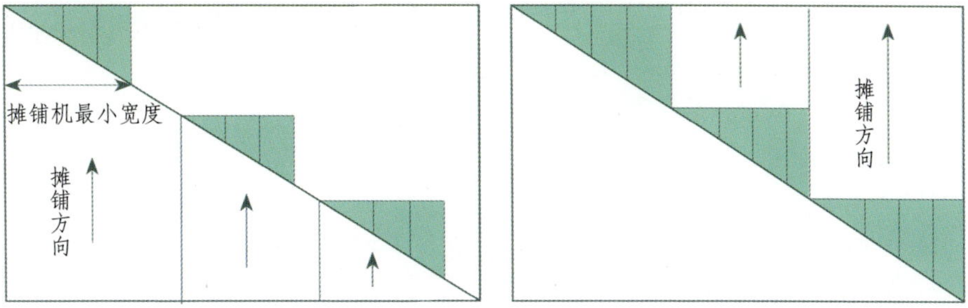

第一块板（阴影部分为铣刨面）　　第二块板（阴影部分为人工补齐面）

图 5-28　移动路脊法施工图示

沥青结构层的压实厚度一般不超过 10cm。沥青混合料面层的压实应采用重型压路机。应选择合理的压路机组合方式及碾压步骤。初压应在混合料不产生推移、开裂等情况下尽量在较高温度下进行。压路机应以缓慢而均匀的速度碾压，压路机的适宜碾压速度随初压、复压、终压及压路机的类型而区别。碾压成型的面层外观应均匀。压实完成 12h 后或路面温度低于 50℃，方能允许施工车辆通行。

上、下层的横向接缝（图 5-29）应错位 1m 以上。各层横向接缝均应采用垂直的平接缝。每天摊铺混合料收工时用 3m 直尺在碾压好的端头处检查平整度，选择合格的横断面，画上直线，然后用切缝机切出立茬，多余的料弃掉，并清理干净。切割时留下的泥水必须冲洗干净，待干燥后涂刷黏层油。

图 5-29　施工横缝

第三节　桥梁施工标准化

桥梁工程施工应遵守“连续性、均衡性、节奏性、协调性和经济性”的原则编制施工组织设计。推广成熟、先进的施工工艺和工法，积极而慎重地应用新技术、新工艺、新材料，逐步实现作业自动化、智能化，减少人为差错，促进施工精细化，提高桥梁施工管理水平和技术水平。桥梁施工标准化主要包桥梁基础、下部结构、上部结构等。

一、桥梁基础

桥梁基础主要包括灌注桩、沉入桩、扩大基础及承台等。

1. 灌注桩

灌注桩应由专业队伍进行施工。按照设计资料提供的地质剖面图，选用适当的成孔方式以及钻机和钻头。所有桩基必须进行无破损检测。桩检结果Ⅰ类桩不低于95%，检测出现Ⅲ类桩应原桩位冲孔恢复。钻孔灌注桩施工工序见图5–30，挖孔灌注桩施工工序见图5–31。

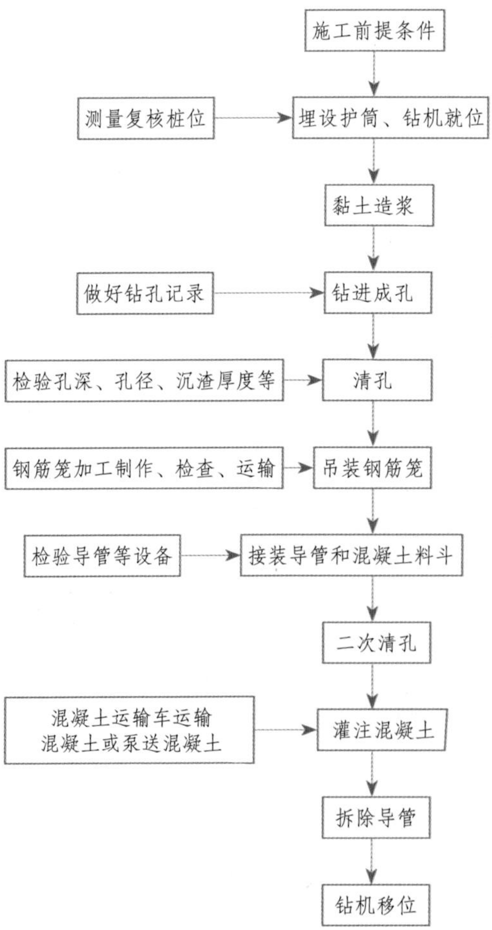

图5–30　钻孔灌注桩施工工序

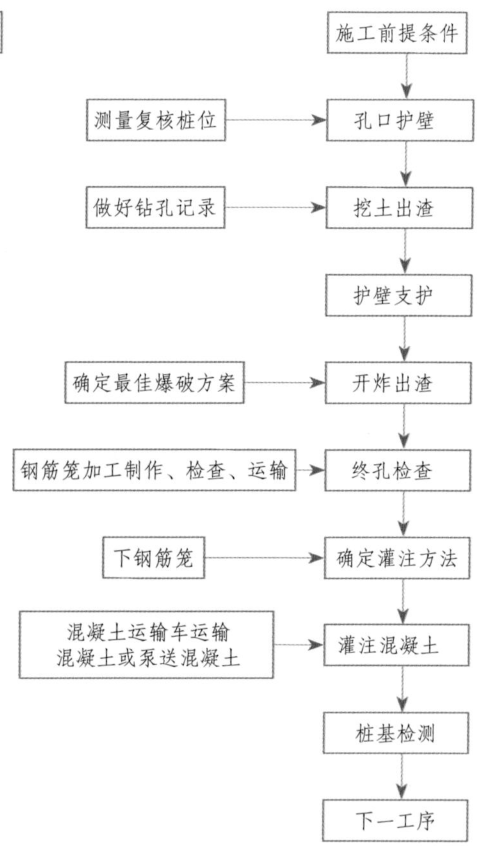

图5–31　挖孔灌注桩施工工序

施工场地或工作平台的选择和设置，应充分考虑施工期间当地的水文情况，陆上或浅水区筑岛处的护筒，其内径应大于桩径至少200mm，护筒的埋置深度宜为2 ~ 4m，在水中或特殊情况下应根据设计要求或桩位的水文、地质情况经过计算确定。护筒埋设后应核对位置，护筒位置偏差不大于5cm，倾斜度不大于1%。挖孔桩的洞口应进行硬化处理，硬化后应在洞口砌高于原地面不小于300mm的井圈，同时应在孔口四周开挖截水沟、排水沟，阻止地表水进入。

钻孔前应完成泥浆循环系统的设置。泥浆的相对密度应根据钻进方法、土层情况适当控制，一般不超过1.2，冲击孔一般不超过1.4，尤其要控制清孔后的泥浆指标。

正循环回旋钻初钻时先启动泥浆泵和转盘，待泥浆输进钻孔中一定数量后方可开始钻进。接、卸钻杆的动作要迅速，应尽快完成，避免因停钻时间过长而增加孔底沉淀，甚至引起塌孔。钻进过程应适当控制进尺，在钻孔阶段应始终保持孔内水位高于护筒底口0.5m以上，同时孔内水位高度应高于地下水位1m以上。

冲击钻孔开钻时应先在孔内灌注泥浆，如孔内有水，可直接投入黏土，以小冲程反复冲击造浆。开孔及整个钻进过程中，应始终保持孔内水位高出地下水位1.5 ~ 2.0m，并低于护筒顶面0.3m，掏渣后应及时补浆。冲击钻进时，操作手应随进尺快慢及时放主钢丝绳，严禁打空锤。

人工挖孔在土层中应设混凝土护壁以确保施工安全。一般采用等厚度混凝土支护方法，当桩身每挖掘1.2 ~ 1.5m深时，即支模浇注混凝土护壁，厚度为10 ~ 15cm，强度不低于C20。护壁高度应高出原地面不少于60cm，以防杂物或流水进入孔中（图5-32）。桩孔开挖时，应先开挖桩孔中间部分的土方，然后向周边扩挖。挖孔掘进和护壁必须集中力量连续作业，宜组织四班制作业。每班

图5-32　挖孔桩

根据作业面安排作业人员，每4组配备一名电工，井上井下人员应该交替更换。出渣时卷扬机应慢速提升。挖孔时应随进度做好地质记录，核对设计地质资料是否相符，以供确定终孔高程。终孔后，应进行孔底处理，做到平整、无松渣、污泥及沉淀等软层。

终孔清孔后，钢筋骨架应缓慢均匀下放，并根据下放深度，随时调整钢筋骨架入孔的垂直度，同时避免其倾斜及摆动。钢筋骨架下放到位后，应对其顶端定位并固定，防止灌注混凝土时钢筋骨架偏移、上浮。

钻孔桩水下混凝土灌注一般采用直升导管法。灌注水下混凝土时，导管的直径宜按桩长、桩径和每小时灌注的混凝土数量确定。灌注开始后，应紧凑、连续地进行，不得中途停顿。灌注过程中，导管的埋置深度宜控制在2 ~ 6m。在混凝土灌注将近结束时，应采取措施（如设置浇筑架）保证料斗内的混凝土与设计桩顶有足够高差，增加混凝土的顶升能力，最终混凝土灌注的顶面高程应比设计高1.0m以上。

桩孔内无积水，或从孔底和孔壁渗出的地下水上升速度较小（＜6mm/min）时，可直接采用干灌浇筑；当从孔底和孔壁渗出的地下水上升速度较大（≥6mm/min）时，应按水下混凝土的要求进行灌注。

2. 沉入桩

沉入桩适用于先张法预应力管桩的施工。施工前应进行工艺试桩和承载力试桩，确定沉桩的施工工艺、技术参数和检验桩的承载力。沉桩可选择锤击方式或静压方式，锤击方式宜用于承载力较大桩的施工，静压方式宜用于承载力相对较小或对噪声控制较严格地区桩的施工。锤击沉桩时应设置桩帽，桩帽应有足够的强度、刚度和耐打性，桩帽宜做成圆筒形，套桩头用的筒体深度宜取350 ~ 400mm，内径应比管桩外径大20 ~ 30mm。桩帽与桩头之间应设置弹性衬垫，衬垫可采用胶合板等材料制作。锤击沉桩时，开始宜起锤空打（不燃烧燃料）轻压，待观测到桩身、桩架、桩锤等垂直一致后，方可转入正常施打。开始落距应小，待入土达一定深度且桩稳定后，再将落距提高到规定的高度施打。在黏性土中沉桩时每一节桩应一次性连续打到底，接桩、送桩应连续进行，应尽量减少中间停歇时间。静压沉桩桩尖到达地面后，应开启纵横两向油缸移动压桩机，并应根据桩位调整管桩的位置，将桩尖对准桩位中心插正。桩尖进入土层时，应再次复核桩位、校正垂直度，垂直度应控制在0.5%以内。调校好后方可启动压桩油缸开始压桩。沉桩的顺序宜事先确定，一个承台中的桩宜从一边向另一边推进，或由中间向四周推进，严禁先两边后中间或先四周后中间。沉入桩施工工序见图5–33。

3. 扩大基础及承台

基坑开挖应根据地面高程、开挖深度、结构物尺寸、边坡坡度等因素确定开挖范围，并放样开挖轮廓线。开挖时现场应有专人指挥，应边开挖边检查坡度和坑壁安全，发现边坡渗水，应立即处理。基坑开挖至高于设计基底高程 0.3m 时，及时检测基底承载力，若承载力达不到设计要求，应根据事先制订的处治预案进行处理后，快速开挖到位，及时施工垫层，以避免基底暴露时间过长或雨水浸泡降低基底承载力。基坑经人工整理、坑底排水设施完成后应立即浇筑垫层混凝土，垫层混凝土等级应满足设计要求，可采用 C15 混凝土，厚度 100mm 以上。桩基混凝土强度达到 15MPa 以上方可破桩头，桩头应采用风镐或人工凿除，严禁采用炸药或膨胀剂等材料，也不得使用大功率镐头机进行。桩头应破除到设计高程，桩头无松散层且混凝土坚硬、骨料外露。伸入承台的墩柱（台身）钢筋应准确预埋到位，承台混凝土形成强度后应对墩柱（台身）范围内的混凝土表面进行凿毛，其余部分顶面应抹平压光。基础混凝土的浇筑宜采用大块钢模，严禁使用土模。大体积混凝土应采取措施降低水化热。混凝土浇筑完成后应根据气温情况及内外温差监控结果实施保湿、保温养护措施。扩大基础及承台施工工序见图 5-34。

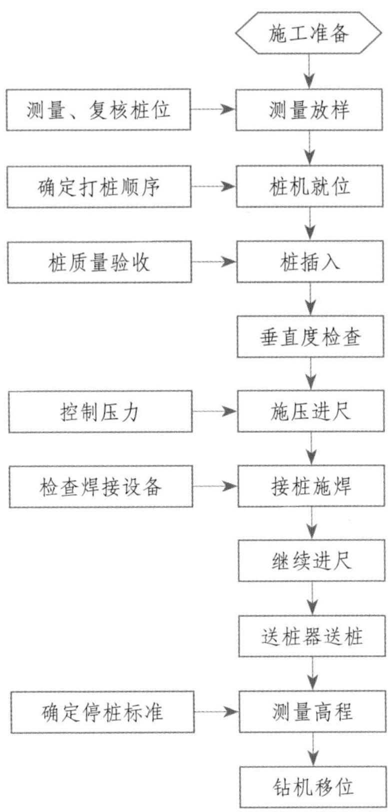

图 5-33 沉入桩施工工序

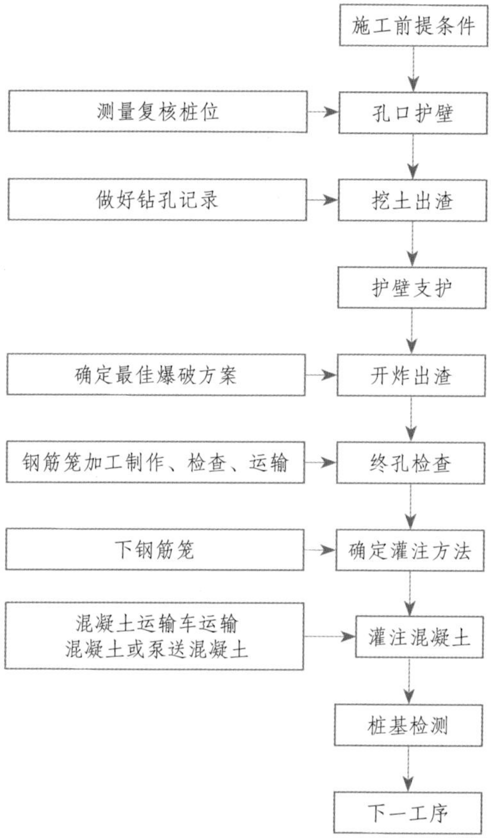

图 5-34　扩大基础及承台施工工序

二、桥梁下部结构

桥梁下部结构主要包括墩柱、盖梁、桥台等。

1. 墩柱

墩柱模板应采用定型钢模，墩柱模板在设计时面板厚度不宜小于 5mm，保证模板具有一定的刚度。面板应经过铣边处理，拼缝位置宜设置定位销，控制错台;方形立柱模板的竖向拼缝应避免设在转角处。可加工成带转角的定型模板。对支座垫石处的预埋钢筋(或钢板)预埋件采取固定措施，避免振捣混凝土时发生移动。对模板承垫的底部应预先采用水泥砂浆设置找平层，但找平层不得侵占立柱实体。浇筑混凝土前，应清除模板内的杂物，并采用水泥砂浆在模板外封堵底部缝隙。同时在钢筋骨架顶部应采取措施与模板固定，防止混凝土浇筑过程中钢筋偏位。下部构造施工前必须搭好脚手架及作业平台（图 5-35），验收合格后挂牌使用。墩柱施工工序见图 5-36。

图 5-35　墩柱施工爬梯

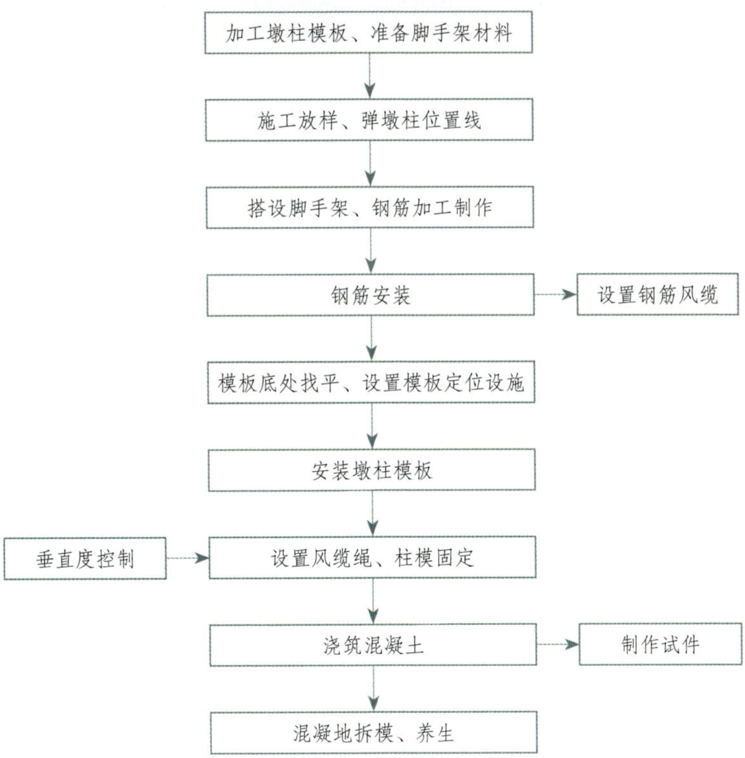

图 5-36　墩柱施工工序

每个墩台施工完成后应及时进行编号，并在靠便道一侧的墩、台身上进行标注。编号沿路线里程增长方向自起点桥台、墩身到终点桥台，从 0 开始，1、2、3…连续进行编号。墩、台身上编号的外圆圈直径应为 40cm，中文字体为印刷黑体，规格为 22cm × 22cm，采用红色油漆印刷距梁底 3m 处，桥台和高度小于 5m 的墩柱可以根据桥梁高度调整。

2. 盖梁

盖梁施工采用抱箍作支撑时，应根据抱箍的尺寸确定其在墩柱上的位置，使用前应对抱箍螺丝扣的收紧力及相应的承载能力进行试验，然后放置工字钢或其他横梁。抱箍的内壁宜加垫摩阻力较大的柔性材料，增大抱箍与墩柱之间的摩擦力。抱箍应设置有足够刚度的连接板，保证其能可靠地传递螺栓拉力，螺栓预拉力应保证抱箍与墩柱间的摩擦力可靠地传递荷载。抱箍安装好后，应在抱箍的下方做好标记，并应在抱箍承受荷载后观测其是否下沉。盖梁施工采用剪力销作支撑时，应按剪力销的尺寸在立柱施工时设置预埋件，并在立柱预留孔中穿入剪力销设。剪力销应注意埋设顺直、有规则，预留孔应垂直于上系梁、盖梁轴线。施工完毕后应采用细石混凝土对预留洞进行封堵，并保证外侧与混凝土表面的颜色保持一致，封堵孔洞时应将两端的 PVC 管去掉 50mm 以上。盖梁底模可采用竹胶板，模板的挠度应不超过模板跨度的 1/400，模板面板的变形应不超过 1.5mm；盖梁侧模应采用钢模板，模板面板的厚度不宜小于 6mm，肋板设计应使模板具有足够的刚度。盖梁施工工序见图 5–37。

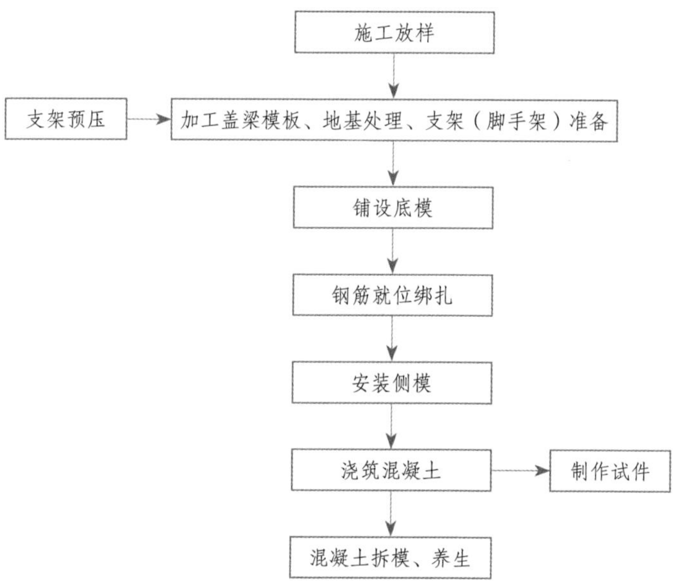

图 5–37　盖梁施工工序

3. 桥台

肋板式桥台或柱式桥台间的填土应对称进行，填土施工未完成不得进行台帽及上部构造的施工。柱式桥台的台后填土应控制填筑的速率。沉降缝断缝板的外表 50mm 应剔除，然后可采用沥青麻絮填塞；填缝应填满抹平，规整、顺直，无翘边、变形，且不得污染墙身。桥台施工工序见图 5-38。

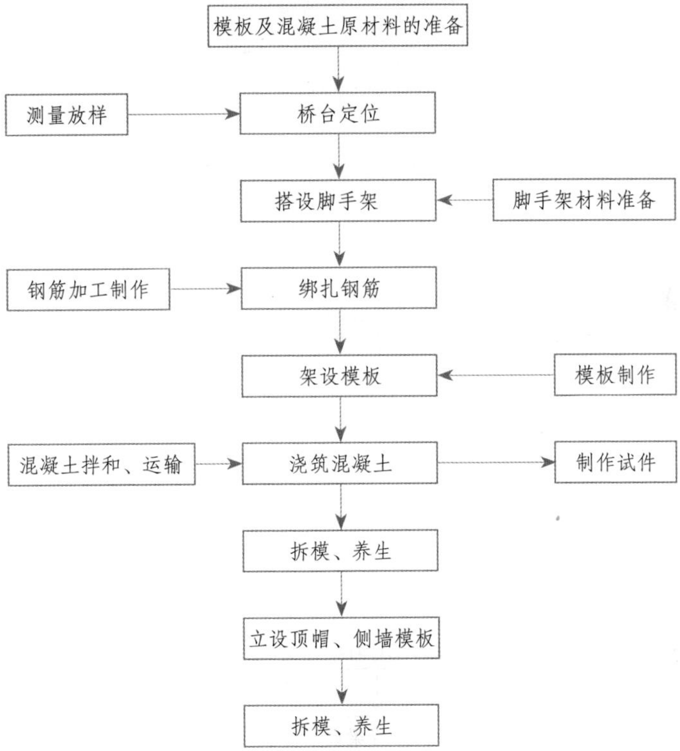

图 5-38　桥台施工工序

三、桥梁上部结构

桥梁上部结构主要包括预制梁、支架现浇梁、悬臂式现浇连续梁等。

1. 预制梁

预制梁主要包括预制梁预制、预制梁安装。

1）预制梁预制

预制梁施工工序见图 5-39。

预制场底座及模板配置时，底座数量应为模板数量的 3 倍以上。在设置台座时，宜采用槽钢作为台座的包边，槽口应向外，采用直径略大于槽口尺寸的高强橡胶管填塞，利用侧模顶紧橡胶管达到有效止浆，防止梁底漏浆。预制梁台座两端必须加强，以满足梁板张拉起拱后两端基础的承载力要求，同时应在台座上设置沉降观测点进行监控。

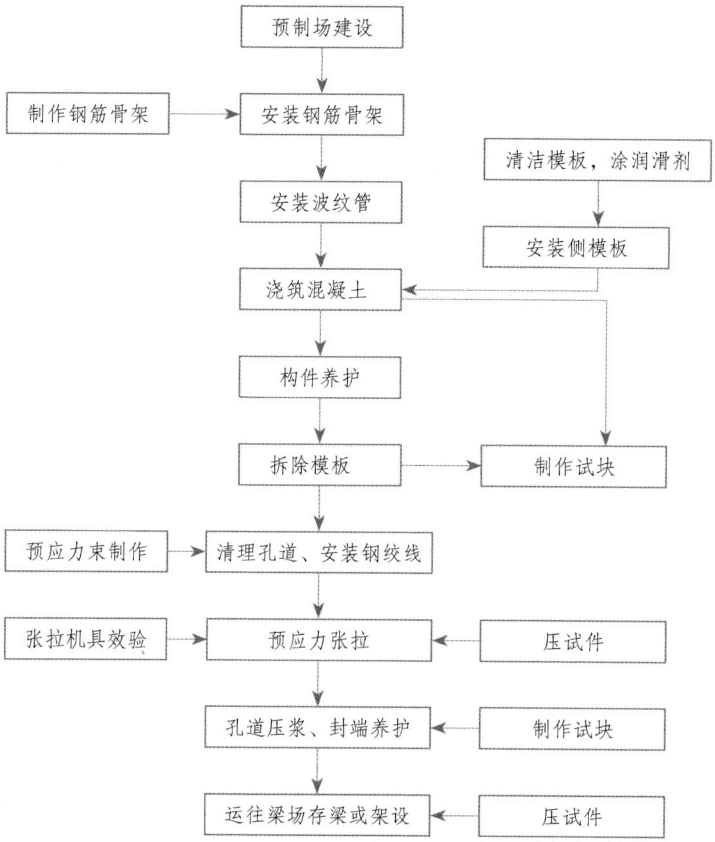

图 5-39　预制梁施工工序

预制梁模板应采用标准化整体钢模（图 5-40），钢板厚度不小于 6mm，侧模长度一般比设计梁长 1‰，每套模板还应配备相应的锲块模板调节，以适应不同梁长的需求。预制箱梁及空心板梁芯模应使用定型钢模（图 5-41）。侧模加劲竖梁宽度应小于翼缘环形钢筋的设计净距，间距应根据翼缘钢筋间距设置，确保不影响翼缘环形钢筋安装。有横坡变化的翼缘板模板应设置螺丝螺杆（图 5-42），确保能根据设计要求进行横坡调整，吊装后保持横坡平顺。横隔板端头模板应采用整体式模板。横隔板底模不得与侧模连成一体，应采用独立的钢板底模（图 5-43），保证在侧模拆除后，横隔板的底模仍能起支撑作用。应在预应力钢绞线张拉后方能拆除，避免横隔板与翼缘、腹板交界处出现因横隔板过早悬空而产生裂纹，同时横隔板底模的模板数量应满足施工需要。模板在安装后浇注混凝土前，应按照有关规定对底模台座反拱及模板的安装进行检查，尤其是梁宽、顺直度、模板各处拼缝、模板与台座接缝及各种预留孔洞的位置。

钢筋绑扎、安装时应准确定位，伸缩缝及防撞护栏预埋筋、翼缘环形钢筋、端部横向连接筋应使辅助措施进行定位；横隔板钢筋应使用定位架安装，确保高低、间距一致，符合设计要求，无漏筋现象。推荐胎膜化制作、整体安装(图 5-44)。

图 5-40　标准化整体钢模

图 5-41　预制箱（板）定型芯模

图 5-42　可调节翼缘板模板

图 5-43　独立的横隔板底模

图 5-44　梁肋、翼板钢筋胎膜绑扎

钢筋的保护层垫块应使用梅花形或圆饼形高强度砂浆垫块，纵横向间距均不得大于 0.8m，梁底位置不得大于 0.5m，确保每平方米垫块数量不少于 4 块。在钢筋绑扎过程中，应根据设计精确固定波纹管和锚垫板位置，波纹管 U 形定位筋必须敷设，每 40 ~ 60cm 设置一道，不得缺省。端部负弯矩预应力波纹管预留长度 5 ~ 10cm。

预制 T 梁混凝土灌注采用斜向分段、水平分层、一次灌注完成。预制小箱梁及空心板梁浇筑混凝土时应按底板、腹板、顶板顺序进行。施工中应加强观察，防止漏浆、欠振和漏振现象发生。模板边角以及振动器振动不到的地方应辅以插钎振捣。预制梁顶板应用平板振动器振捣。要避免振动器碰撞预应力管道、预埋件、模板，对锚垫板后钢筋密集区应认真、细致振捣，确保锚下混凝土密实。梁片预制应制作同条件养生试块，试块放置在梁片的顶板上，与该梁片同时、同条件养生。凡是湿接缝部位，拆模后立即用专用凿毛机进行凿毛，梁顶部位进行拉毛；预制空心板梁铰缝区在拆模后应立即安排凿毛工作（图 5–45）。

图 5–45　湿接缝凿毛

梁体出坑后存梁前应放置于梁片检测台座上（图 5–46），对梁板进行全面外观检查，重点检查梁底的混凝土质量（主要是空洞、露筋、钢筋保护层等）以及梁长度、预埋钢板坡度等。预制 T 梁存放应用方木支撑到位，斜撑应设于翼板根部，或使用特制的钢支撑架，防止倾覆，堆放高度不宜超过 2 层。预制小箱梁及空心板梁板堆放均必须采用四点支撑堆放，支撑垫块顶面位于同一平面内，误差不大于 2mm；支撑中心顺桥向距梁端 30cm 左右，横桥向距腹板外缘 20cm，支撑垫块平面尺寸为 30cm × 30cm，板梁叠放不得超过 3 层。预制完成后，应在各梁片上标注梁片号，在各梁片腹板侧面的大、小里程端部的一个侧面均进行标注。应标明桥名、编号、制作日期及施工单位和监理单位名称。

图 5-46　梁片出坑检查

2）预制梁安装

预制梁的起吊、纵向移动、落低、横向移动及就位等，均需统一指挥、协调一致，并按预定施工顺序妥善进行。梁片装车时，梁的重心线与车辆纵向中心线的偏差不得超过 10mm，梁片应按设计支点放置，梁片不得偏吊、偏放，放落梁时，应先撑好再松钩。汽车和牵引车运梁时，走行速度不得超过 5km/h。

梁体安装中，应随时注意梁体移动时与就位后的临时固定（支撑），防止侧倾。梁体的安装顺序应根据架桥机性能确定，一般应由边至中再至边进行安装。预制梁安放时应就位准确、与支座密贴，就位不准确调整梁纵、横向位置时，严禁仅吊起一端用撬棍移动预制梁，应整体二次垂直起吊移动后再下落，保证支座均衡受力，避免损坏支座。梁体安装就位后，应进行测量校正，符合设计要求后，才允许焊接或浇注接头混凝土，在焊完后必须进行复核，并做好记录。

负弯矩预应力施工前应做好孔道封口保护及锚垫板的防锈处理。不得先穿束后浇筑梁端连续段混凝土，梁端连续段混凝土强度必须达到设计要求后方可穿束进行负弯矩预应力施工。张拉前应对预留孔道用通孔器或其他可靠方法进行检查。

梁板就位后湿接缝应及时浇筑，相邻梁板之间的缝隙嵌填应密实（图 5-47）。

图 5-47　湿接缝施工

梁体接头混凝土应按规定进行浇注。接头处钢筋的焊接或金属部件的焊缝应经过隐蔽工程验收后，方可浇注接头混凝土。

2. 支架现浇梁

现浇箱（板）梁的支架应进行专项设计，应根据结构形式、设计跨径、荷载大小、地基土类别及有关的设计、施工规范，对支架的整体结构、立杆、配件、节点、地基和其他支撑物等进行强度、刚度和稳定性验算。

支架地基应进行妥善处理，确保现浇施工安全。地基的处理范围至少应宽出搭设支架之外 0.5m。预拱度设置应按设计要求考虑。安装腹板和底板钢筋时，应将腹板和底板钢筋连接牢固，采用焊接。顶板底层横向钢筋宜采用通长钢筋。

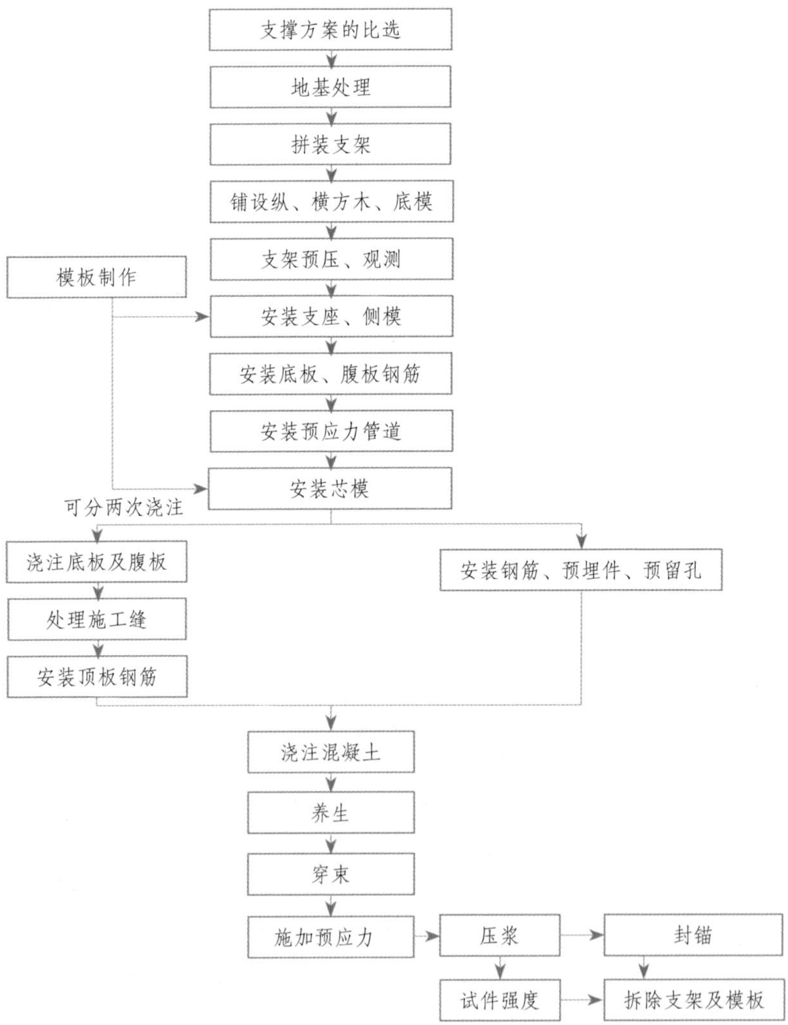

图 5-48　支架现浇梁施工工序

混凝土浇注宜采用水平分层、斜向分段、横桥向全断面（以均匀消除沉降）推进式从低端向高端纵桥向连续浇注。对于箱形梁同一截面，浇注混凝土时应先浇注腹板处，再从工作口浇注底板处，最后再浇注顶板混凝土。混凝土浇注过程中应充分振捣密实，不得漏振或过振。表面平整度控制宜采用高程导轨。钢绞线宜在一联混凝土全部浇筑完成后再进行穿束。支架现浇梁施工工序见图 5-48。

3. 悬臂式现浇连续梁

悬臂现浇桥梁施工过程应由具有专业资质且有成熟监控经验的单位对桥梁线形、应力等指标控制进行第三方监控测量，并指导施工现场控制。0 号段施工方案设计应包含托架或支架设计，地基处理方案、临时墩设计，预埋件位置交底等。严格按设计方案要求及规范要求加设剪刀撑、扫地杆等构件，并进行超载预压。0 号段临时墩设计应满足拉压双重荷载工况之要求。0 号段宜一次浇筑成型，混凝土浇筑应由外向内分层对称浇筑，分层厚度不大于 30cm。悬臂段施工应对称进行，混凝土浇筑顺序应由外向内，分层浇筑，分层厚度 30cm。悬臂浇筑梁段养护应采取固定喷淋与人工辅助洒水养护相结合的方法，确保梁体表面在养护期内保护湿润（图 5-49）。所有顺桥向预应力管道应在混凝土浇筑时使用衬管，防止漏浆。合龙段施工配重方案是合龙施工的关键，应按工序逐一计算每一工况配质量，并根据容许不平衡重最大值逐一确定配重，并进行操作作业交底。加载过程应有专人指挥，根据浇筑混凝土进展，统一调度。合龙段应在设计图纸要求的合龙气温条件下完成浇筑工作，并养护至合龙束张拉作业开始。悬臂式现浇连续梁施工工序见图 5-50。

图 5-49 悬臂浇筑梁段养护

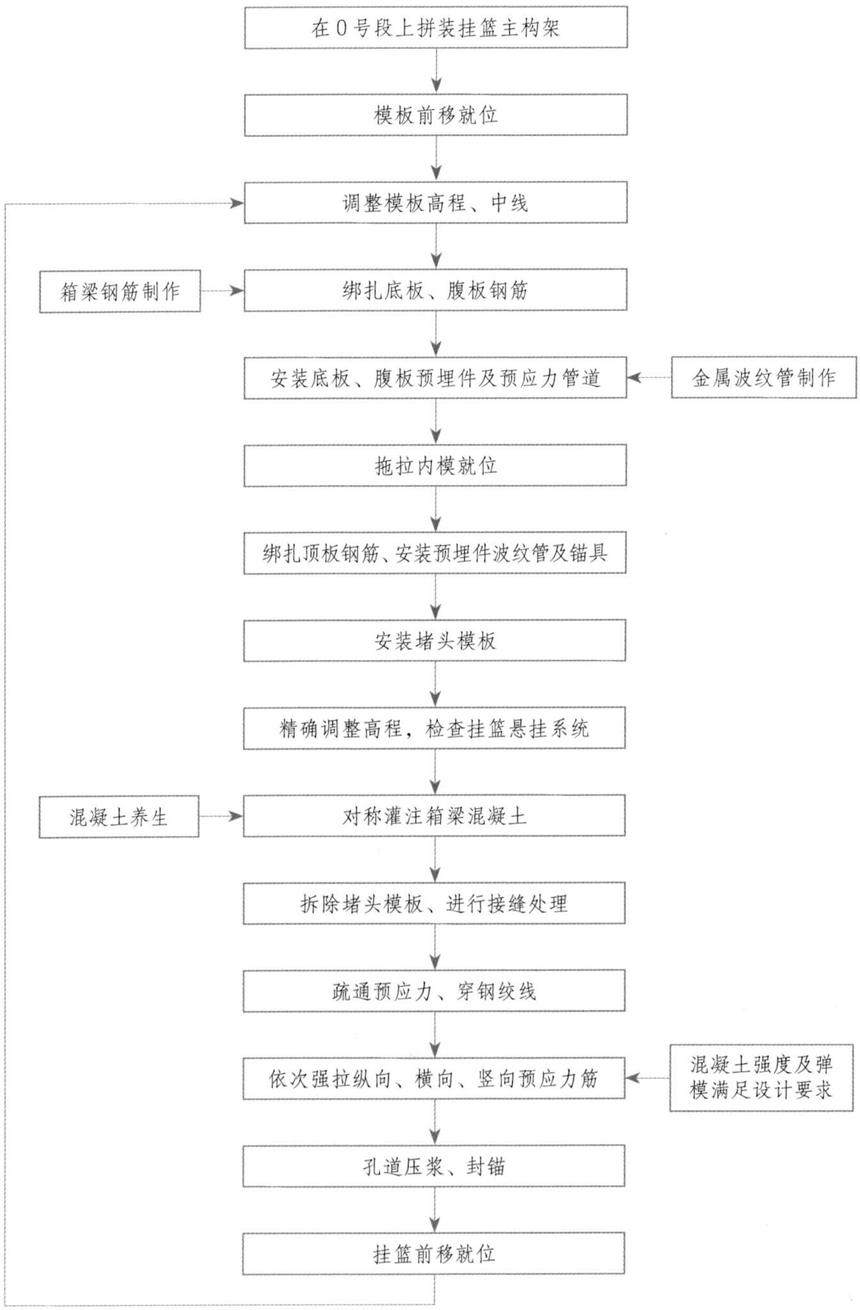

图 5-50　悬臂式现浇连续梁施工工序

第四节　隧道施工标准化

隧道施工，应重视维护围岩的自承能力，合理采用多种辅助措施加固围岩，开挖后即时支护、封闭成环、有效抑制围岩过大变形；应充分利用超前地质预报和监控量测指导设计施工，坚持动态设计、动态施工、动态管理，将超前地质预报和监控量测纳入施工工序进行严格管理；应科学组织、严格管理，实现地质预报、超前支护、钻爆开挖、初期支护、监控量测、仰拱铺底、二次衬砌等工序流水作业、平行作业，强化机械设备的配套组合，以加快施工进度；应加强设计、施工安全风险评估，有效控制工程建设风险，保障建设安全。隧道施工标准化主要包括隧道开挖、隧道支护、隧道地质超前预报与监控量测等。

一、隧道开挖

隧道开挖主要包括洞口与明洞工程、洞身开挖，施工工序见图 5-51。

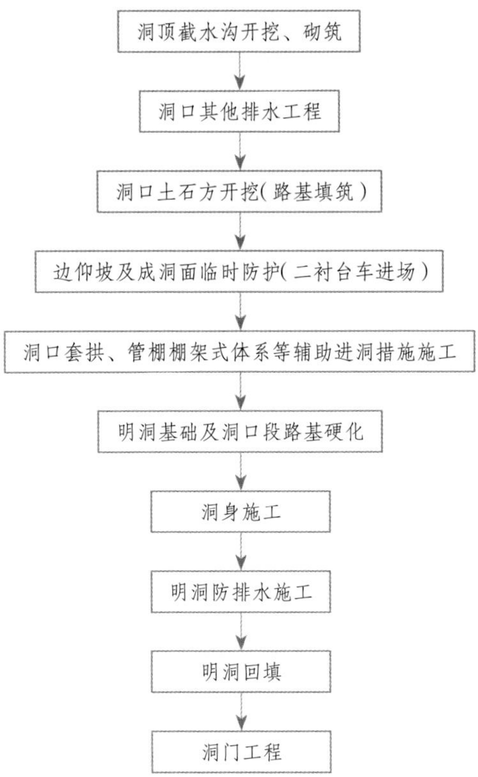

图 5-51　洞口与明洞工程施工工序

1. 洞口与明洞工程

1）洞口

隧道洞口开挖积极推广“零开挖”进洞理念，遵循“早进洞、晚出洞”施工原则。隧道洞口应按设计完成超前支护后，方可开始正洞的施工；洞口段应及时形成封闭结构，严禁采用长台阶施工；隧道洞顶截水沟以内植被禁止砍伐破坏，分离式隧道中间山体和连拱隧道中导洞开挖时两侧山体应尽可能保护，维护原有的生态地貌，洞门应力求与自然环境、人文景观相协调（图 5-52）。隧道进洞前，二次衬砌台车必须进场。隧道洞口场地必须进行混凝土硬化处理，洞口前的桥梁、涵洞及路基等相关工程应及时安排施工，为隧道提供施工场地。

图 5-52　零开挖洞口

洞口土石方施工宜避开降雨期。洞门端墙处的土石方，应视地层稳定程度、洞口施工季节和隧道施工方法等选择施工时机和施工方法。洞口土方采用机械施工时，边、仰坡应预留约 30cm 的整修层，用人工刷坡并及时夯实整平成型。洞口石方开挖宜采用浅孔小台阶爆破，严禁采用洞室爆破，边、仰坡开挖应采用松动控制爆破并预留光爆层，光面爆破成型。偏压洞口施工应做好支挡、反压回填等工作后再开挖；开挖方法应结合偏压地形情况选定，不得因人为因素加剧偏压。

洞口边坡及仰坡采用明挖法施工，自上而下分阶段、分层进行开挖。第一阶段挖至设计临时成洞面，并视围岩情况，结合暗洞开挖方法，预留进洞台阶；第二阶段开挖其余部分，形成永久边仰坡。不得掏底开挖或上下重叠开挖。洞口有邻近建（构）筑物时，应采取微震控制爆破。

洞外排水工程包括边坡和仰坡外的截水沟、排水沟和洞口排水沟、涵管组成的排水系统。边坡、仰坡外的截水沟或排水沟应于洞口土石方开挖前完成，防止地面水冲刷而导致边坡、仰坡落石、塌方。截水沟及排水沟的上游进水口应与原地面衔接紧密或略低于原地面，下游出水口应妥善地引入排水系统。

2）明洞工程

明洞仰拱应在明洞拱墙衬砌施工前浇筑。明洞边墙基础应设置在符合图纸要求且稳固的地基上，地基承载力满足设计要求，基坑的渣体杂物、风化软层和积水应清除干净。严禁超挖回填虚土。偏压和单压明洞的外边墙基底，在垂直路线方向应按设计要求挖成一定坡度、向内的斜坡，以提高基底的抗滑力。

明洞混凝土的浇筑应设挡头板、外模和支架，明洞墙、拱混凝土应整体浇筑。明洞混凝土达到设计强度，且拱顶回填土高度达到0.7m时，方可拆除明洞内模板，应及时按设计规范要求施作防水层及拱脚纵向排水管、环向盲沟，防水板应向隧道内延伸不小于0.5m，并与暗洞防水板连接良好。明洞施工应和隧道的排水侧沟、中心水沟的出水口及洞顶的截、排水设施统筹安排。

明洞拱圈混凝土达到设计强度、拱墙背防水设施完成后，方可回填拱背土方。明洞段顶部回填土方应对称分层夯实，回填至拱顶后应分层满铺填筑，顶层回填材料宜采用黏土以利于隔水。使用机械回填时，拱圈混凝土强度应达到设计强度，且需先用人工填筑夯实回填至拱顶以上1.0m后，方可使用机械施工。

3）洞门工程

洞门端墙应与隧道衬砌紧密相连接。洞门端墙的砌筑（或浇筑）与墙背回填，应两侧同时进行，防止对衬砌产生偏压。隧道明洞回填、洞门施工完成后，应及时做好洞口边坡及仰坡的地表恢复，应符合环境保护要求，做好水土保持。

端墙式混凝土洞门施工工序见图5-53。削竹式洞门施工工序见图5-54。

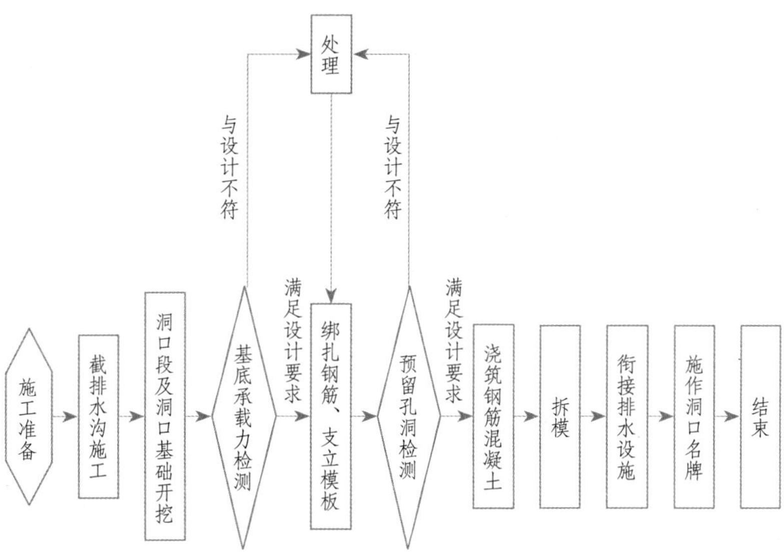

图5-53　端墙式混凝土洞门施工工序

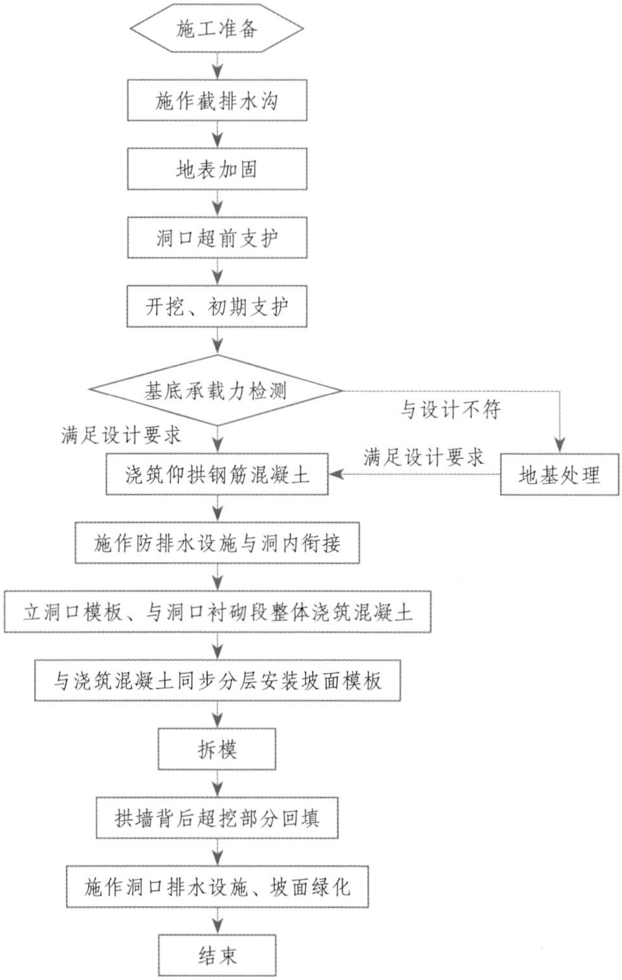

图 5–54　削竹式洞门施工工序

2. 洞身开挖

洞身开挖应根据隧道长度、断面大小、结构形式、工期要求、机械设备、地质条件等，选择适宜的开挖方案（包括开挖顺序、爆破、施工照明、通风、排水、支护、出渣等）。为了最大限度地利用围岩自承能力，必须采用有利于减少超挖、减少围岩扰动的开挖方法进行洞身开挖。

1）开挖方法

隧道洞身开挖方法主要包括全断面开挖法、台阶法、环形开挖留核心土法、中隔壁法（CD 法）、交叉中隔壁法（CRD 法）、双侧壁导坑法等。

（1）全断面开挖法。

采用全断面一次开挖成型的施工方法，施工步骤见图 5–55。主要应用于Ⅰ、

Ⅱ、Ⅲ级围岩，Ⅳ级围岩和石质Ⅴ级围岩在采取有效措施稳定开挖工作面后也可采用。循环进尺宜控制在 3 ～ 4m。

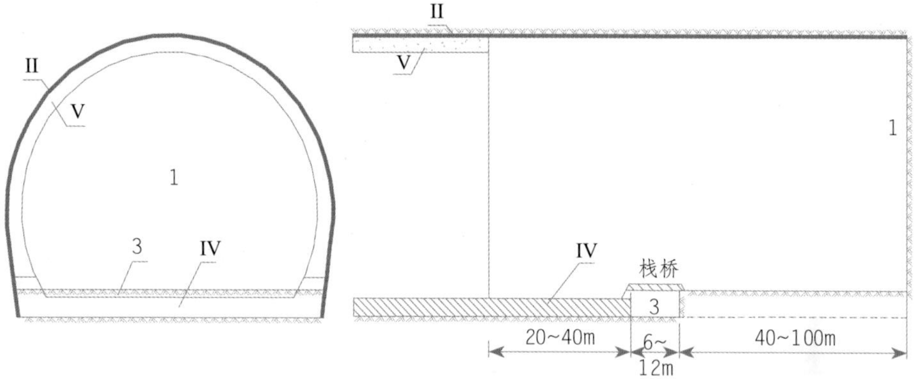

图 5-55 全断面法施工步骤

1- 全断面开挖；II- 初期支护；3- 隧道底部开挖（捡底）；IV- 底板（仰拱）浇筑；V- 拱墙二次衬砌

（2）台阶法。

台阶法可分为二台阶法、三台阶法。开挖上半断面，待开挖至一定长度后同时开挖下半断面，上下半断面同时并进的施工方法，施工步骤见图 5-56。台阶分界线不得超过起拱线，上台阶长度不得大于 30m，下台阶马口落底长度不大于 2 榀钢拱架的长度，应一次落底，并尽快封闭成环。

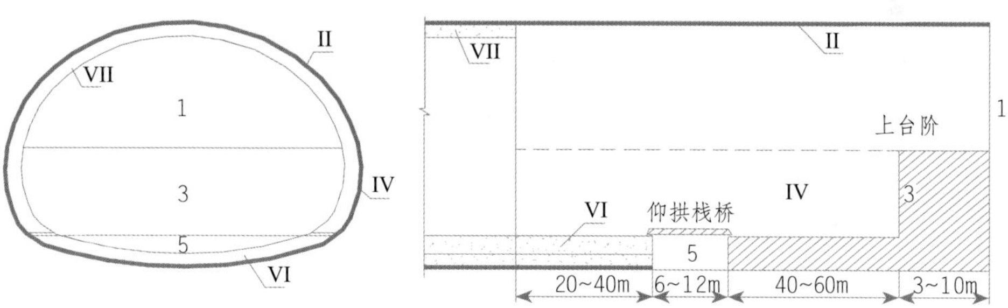

图 5-56 台阶法施工步骤

1- 上部开挖；II- 上部初期支护；3- 下部开挖；IV- 下部初期支护；5- 底部开挖（捡底）；VI- 仰拱及混凝土填充；VII- 二次衬砌

（3）环形开挖预留核心土法。

以弧形导坑预留核心土法为基本模式，分上、中、下 3 个台阶 7 个开挖面，各部位的开挖与支护沿隧道纵向错开，平行推进的施工方法，施工步骤见图 5-57。核心土面积应不小于整个断面面积的 50%。上部宜超前中部 3 ～ 5m，中部超前下部 3 ～ 5m，下部超前底部 10m 左右。

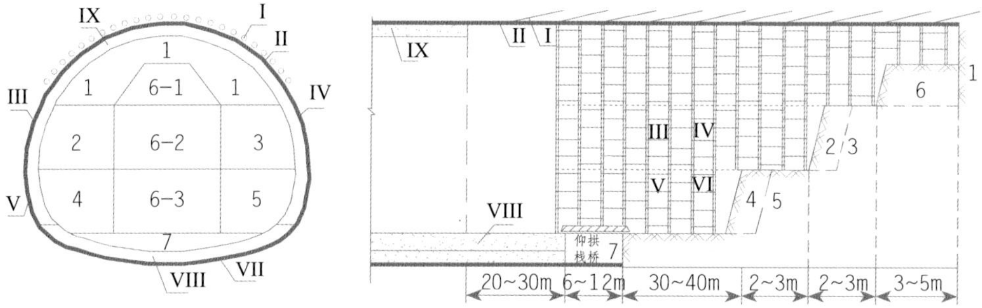

图 5-57　环形开挖留核心土法施工步骤

I- 超前支护；1- 上部弧形导坑开挖；II- 上部初期支护；2、3- 中部两侧开挖；III、IV- 中部两侧初期支护；4、5- 下部两侧开挖；V、VI- 下部两侧初期支护；6-1、6-2、6-3- 上、中、下部核心土开挖；7- 仰拱开挖；VII- 仰拱初期支护；VIII- 仰拱及填充混凝土；IX- 拱墙二次衬砌

（4）中隔壁法（CD 法）。

中隔壁法（CD 法）是在软弱围岩大跨度隧道中，先分部开挖隧道的一侧，并施作中隔壁，然后再分部开挖另一侧的施工方法，单侧可分 3 个台阶、也可根据地质情况减少至 2 个台阶开挖，施工步骤见图 5-58。上部导坑的开挖循环进尺控制为 1 榀钢架间距，下部导坑的开挖进尺可依据地质情况适当加大。左右两侧导坑开挖工作面的纵向间距不宜小于 15m。

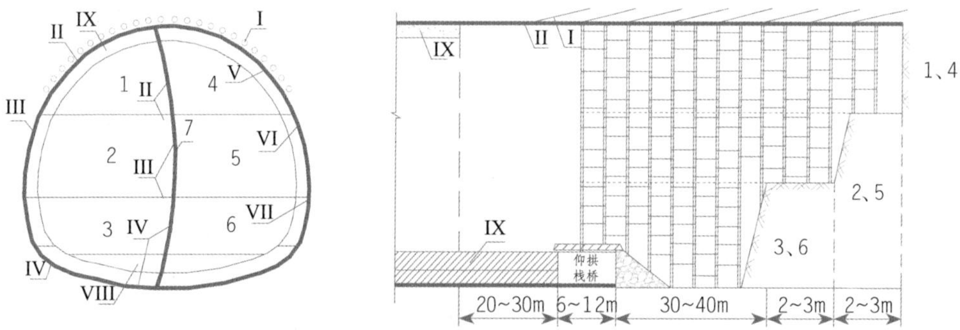

图 5-58　中隔壁法（CD 法）施工步骤

I- 超前支护；1- 左侧上部开挖；II- 左侧上部初期支护；2- 左侧中部开挖；III- 左侧中部初期支护；3- 左侧下部开挖；IV- 左侧下部初期支护；4- 右侧上部开挖；V- 右侧上部初期支护；5- 右侧中部开挖；VI- 右侧中部初期支护；6- 右侧下部开挖；VII- 右侧下部初期支护；7- 拆除中隔墙；VIII- 仰拱及填充混凝土；IX- 拱墙二次衬砌

（5）交叉中隔壁法（CRD 法）。

交叉中隔壁法（CRD 法）是在软弱围岩大跨度隧道中，先分部开挖隧道一侧，施作中隔壁和横隔板，再分部开挖隧道另一侧并完成横隔板施工的施工方法，施工步骤见图 5-59。上部导坑开挖循环进尺控制为 1 榀钢架间距，下部开挖可依据地质情况适当加大，仰拱一次开挖长度依据监控量测结果、地质情况综合确定，

一般不宜大于 6m。

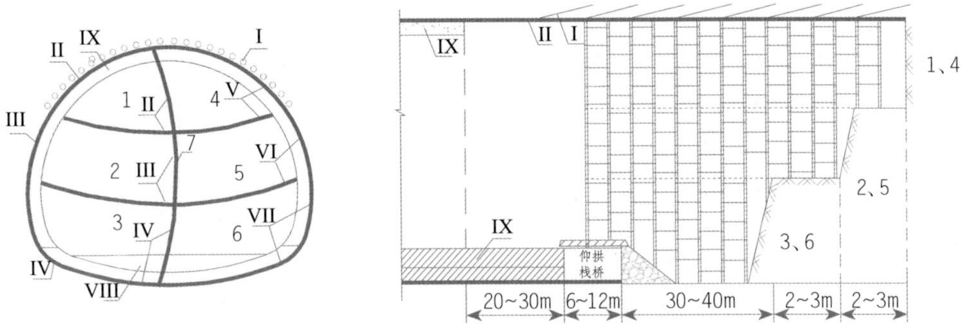

图 5-59 交叉中隔壁法（CRD 法）施工步骤

I- 超前支护；1- 左侧上部开挖；II- 左侧上部初期支护成环；2- 左侧中部开挖；III- 左侧中部初期支护成环；3- 左侧下部开挖；IV- 左侧下部初期支护成环；4- 右侧上部开挖；V- 右侧上部初期支护成环；5- 右侧中部开挖；VI- 右侧中部初期支护成环；6- 右侧下部开挖；VII- 右侧下部初期支护成环；7- 拆除中隔墙及临时仰拱；VIII- 仰拱及填充混凝土；IX- 拱墙二次衬砌

（6）双侧壁导坑法。

分部开挖隧道两侧的导坑，并进行初期支护，再分部开挖分部剩余部分的方法，施工步骤见图 5-60。围岩开挖应尽量采用挖掘机和人工配合无爆破施工，局部需爆破施工时，宜弱爆破施工，以尽量减少对地层的扰动。左右导坑施工时，前后拉开距离不宜小于 15m；导坑与中间土体同时施工时，导坑应超前 30 ~ 50m。

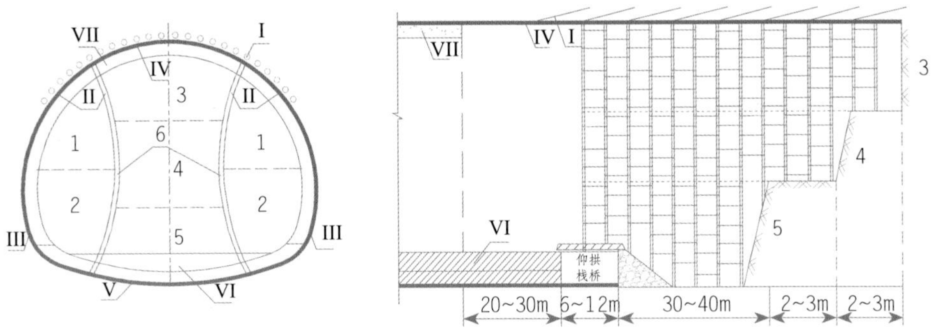

图 5-60 双侧壁导坑法施工步骤

I- 超前支护；1- 左（右）侧导坑上部开挖；II- 左（右）侧导坑上部支护；2- 左（右）侧导坑下部开挖；III- 左（右）侧导坑下部支护或环；3- 中槽拱部开挖；IV- 中槽拱部初期支护与左右 II 闭合；4- 中槽中部开挖；5- 中槽下部开挖；V- 中槽下部初期支护与左右 III 闭合；6- 拆除临时支护；VI- 仰拱及填充混凝土；VII- 拱墙二次衬砌

2）一般分离式隧道开挖

隧道开挖两车道浅埋段土质和类土质、含水率大、承载力低的隧道应采用中隔壁法（CD 法）或交叉中隔壁法（CRD 法）施工；3 车道土质围岩和土夹石的松散围岩、地下水丰富的隧道应按中隔壁法（CD 法）、交叉中隔壁法（CRD 法）或双侧壁导坑法施工；浅埋大跨度隧道及地表下沉量要求严格而围岩条件很差时，应选用交叉中隔壁法或双侧壁导坑法施工；Ⅴ级围岩和浅埋段的Ⅳ级围岩每循环进尺控制在 2 榀钢拱架间距以内。

软弱围岩隧道，必须采用“三超前（超前预报、超前加固、超前支护）、四到位（工法选择到位、支护措施到位、快速封闭到位、衬砌跟进到位）、一强化（强化量测）”的施工技术。

隧道开挖应严格控制欠挖，拱、墙脚以上 1m 内断面严禁欠挖；尽量减少超挖，不同围岩地质条件下的允许超挖值应符合规范要求。采用光面爆破、提高钻眼精度、严格控制单段齐爆药量等措施，并提高作业人员的技术水平。开挖后，应采用断面仪或激光投影仪直接测定开挖断面尺寸，并绘制断面图。

一般分离式隧道总体施工工序见图 5-61。

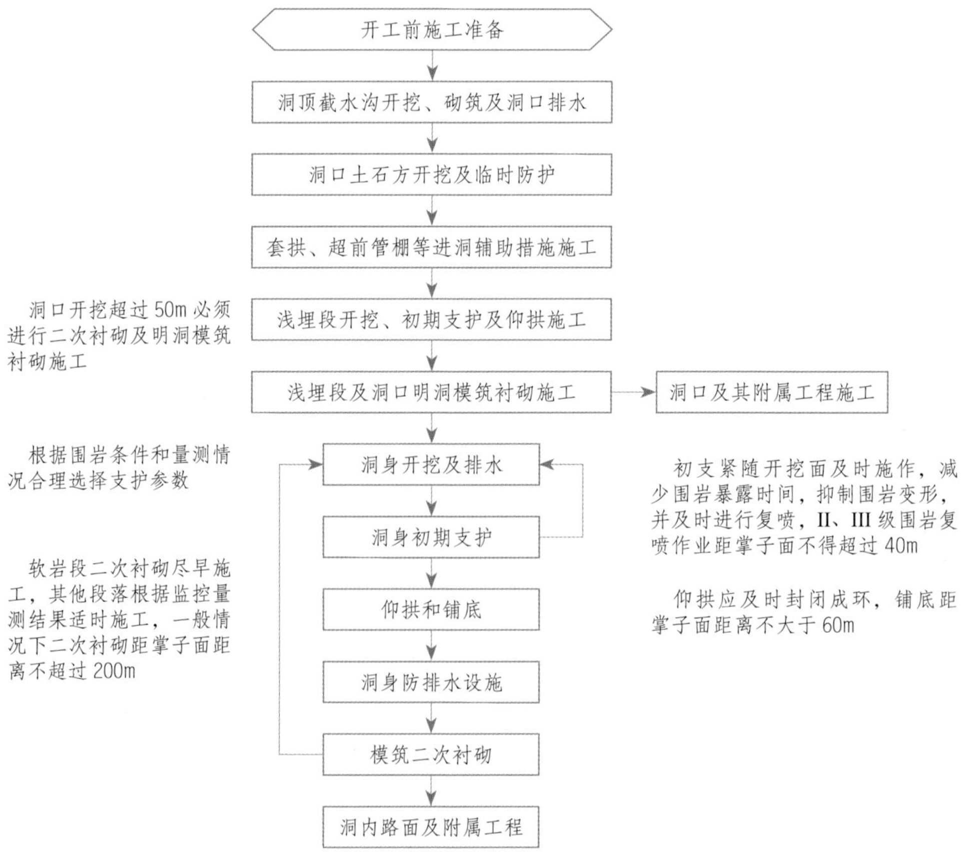

图 5-61　一般分离式隧道总体施工工序

二、隧道支护

隧道支护主要包括初期支护与辅助工程措施、仰拱与铺底、防水与排水、二次衬砌等。

1. 初期支护与辅助工程措施

初期支护应配合开挖作业及时进行，确保围岩稳定及施工安全。施工作业台架应牢固可靠，并应设置安全围栏。当掌子面自稳能力差时，应采取增加辅助工程措施或改变开挖方法等措施。软弱围岩地段施工必须坚持“先支护（强支护）、后开挖（短进尺、弱爆破）、快封闭、勤量测”的施工原则。初期支护紧跟掌子面；Ⅳ～Ⅵ级围岩初期支护必须保证尽早封闭成环。初期支护施工工序见图 5-62。

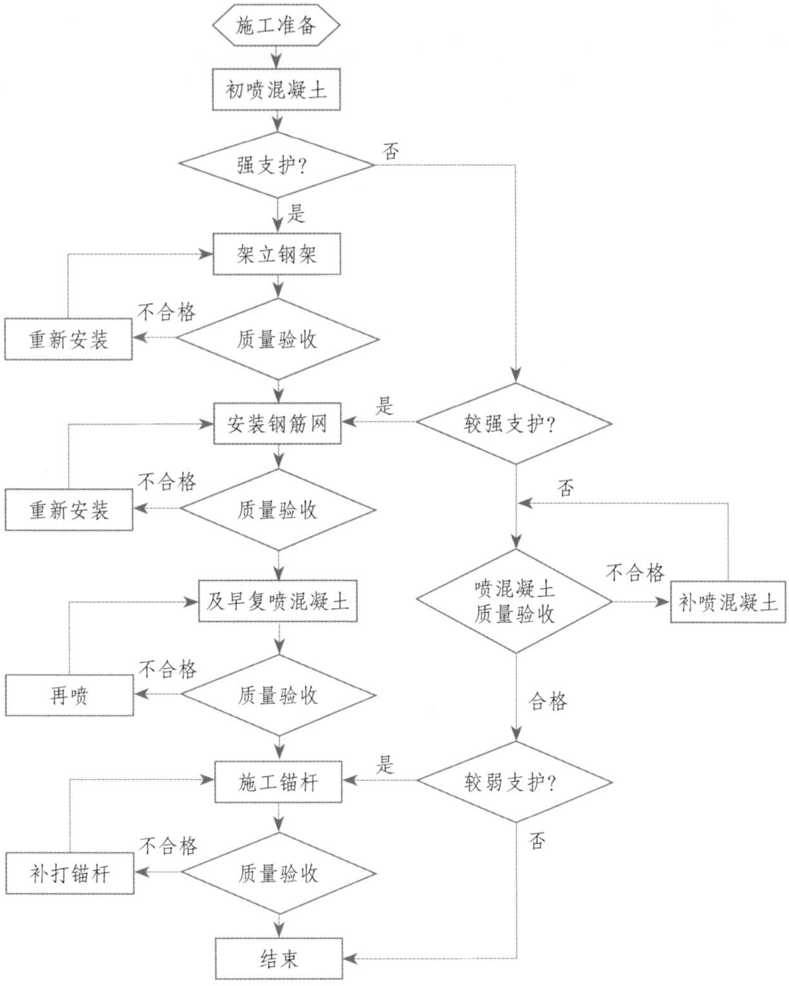

图 5-62　初期支护施工工序

1）喷射混凝土

喷射混凝土应采用湿喷工艺，不得采用干喷工艺。液体速凝剂应采用环保无碱速凝剂。湿喷混凝土的坍落度宜控制在 80 ～ 120mm。隧道开挖后及时初喷，硬岩地段复喷作业距离掌子面不得大于 40m，软岩地段初期支护应紧跟掌子面。在每一开挖面应始终最少有 1 台可正常操作的喷浆机组。

喷射作业应分层、分段、分片依次进行，喷射顺序自下而上进行，每次作业区段纵向长度不宜超过 6m。分层喷射时，一次喷混凝土的厚度不小于 40mm，后一层喷射应在前一层混凝土终凝后进行，若终凝 1h 后再喷射，应先用风水清洗喷射表面。喷射混凝土作业需紧跟开挖面时，下次爆破距喷射混凝土作业完成时间的间隔不小于 4h。喷射混凝土应由两侧拱脚向上对称喷射，并将钢架覆盖、保证将其背面喷射填满，黏结良好。拱脚基础喷射混凝土要密实，严禁悬空。喷混凝土终凝 2h 后，应喷水养护，养护时间不少于 7d；隧道内环境温度低于 5℃时，不得喷水养护。喷射混凝土施工工艺见图 5-63。

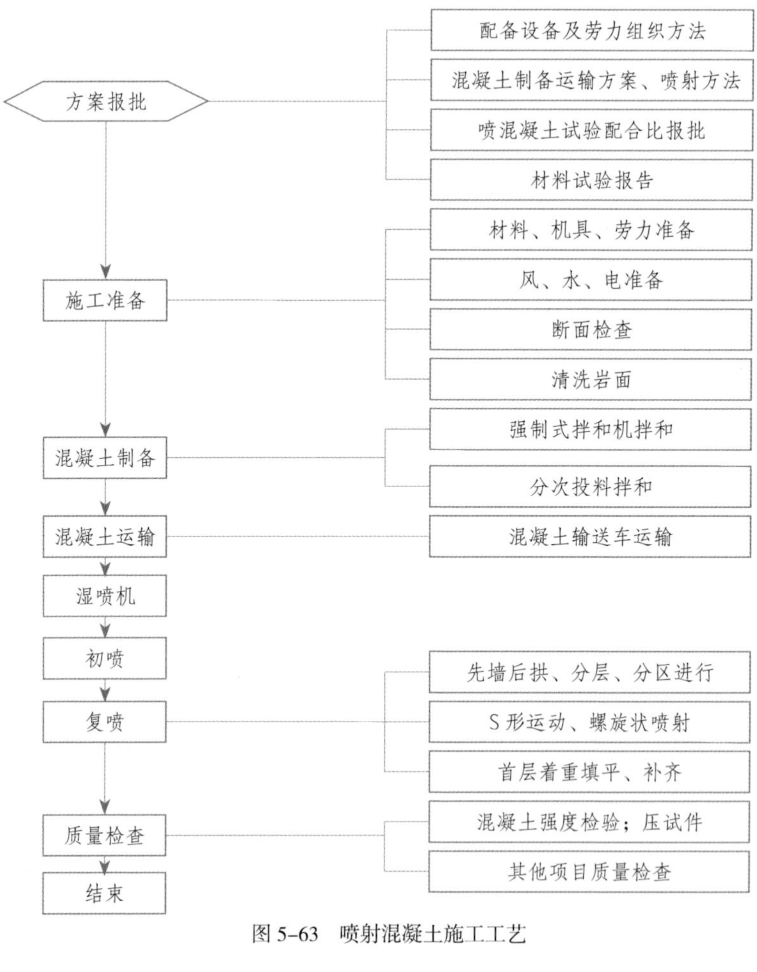

图 5-63　喷射混凝土施工工艺

2）锚杆

锚杆施工应在围岩喷混凝土后进行，以保证锚杆垫板有较平整的基面。钻孔深度不应小于锚杆杆体有效长度，但深度超长值不应大于 100mm。钻孔宜保持直线，系统锚杆钻孔方向宜与开挖面垂直，当岩层层面或主要结构面明显时，应尽可能与其成较大交角，但与开挖面的垂直偏差不应大于 20°；局部锚杆应尽可能与岩层层面或主要结构面成大角度相交。安装垫板时，应确保垫板与锚杆轴线垂直，确保垫板与喷射混凝土层紧密接触。

普通水泥砂浆锚杆成孔后先注浆再安装锚杆，灌浆压力不宜大于 0.4MPa。砂浆灌注后应及时插入锚杆杆体，锚杆杆体插到设计深度时，孔口应有砂浆流出，若孔口无砂浆流出，则应将杆体拔出重新灌浆。全长黏结锚杆应灌浆饱满。

中空注浆锚杆施工时应保持中空通畅，并留有专门排气孔。螺母应在砂浆初凝后拧紧，并使垫板与喷射混凝土面紧密接触。中空注浆锚杆应有锚头、垫板、螺母、止浆塞等配件。注浆过程中，注浆压力应保持在 0.3MPa 左右，待排气口出浆后，方可停止灌浆。中空注浆锚杆施工工序见图 5-64。

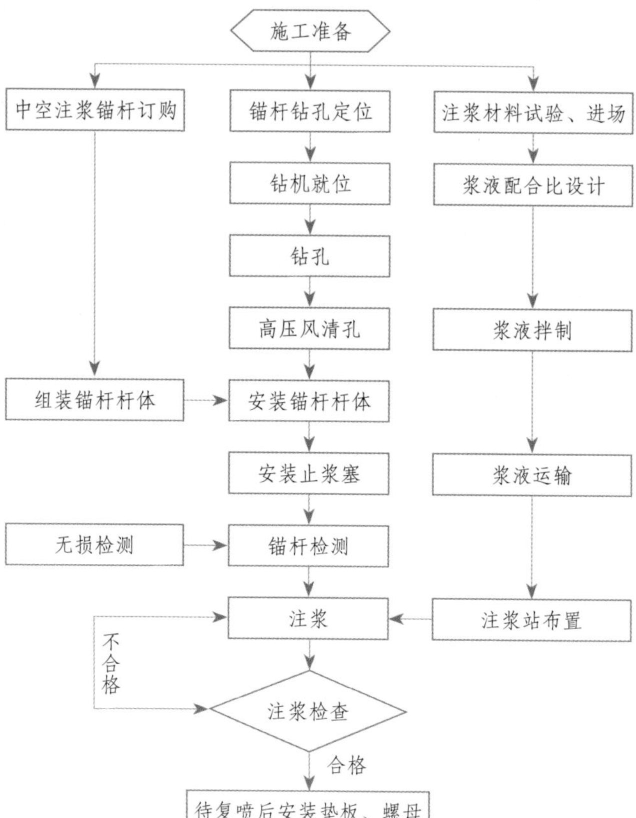

图 5-64　中空注浆锚杆施工工序

3）钢架

钢架应分节段制作，每节段长度应根据设计尺寸及开挖方法确定，不宜大于4m。每片节段应编号，注明安装位置。型钢钢架宜采用冷弯法制作成型。接头钢板螺栓孔必须采用机械钻孔（图 5–65）。不同规格的首榀钢架加工完成后，应放在平地上试拼。

图 5–65　钢板钻孔机

钢架在初喷混凝土后分节段安装，节段与节段之间应按设计要求连接，钢架应尽量减少接头个数。连接处用系筋固定，对沉降要求较高的段落，应加强锁脚锚杆（管），以加强该处的连接强度，连接钢板平面应与钢架轴线垂直，连接钢板连接紧密（图 5–66）。相邻两榀钢架之间必须用纵向钢筋连接，连接钢筋直径不应小于 18mm，连接钢筋间距不应大于 1.0m。钢架立起后，根据中线、水平将其校正到正确位置，然后用定位筋固定，并用纵向连接筋将其和相邻钢架连接牢靠。钢架安装就位后，钢架与围岩之间的间隙应用喷射混凝土充填密实，并使钢架与喷射混凝土形成整体。钢架安装施工工序见图 5–67。

图 5–66　钢架连接

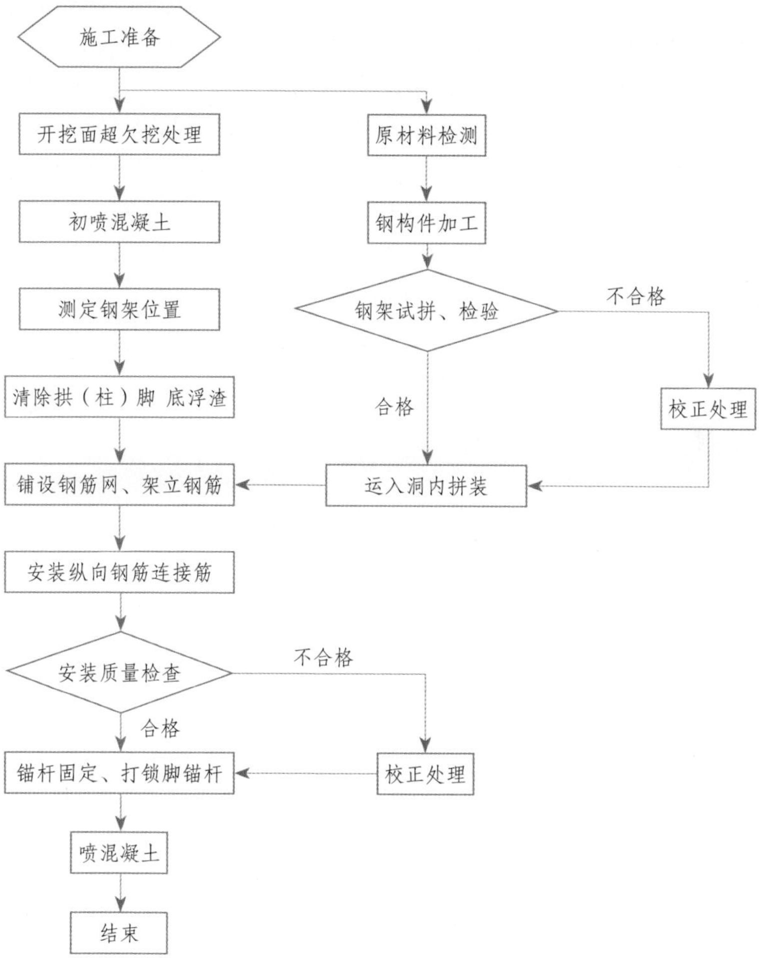

图 5-67　钢架安装施工工序

2. 仰拱与铺底

隧道设有仰拱时，应及时安排施工，使支护结构早闭合，改善围岩受力状况、控制围岩变形、保障施工安全。仰拱宜全断面一次开挖成型，不宜左右半幅分次浇筑。铺底混凝土可半幅浇筑，并及时进行施工，以改善洞内交通状况和施工环境。

施工前，应将隧底虚渣、杂物、泥浆、积水等清除干净，并用高压风将隧底吹洗干净；隧道底部（包括仰拱），超挖在允许范围内应采用与衬砌相同强度等级混凝土浇筑；超挖大于规定时，应按设计要求回填，不得用洞渣随意回填，严禁侵入衬砌断面（或仰拱断面）。

仰拱土层开挖应以人工配合机械开挖为主。隧道底两隅与侧墙连接处应平顺开挖，避免引起应力集中。仰拱开挖当遇变形较大的膨胀性围岩时，底面与两隅应预先打入锚杆或采取其他加固措施后，再行开挖。仰拱开挖完成后，应及时进行仰拱初期支护施工。仰拱两侧二次衬砌边墙部位的预埋钢筋伸出长度应满足和二次衬砌环向钢筋焊连要求，且将接头错开，使同一截面的钢筋接头数不大于50%。仰拱二次衬砌钢筋的绑扎必须要保证双层钢筋的层距和每层钢筋的间距符合设计要求，层距的定位一般通过焊接定位钢筋来确定（图 5-68）。仰拱混凝土应超前拱墙混凝土施工。仰拱以上的混凝土或片石混凝土应在仰拱混凝土达到设计强度的 70% 后施工。仰拱和铺底混凝土强度达到设计强度 100% 后方可允许车辆通行。仰拱和铺底的施工工序见图 5-69、图 5-70。

图 5-68　仰拱钢筋采用定位架定位

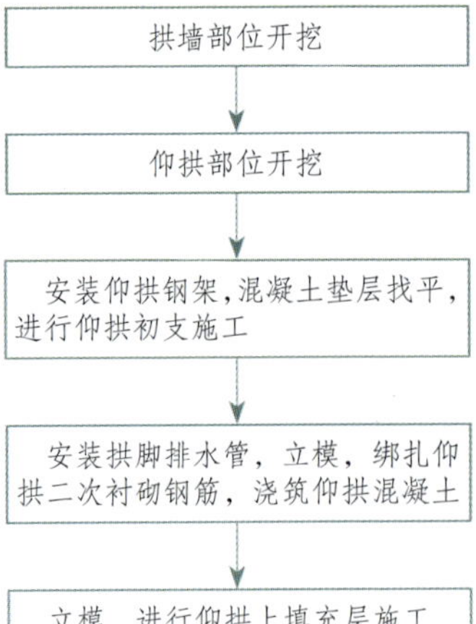

图 5-69　仰拱施工工序

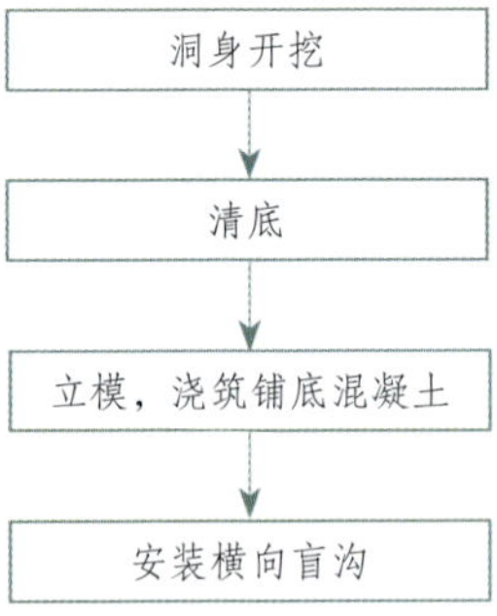

图 5-70　铺底施工工序

3. 防水与排水

隧道施工防、排水设施应与营运防、排水工程相结合。应按设计做好防水混凝土、防水隔离层、施工缝、变形缝、诱导缝防水，盲沟、排水管（沟）排水通畅。隧道防、排水不得污染环境，不得直接排入饮用水源。隧道施工防、排水应遵循“防、排、截、堵相结合，因地制宜，综合治理”的原则进行施工，保证隧道结构物和运营设备的正常使用和行车安全，并对地表水、地下水妥善处理，行成一个完整通畅的防、排水系统。

隧道防、排水包括施工防、排水和结构防、排水。

1）施工防、排水

洞内顺坡排水一般采用临时排水沟，洞内应做到不积水、不泥泞，方便施工和检查。临时排水沟断面应满足隧道中渗漏水和施工废水的需要，并经常清理排水设施，防止淤塞，确保水路畅通。水沟位置应远离边墙，宜距边墙基脚不小于 1.5m。在膨胀岩、土质地层、围岩松软地段等特殊或不良地质地段隧道中，排水不宜直接接触围岩，宜根据需要对排水沟进行铺砌或用管槽代替，排水沟中不得有积水。台阶法施工时，上台阶应在下台阶开挖前架槽（管）将水引排至下台阶排水沟内，横向分幅开挖时应挖横向排水沟将水引至未开挖一侧，严禁漫流浸泡下台阶基坑。对于反坡排水的隧道，可根据距离、坡度、水量和设备等因素布置排水管道，或一次或分段接力将水排出洞外。接力排水时应在掌子面设置临时集水坑，并每隔 200m 设置集水坑，通过水泵逐级抽排至洞口，其机械排水能力不小于估算的地下水量的 1.5 倍。施工防排水施工工序见图 5-71。

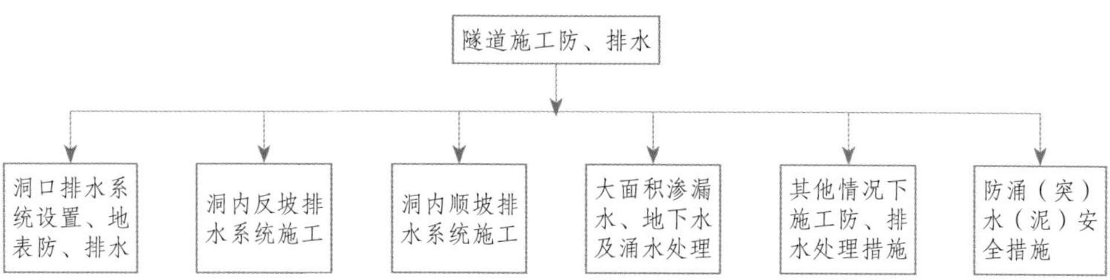

图 5-71　施工防水与排水施工工序

2）结构防、排水

为确保隧道营运期间有良好的防水效果，高速公路隧道防水卷材不得使用复合片，可采用均质片＋无纺土工布的防水层结构形式或者直接采用点粘片。均质片、点粘片的母材厚度（不包含无纺土工布）不宜小于 1.5mm；无纺土工布规格不低于 300g/m^2。防水板宜选用高分子材料，一般幅宽为 2 ~ 4m，耐刺穿性好、柔性好、耐久性好。结构防水与排水施工工序见图 5-72。

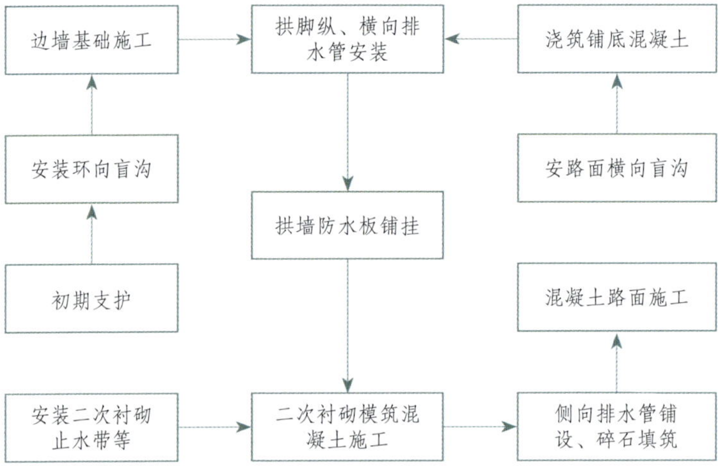

图 5-72　结构防水与排水施工工序

衬砌背后防排水设施有纵、横、环向盲管、中心排水管（沟）等；应配合衬砌进行施工，施工时既要防止因漏水而造成浆液流失，还要注意灌注混凝土或压浆时，浆液不得浸入沟管内，确保预埋的透水盲沟不被堵塞；并注意排水孔道的连接，以形成一个有机、通畅的排水系统。环向排水盲管应紧贴支护表面或渗水岩壁安设，排水盲管布置应圆顺，不得起伏不平。排水管路连接应采用变径三通方式。纵向排水管与三通接头（图 5-73）连接后，要用土工布进行包裹。拱脚的横向排水管要能够及时有效地将二次衬砌背后的水排入边沟（图 5-74），施工过程要经常检查，以确保排水通畅。

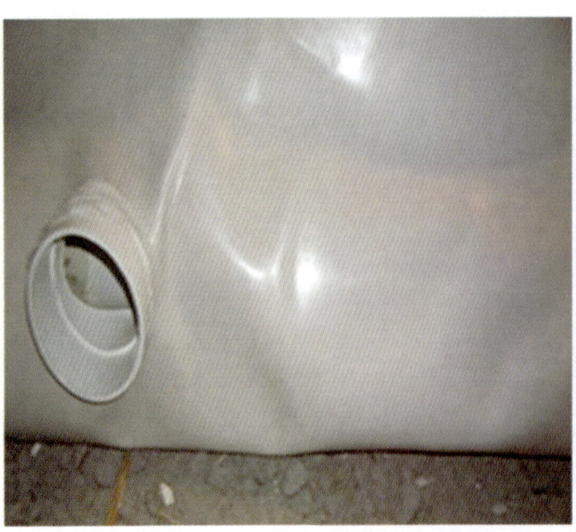

图 5-73　排水管系统示例图一

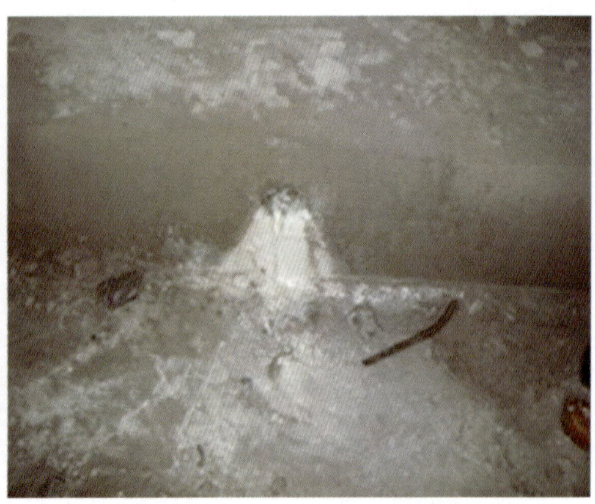

图 5-74　排水管系统示例图二

铺设土工布时先在隧道拱顶部位标出纵向中线，并根据基面凹凸情况留足富余量，宜由拱部向两侧边墙铺设。用射钉将热塑性垫圈（图 5-75）和土工布平顺的固定在基面上，固定点间距宜为拱部 0.5 ~ 0.8m、边墙 0.8 ~ 1.0m、底部 1.0 ~ 1.5m，呈梅花形排列，基面凹凸较大处应增加固定点，使土工布与基面密贴。土工布接缝搭接宽度不得小于 5cm，一般仅设环向接缝。

防水板铺设应超前二次衬砌施工 1 ~ 2 个衬砌段，形成铺挂段→检验段→二次衬砌施工段，流水作业。防水板铺挂松弛率应根据初期支护表面平整程度适当调整，环向松弛率经验值一般取 10%，纵向松弛率一般取 6%，以保证灌注混凝土时板面与喷混凝土面能密贴（图 5-76）。防水板拼接采用热合机双焊缝焊接，要求搭接宽度不小于 150mm，控制好热合机的温度和速度，保证焊缝质量。

图 5-75　热塑性垫圈固定土工布效果

图 5-76　防水板示例图

止水带的接头不得设在结构转角处，并尽可能不设接头。止水带埋设位置准确，其中间空心圆环应与变形缝的中心线重合。在固定止水带和灌注混凝土过程中应防止止水带偏移，以免单侧缩短，影响止水效果。止水带的长度应根据施工需要事先向生产厂家定制，尽量避免接头。

4. 二次衬砌

为保证衬砌工程质量，隧道一般地段（含洞身、明洞、加宽段）的二次衬砌施工必须采用全断面模板台车和泵送作业。隧道二衬台车执行准入制度。

隧道洞口段二次衬砌必须及时施作，掘进超过 50m 时，必须停止开挖进行二次衬砌施工；洞内软岩段二次衬砌应尽早施工，其他段落根据监控量测结果适时施工。一般情况下二次衬砌作业面距铺底作业面距离为 30m，距矮边墙作业面距离为 50m，二次衬砌距掌子面距离不得超过 200m，以保证施工安全。

二次衬砌施工工序见图 5-77。

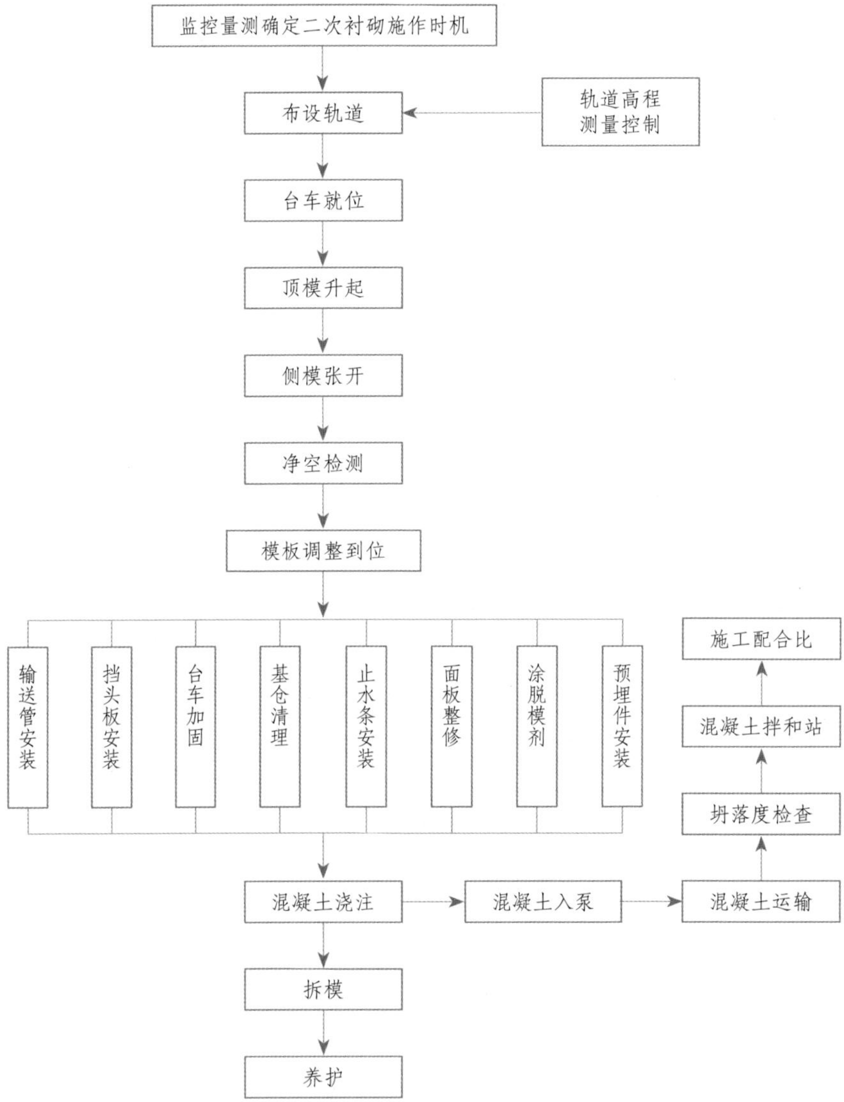

图 5-77　二次衬砌施工工序

二次衬砌横向钢筋与纵向钢筋的每个节点均必须进行绑扎或焊接；相邻主筋搭接位置应错开，错开距离不应小于 1 000mm；同一受力钢筋的两个搭接距离不应小于 1 500mm；箍筋连接点应在纵横向筋的交叉连接处，必须进行绑扎或焊接。二次衬砌钢筋固定采用自制钢筋安装台车，二次衬砌钢筋间距由钢管焊接的可调整的支撑杆控制（图 5-78）。钢筋保护层应全部采用高强砂浆垫块来控制（图 5-79）。

图 5-78　二衬钢筋支撑杆

图 5-79　二衬钢筋垫块

二衬台车模板定位采用五点定位法，即：以衬砌圆心为原点建立平面坐标系，通过控制顶模中心点、顶模与侧模的铰接点、侧模的底脚点来精确控制台车就位。曲线隧道应考虑内外弧长差引起的左右侧搭接长度的变化，以使弧线圆顺，减少接缝错台。台车模板应与混凝土有适当的搭接（≥ 10cm，曲线地段指内侧），撑开就位后检查台车各节点连接是否牢固，有无错动移位情况，模板是否翘曲或扭动，位置是否准确，保证衬砌净空。为避免在浇注边墙混凝土时台车上浮，还须在台车顶部加设木撑或千斤顶。同时检查工作窗状况是否良好。

台车端部的挡头模板应按衬砌断面制作以保证设计衬砌厚度，并可适当调整以适应其不规则性，其单片宽度不宜小于 300mm，厚度不小于 30mm。挡头模板结构应能保证衬砌环接缝榫接，以保证接头处质量，增强其止水功能。挡头板应定位准确、安装牢固，其与岩壁间隙应嵌堵紧密。

二次衬砌混凝土浇注采用泵送浇注工艺，机械振捣密实。混凝土由下至上分层、左右交替、从两侧向拱顶对称灌注。每层灌注高度、次序、方向应根据搅拌能力、运输距离、灌注速度、洞内气温和振捣等因素确定。为防止浇注时两侧压力偏差过大造成台车移位，两侧混凝土灌注面高差宜控制在 50cm 以内，同时应合理控制混凝土浇注速度。浇筑混凝土应尽可能直接入仓，混凝土输送管端部应设接软管控制管口与浇筑面的垂距，混凝土不得直冲防水板板面流至浇筑位置。

二次衬砌养生应配备养护喷管，可在高压水管每隔 30m 设置一处开口阀门（图 5-80），在拆模前冲洗模板外表面，拆模后用高压水喷淋混凝土表面，以降低水化热（图 5-81）。洞口 100m 养护期不少于 14d，洞身养护不少于 7d，对已贯通的隧道二次衬砌养护期不少于 14d。

图 5-80　压水管开口接养护水管

图 5-81　二次衬砌养生

三、隧道超前地质预报与监控量测

超前地质预报和监控量测制度是保证隧道施工安全和工程质量的重要举措，有效避免施工过程中可能发生的事故。项目业主在工程开工前，应及时将本项目隧道工程的“超前地质预报和监控量测”工作进行公开招标。

1. 超前地质预报

超前地质预报包含地层岩性预测预报、地质构造预测预报、不良地质预测预报、地下水预测预报。工程开工前，不良地质隧道、高瓦斯隧道、水底海底隧道等危险性较大的隧道工程及依据《公路桥梁和隧道工程设计安全风险评估指南》评估为 III 级（高度风险）、IV 级（极高风险）的隧道工程，应委托有资质的单位开展超前地质预报；其他隧道工程，施工单位应组织专业技术人员及设备实施超前地质预报。超前地质预报的工作程序见图 5-82。

预报单位应及时编制预报成果报告、阶段性报告（月报、年报）和竣工总报告，并分送各相关单位。报告内容应规范完整，并包含地质情况及水文地质情况，预报地质条件变化情况及对施工的影响程度，预报可能出现的不良地质及其对施工的影响和处理措施，隧道施工中由于措施不当可能造成围岩失稳时应及时采取的改进措施等。预报工作计划要与隧道施工进度相结合，并贯穿施工的全过程，做到全程预报。当施工进度与地质预报发生矛盾时，施工应为超前地质预报让路，避免盲目施工，确保超前地质预报工作的实施，并起到指导施工的作用。

施工阶段的超前地质预报不能代替勘察阶段的地质勘察工作及施工阶段的补充地质勘察工作，不得因进行施工阶段隧道超前地质预报工作，而忽视勘察阶段的地质勘察工作及施工阶段的补充地质勘察工作。施工过程中应将实际开挖的地质情况与预报结果进行对比分析，及时总结经验教训，指导和改进地质预报工作。

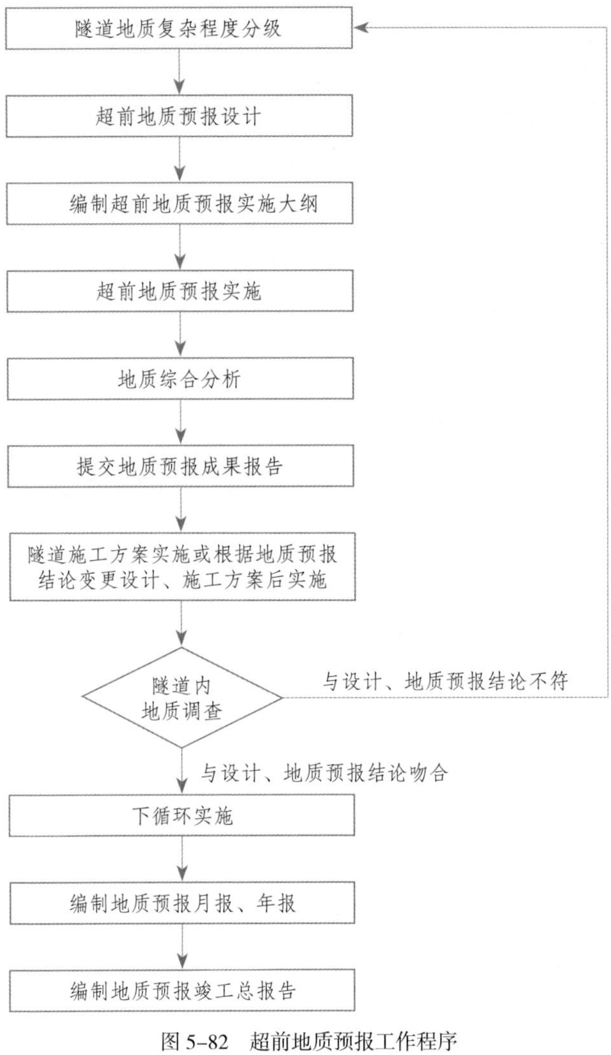

图 5–82　超前地质预报工作程序

超前地质预报可采用地质调查法、超前钻探法、物探法和超前导坑预报法等。地质调查法包括隧道地表补充地质调查、洞内地质调查及数码成像技术。超前钻探法包括超前水平地质钻探法、钻速法。物探法包括地震波法（TGP 及 TSP、反射地震层析成像法、地震 CT 成像和陆地声呐法等）、声波法（水平声波剖面法、声波层析成像法等）、电磁波反射法（地质雷达等）、电法和红外探测等。

超前地质预报应以地质调查法为基础，针对不同地段地质情况、预报目的及预报方法的适用条件，采用一种或几种方法相互补充和印证，进行综合超前地质预报。隧道地表补充地质调查应在洞内地质超前预报前进行，并在实施洞内超前地质预报过程中根据需要补充。对地层岩性变化点、构造发育部位、岩溶发育带附近等重点地段每 1 个开挖循环进行 1 次。

在富水软弱断层破碎带、岩溶发育区、瓦斯发育区、重大物探异常区等复杂地质地段应采用超前水平钻探为主的综合方法预报前方地质情况。富含瓦斯的煤系地层或富含石油天然气地层，应采用长短结合的钻孔方式进行探测。可能发生突泥涌水的地段，超前钻探应设孔口管和止水装置，防止高压水突出。超前水平钻探每循环钻孔长度应不低于 30m。对于富水地区、地质调查时地表水充沛的地区、岩溶发育区、采空区等可能存在大型水体的区域应辅以红外探测连续探测。

2. 监控量测

隧道开工前，应根据设计要求，并结合隧道规模、地形地质条件、施工方法、支护类型和参数、工期安排，以及所确定的量测目的等制订施工全过程量测方案。编制内容应包括：量测项目，量测仪器选择，量测断面、测点布置、量测频率，数据记录格式，数据处理及预测方法，信息反馈，以及组织机构、管理体系等。量测计划应与施工进度计划相适应。监控量测工作应结合开挖、支护作业的进程，按要求及时布点、尽快读取初始数据，并根据现场实际情况及时调整补充，量测数据应及时分析、处理和反馈。可能对周边建筑物产生严重影响的城市隧道和危险性较大的不良地质隧道、高瓦斯隧道、水底海底隧道等应委托有资质的单位开展监控量测，其他隧道可由具备相应资质的施工单位自行开展监控量测。监控量测工作程序见图 5–83。

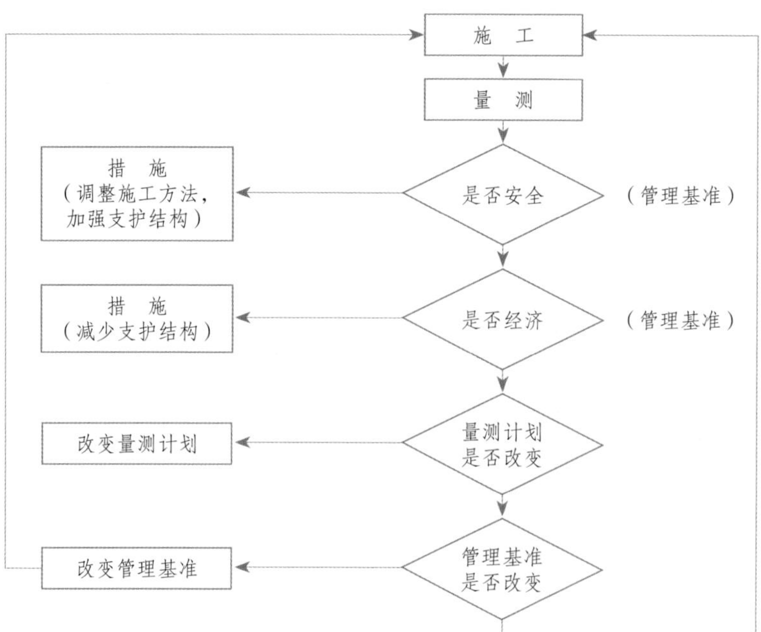

图 5–83　监控量测工作程序

1）量测项目

根据隧道结构形式的不同，分离式隧道、小净距隧道及连拱隧道各有不同的监控量测项目，见表 5-3 ~ 表 5-5。

分离式隧道监控量测项目规划表　　表 5-3

项目 围岩条件	洞内外地质与支护状态观察	周边位移	拱顶下沉	地表下沉	钢架内力及外力	围岩体内位移	围岩压力	两层支护间压力	锚杆轴力	支护、衬砌内应力	围岩弹性波速度	爆破震动	渗水压力、水流量
Ⅳ、Ⅴ级围岩	√	√	√	△	○	○	○	○	○	○	○	周围建筑物要求较高时必测	洞内出水量较大时必测
Ⅱ、Ⅲ级围岩	√	√	√	△	—	△	△	△	△	△	△		
洞口、偏压段、浅埋段	√	√	√	√	○	○	○	○	○	○	○	○	

注：√ - 必须进行的项目；○ - 宜进行项目；△ - 必要时进行项目。

小净距隧道监控量测项目规划表　　表 5-4

项目 围岩条件	洞内外地质与支护状态观察	周边位移	拱顶下沉	地表下沉	钢架内力及外力	围岩体内位移	围岩压力	两层支护间压力	锚杆轴力	支护、衬砌内应力	围岩弹性波速度	爆破震动	渗水压力、水流量
Ⅳ、Ⅴ级围岩	√	√	√	△	○	√	√	○	○	○	○	周围建筑物要求较高时必测	洞内出水量较大时必测
Ⅱ、Ⅲ级围岩	√	√	√	△	—	√	√	△	△	△	△		
洞口、偏压段、浅埋段	√	√	√	√	○	√	√	○	○	○	○	○	

注：1. √ - 必须进行的项目；○ - 宜进行项目；△ - 必要时进行项目。
2. 增加必测项目：后行洞爆破震动速度和中岩墙土压力。

连拱隧道监控量测项目规划表　　表 5-5

项目 围岩条件	洞内外地质与支护状态观察	周边位移	拱顶下沉	地表下沉	钢架内力及外力	围岩体内位移	围岩压力	两层支护间压力	锚杆轴力	支护、衬砌内应力	围岩弹性波速度	爆破震动	渗水压力、水流量
Ⅳ、Ⅴ级围岩	√	√	√	△	○	√	√	○	○	○	○	周围建筑物要求较高时必测	洞内出水量较大时必测
Ⅱ、Ⅲ级围岩	√	√	√	△	—	√	√	△	△	△	△		
洞口、偏压段、浅埋段	√	√	√	√	○	√	√	○	○	○	○	○	

注：√ - 必须进行的项目；○ - 宜进行项目；△ - 必要时进行项目。

在复合式衬砌和喷锚衬砌隧道施工时必须进行必测项目的量测。各测点应在不受到爆破影响的范围内尽快安设，并应在每次开挖后 12h 内取得初读数，最迟不得超过 24h，并且在下一循环开挖前必须完成。选测项目测点埋设时间根据实际需要进行。围岩测点应埋入围岩中，深度应不小于 0.2m，不应焊接在钢支撑上，外露部分应有保护装置。支护结构测点应敷设于支护结构上。根据设计要求、隧道横断面形状和断面大小、埋深、围岩条件、周边环境条件、支护类型和参数、施工方法等综合选择选测项目。

周边位移、拱顶下沉和地表下沉等必测项目宜布置在统一断面上，其量测面间距及测点数量应根据隧道埋深、围岩级别、断面大小、开挖方法、支护形式等确定。围岩松弛范围量测可采用弹性波法或位移法。各项量测作业均应持续到变形基本稳定后 1 ~ 3 周。对于膨胀性和挤压性围岩，位移没有减小趋势时，应延长量测时间。

2）量测要点

隧道施工过程中应进行洞内、外观察，洞内观察分开挖工作面观察和已支护地段观察两部分。开挖工作面观察应在每次开挖后进行。观察工作面状态、围岩风化变质情况、节理裂隙、断层分布和形态、地下水情况以及喷射混凝土的效果。观察后及时绘制开挖工作面地质素描图，填写开挖工作面地质状态记录表和施工阶段围岩级别判定卡。对已支护地段的观察每天应进行一次，主要观察围岩、喷射混凝土、锚杆和钢架等的工作状态。观察中发现围岩条件恶化时，应立即上报设计、监理单位，采取相应处理措施。洞外观察重点应在洞口段及岩溶发育区段地表和洞身埋置深度较浅地段，其观察内容应包括地表开裂、地表沉陷、边坡及仰坡稳定状态、地表水渗透情况、地表植被变化等。

拱顶下沉和水平收敛量测应按表 5-6 和表 5-7 检查净空位移和拱顶下沉的量测频率。施工状况发生变化时（开挖下台阶、仰拱或撤除临时支护等），应增加检测频率。拱顶下沉和水平收敛量测断面的间距为：Ⅲ级及以上围岩 30 ~ 50m；Ⅳ级围岩 10 ~ 30m；V、VI 级围岩 5 ~ 10m。围岩变化处应适当加密，在各类围岩的起始地段增设拱顶下沉测点 1 ~ 2 个，水平收敛 1 ~ 2 对。当发生较大涌水时，V、VI 级围岩量测断面的间距应缩小至 5m。各测点应在避免爆破作业破坏测点的前提下，尽可能靠近工作面埋设，一般为 0.5 ~ 2m，并在下一次爆破循环前获得初始读数。初读数应在开挖后 12h 内读取，最迟不得超过 24h，而且在下一循环开挖前，必须完成初期变形值的读数。

净空位移和拱顶下沉的量测频率（按位移速度） 表 5-6

位移速度（mm/d）	量测频率	位移速度（mm/d）	量测频率
≥ 5	2 ~ 3 次 /d	0.2 ~ 0.5	1 次 /3d
1 ~ 5	1 次 /d	< 0.2	1 次 /（3 ~ 7）d
0.5 ~ 1	1 次 /（2 ~ 3）d		

净空位移和拱顶下沉的量测频率（按距开挖面距离）　　表 5–7

量测断面距开挖面距离（m）	量测频率
（0 ~ 1）b	2 次 /d
（1 ~ 2）b	1 次 /d
（2 ~ 5）b	1 次 /（2 ~ 3）d
$> 5b$	1 次 /（3 ~ 7）d

注：b- 隧道开挖宽度。

位于Ⅳ ~ Ⅴ级围岩中浅埋的隧道，应进行地表沉降量测。在施工过程中可能产生地表塌陷之处设置观测点，地表下沉观测点按普通水准基点埋设。地表下沉桩的布置宽度应根据围岩类别、隧道埋置深度和隧道开挖宽度而定，地表下沉量测断面的间距按表 5–8 及表 5–9 采用。

地表下沉量量测断面间距及频率　　表 5–8

变形速度（mm/d）	量测断面距开挖工作面的距离	量测频率
> 10	（0 ~ 1）b	1 ~ 2 次 /d
10 ~ 5	（1 ~ 2）b	1 次 /d
5 ~ 1	（2 ~ 5）b	1 次 /2d
< 1	$> 5b$	1 次 / 周

注：b- 隧道开挖宽度。

地表下沉量测断面的间距　　表 5–9

埋置深度 h	地表下沉量测断面的间距（m）
$h > 2b$	20 ~ 50
$b < h \leqslant 2b$	10 ~ 20
$h \leqslant b$	5 ~ 10

注：1. 无地表建筑物时取表内上限值；
　　2. b- 隧道开挖宽度。

3）量测数据处理与应用

隧道现场监控量测应成立专门量测小组，负责日常量测、数据处理和仪器保养维修工作，并及时将量测信息反馈给施工部门和设计单位。每次量测后，应及时进行数据整理和分析，并绘制量测数据时态曲线和距离开挖面距离图；应绘制地表下沉值沿隧道纵向和横向变化量和变化速率曲线。应根据量测数据处理结果，及时提出调整和优化施工方案和工艺；围岩变形和速率较大时，应及时采取安全措施，并建议变更设计。围岩稳定性、二次支护时间应根据所测得位移量或回归分析所得最终位移量、位移速度及其变化趋势、隧道埋深、开挖断面大小、围岩等级、支护所受压力、应力、应变等进行综合分析判定。要定期编制监控量测周报、月报，对监测数据异常时要第一时间报告。

当位移－时间曲线趋于平缓时，应进行数据处理或回归分析，以推算可能出现的位移最大值和变化速度，掌握位移变化的规律。当位移—时间曲线出现反弯点时，则表明围岩和支护已呈不稳定状态，此时应密切监视围岩动态、及时分析原因，提出对策和建议，并及时反馈给有关单位，采取有效措施加强支护，必要时暂停开挖。

实测位移值不应大于隧道的极限位移，并按表 5–10 位移管理等级施工。一般情况下，宜将隧道设计的预留变形量作为极限位移，而设计变形量应根据检测结果不断修正。

位 移 管 理 等 级　　表 5–10

管 理 等 级	管理位移（mm）	施 工 状 态
Ⅲ	$U<(U_0/3)$	可正常施工
Ⅱ	$(U_0/3)\leqslant U\leqslant(2U_0/3)$	应加强支护
Ⅰ	$U>(2U_0/3)$	应采取特殊措施

注：U- 实测位移值；U_0- 设计极限位移值。

根据位移速率判断：速率大于 1mm/d 时，围岩处于急剧变形状态，应加强初期支护；速率变化在 0.2 ~ 1.0mm/d 时，应加强观测，做好加固的准备；速率小于 0.2mm/d 时，围岩达到基本稳定。

根据位移速率变化趋势判断：当围岩位移速率不断下降时，围岩处于稳定状态；当围岩位移速率变化保持不变时，围岩尚不稳定，应加强支护；当围岩位移速率变化上升时，围岩处于危险状态，必须立即停止掘进，采取应急措施。

初期支护承受的应力、应变、压力实测值与允许值之比大于或等于 0.8 时，围岩不稳定，应加强初期支护；初期支护承受的应力、应变、压力实测值与允许值之比小于 0.8 时，围岩处于稳定状态。

第五节　机电施工标准化

高速公路机电工程是在路基、桥涵、路面等主体工程完成后的重要施工环节，主要涵盖收费、通信和监控系统，供配电、隧道通风、照明和消防系统，对高速公路能否安全、高效地营运起着至关重要的作用。

由于高速公路机电工程的系统和设备类型较多，且不同系统的构成和安装方式也大不相同，因此，须针对每个系统制定相应的施工标准。收费系统的施工标准主要包括：普通车道子系统、一体化收费子系统、自动发卡子系统、电子不停车（ETC）子系统、计重子系统、收费视频子系统、多路径识别子系统、收费电源子系统、计算机网络子系统和收费软件系统的安装、调试和开通标准。监控系统的施工标准主要包括：视频监控子系统、数据监控子系统的安装、调试和开通标准。通信系统的施工标准主要包括：光纤数字传输系统、软交换系统、多业务网络、通信电源及接地、隧道紧急电话和广播系统、通信管道工程、光缆工程、会议电视系统的安装、调试和开通标准。供配电、隧道通风、照明和消防系统的施工标准主要包括：沿线站（区）、互通立交、道路照明等供配电系统和隧道照明系统、隧道通风系统、隧道消防系统的安装、调试和开通标准。

机电施工可划分为施工准备阶段和设备、系统软件的安装、调试和开通阶段。施工准备阶段的工作包括：设备材料准备、人员、施工机具及仪器准备和界面检查等。需要注意的是，施工前应检查土建、房建和路面是否具备机电设备的安装条件，例如安装隧道内的设备前应检查隧道内的预留洞室、预埋管道等，安装收费站的设备前应检查收费岛、收费广场等，安装通信系统设备前应检查通信机房等界面。鉴于机电工程包含系统和设备种类较多，且系统和设备的构成和安装过程也大不相同，在设备、系统软件的安装、调试和开通阶段，须针对不同的设备和系统软件制定相应的施工安装流程和标准。在设备和系统软件安装完成后，须按照要求进行调试及质量自检工作，在通过自检和测试后，设备和系统软件方能投入使用。

下面以一些关键设备和系统为例对机电工程施工标准化进行说明。

一、一体化收费票亭

1. 系统构成

一体化收费票亭系统将收费车道的主要设备，如：嵌入式工控机、硬盘录像机、车道控制器等设备按照统一标准配置在收费票亭内，通过数字化和网络技术集成了收费业务、音视频录像、监控对讲、字符叠加、外设控制、安全报警、广场广播等功能（图 5-84 ~ 图 5-89）。

图 5-84　一体化单向票亭外观

图 5-85　一体化双向票亭外观

图 5-86　一体化收费票亭亭内

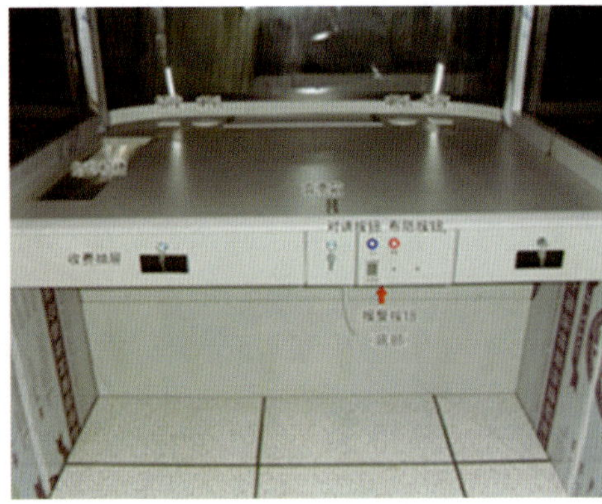

图 5-87　亭内设施

图 5-88　旋转式机柜

图 5-89　旋转式机柜柜内设备

图 5-90　一体化收费票亭吊装

2. 安装要求

收费票亭内的机电设备按标准在工厂中完成模块化安装，并且电子设备均已整体安装在一体化收费票亭内，亭内设备还会进行各项参数和性能的出厂测试，经检验合格后，运输到施工现场进行整体的吊装施工，在现场仅需接入外设控制线、网络线、系统电源及桌面设备的安装等就可进行收费系统联网调试测试（图 5-90）。

3. 施工步骤

1）连接票亭照明和动力电源

票亭照明和动力电源进线位于票亭内配电箱下方静电地板底下，进线电缆规格为 3 根 BV2.5mm^2 的铜芯电缆，将市电电缆分别与其相连接，注意电缆的颜色：红色（L）接入相线，绿色（N）接入零线，黄绿双色（PE）接入地线。

2）连接票亭机电设备电源

票亭机电设备电源进线位于票亭前仓机电配电箱内总开关上端，将经过 UPS 的电源电缆分别接入，注意电缆的接入位置：相线（L）接入总空开上端的右边接线处，零线（N）接入总空开上端的左边接线处，地线（PE）接入空开箱的接地线铜牌（图 5–91）。

3）连接键盘、打印机、显示器的电源和通信接口

将键盘、打印机和显示器的接口分别连接设备和工控机背面的对应接口内，并接好打印机和显示器的电源接口，接入票亭前仓内打印机下方的电源插排上（图 5–92）。

图 5–91　票亭内配电箱

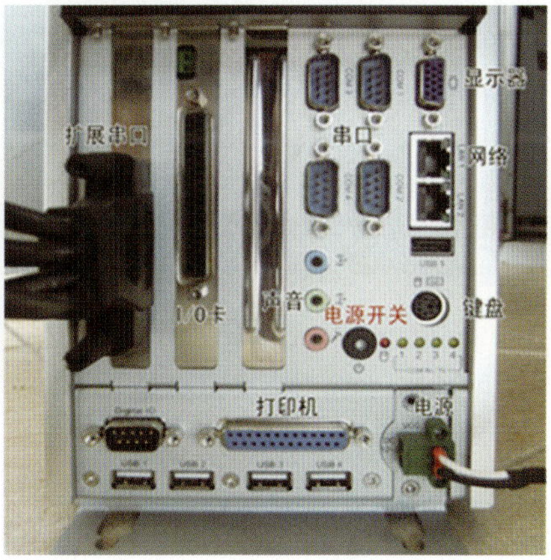

图 5–92　工控机背面

4）连接工控机的串口和音频线

按照软件定义分别将身份读卡器、费额显示器、计重设备等设备的串口连接线接入工控机背面的串口插槽。将费额显示器的音频输入线接入工控机背面的音频输出口（草绿色）。音频接头采用 3.5mm 耳机接头。

5）连接亭外摄像机的视频线

将抓拍设备的视频输出线（车道视频）接入硬盘录像机（DVR）的视频输入口。视频线接头采用标准 BNC 接头（图 5–93）。

6）连接工控机和硬盘录像机的网线

连接工控机和硬盘录像机设备的网线。

7）连接栏杆机和车检器控制线

连接栏杆机的控制线（COM、UP、DOWN）以及车检器的输出接线（常开输出口）至旋转机箱侧面的弱电接线排（图 5–94）。

图 5–93　DVR 接线

图 5–94　弱电接线排

8）连接天棚灯、通行灯、报警控制线

连接天棚灯、通行灯、报警器控制线至旋转机箱侧面的强电接线排(图 5–95)。

图 5–95　强电接线排

注意：需要在接线排最左侧的辅助电源接线处接入 220V 的交流电源，作为外围设备的供电电源。

提示：此接线排带有危险电压，安装过程中请断电操作，谨防触电。

9）连接费额显示器、抓拍设备、栏杆机、称重设备等设备的电源

将外围设备（费额显示器、抓拍设备、栏杆机、称重设备等）的电源接入票亭前仓内机电设备配电箱的空开上。

二、ETC 车道系统

1. 系统构成

ETC 收费车道系统包括车道天线、路侧读写控制器、收费计算机系统以及车道控制器、车道摄像机、费额显示器、ETC 专用车道 LED 引导指示灯等其他外围设备。

2. 施工步骤

1）车道天线、路侧读写控制器

（1）天线龙门架安装。施工时可搭建脚手架或采用高空作业车。先在地面上进行天线龙门架的整体组装，包括将龙门架横梁（垂直于车道）水平安装在立柱上（图 5–96）。再而将组装好的天线龙门架整体吊装在天线基础上，并对立柱和横梁进行微调，使立柱垂直，横梁水平，再而拧紧地脚螺栓上螺母进行固定。安装横梁时在横梁内预先穿好一根铁丝，以利于随后的线缆铺设(图 5–97)。

图 5–96　天线立柱组装

图 5–97　天线龙门架吊装

（2）将天线固定支架安装在横梁上（图 5–98）。固定支架安装在车道正中偏向靠近 ETC 收费道（图 5–99）。固定支架与横梁之间要加一块绝缘胶垫。调节支架斜拉件，保证固定支架底部水平，固定螺栓拧紧。之后将天线安装到固定支架上。拧紧安装螺栓。天线离地面的安装高度应保持在 5.5m 以上。

图 5-98　天线龙门架

图 5-99　ETC 车道

（3）敷设专用线缆。在 16 芯专用通信线缆敷设前、后，要测量线缆导通与否；如没导通，要更换线缆。铺设线缆时，从天线龙门架安装天线位置旁的出线孔开始穿线缆，并预先在线缆靠近航空插头一端套好软保护套管。待天线安装完毕，将天线 16 芯专用线缆的航空插头正确插入天线插座，拧紧插头螺套。如果无法旋紧螺套，则不能继续使用。用防水绝缘胶布包好套管口，并用线扎将保护套管固定好。专用线缆另一端按编号接天线控制器端口。同时还必须做好设备的防雷接地工作，从靠近龙门架最近位置的接地扁钢处接一根 20mm^2 的接地铜缆到龙门架。接地铜缆连接要牢固可靠，铜缆线头连接处要加锡。

图 5-100　立柱基础防锈处理

（4）防锈处理。将龙门架安装螺栓、螺帽表面喷涂一层防锈漆，并紧固底座。把龙门架基础填至与岛面平齐(图 5-100）。

2）敷设车道线圈

根据不同设备需求敷设所需地感线圈。基本程序为：画线定位→路面切割→线圈倒角→清洗切缝→风干切缝→垫底层泡沫胶条→电缆下线→压面层泡沫胶条→缠绞馈线→贴防污染胶带→灌胶回填→勾缝抹平→清理恢复车道。

（1）画线定位。清扫车道，根据现场位置核对施工图纸，用弹线墨斗画好标线。确定线圈切割尺寸、位置以标示切割刀片的走刀线。

（2）路面切割。用切割机缓慢匀速下刀，避免偏差和损伤刀具，并注意退刀检查切割深度，深度符合要求后，锁定刀具沿标线方向进刀，切割过程中需加水冷却以保证刀具硬度。线槽要求走线平直；同时注意保证槽底的平整。一般情况下，切割深度≥ 3cm，宽度为 5mm。

（3）线圈倒角。矩形线槽切割完毕后，应对四角 150mm 处，进行 45° 切割出倒角槽。注意保证倒角槽和线圈槽连接处的平滑，避免损伤线缆。

（4）清洗切缝。线圈槽切割完后，用高压水枪对线缝进行数遍冲洗，务必将缝内泥浆洗尽，以保证随后的灌封质量。

（5）风干切缝。用多台吹风机同时进行，将切缝槽内存水吹出风干，约 20 分钟后可彻底干燥进入下道工序。

（6）垫底层泡沫胶条。对槽底进行检查，确定缝内清洁无杂物尤其无金属物遗留在槽缝内后，用直径 6mm 弹性发泡密封条垫入切槽底部，用线钩压实。避免切缝不平滑对线缆造成损伤。

（7）电缆下线。将线圈线缆松紧度适中的逐层下入槽缝内，并用线钩逐层压实，根据设计图要求的电感计算下线匝数。一般抓拍线圈 4 匝、栏杆线圈 5 ~ 6 匝，切槽拐角处留有一定余量，不能绷紧。

（8）压面层泡沫胶条。在线缆上再用弹性发泡密封条压入槽缝内，用线钩将胶条尽量压实。

（9）缠绞馈线。线缆留足接入线圈检测器的余量后下断，将两根馈线每米至少 20 转顺时针缠绕。用万用表测量并记录电感、环阻等原始数据。检测符合要求后引入设备待接端口。

（10）贴防污染胶带。在各条切槽两边用不干胶带粘贴，以防止灌封时密封胶污染路面。

（11）灌胶回填。用专用胶枪将硅酮密封胶均匀灌入切缝中，施工时应自下而上，由前到后的进行嵌填。所有切缝处均需灌封并保证饱满密实，不能有空层及气泡。

（12）勾缝抹平。灌胶完成后，用油灰刀将硅酮密封胶压实抹平，且与切缝边缘紧密相连，不能留有缝隙。经检查无遗漏后去除两边的不干胶带。

（13）清理恢复车道。清理已完成路面，可将切割产生的水泥灰覆盖于切缝之上，防止粘连。2 小时后可以过车通行。

3）收费计算机系统

收费计算机系统包括车道工控机、相关网络设备以及数据库系统和应用软件，车道工控机控制电子标签读写器的写入数据，并可以进行相关的黑白名单核查、原始交易记录生成、收费车道外围设备交通控制等功能。所有车道设备均布设于 ETC 亭内机柜。亭内共设 3 台机柜，分别为出口车道设备机柜、入口车道设备机柜以及收费广场机柜，要求 ETC 机柜与广场机柜分设两端，并列摆放（图 5–101）。

图 5–101　ETC 双向票亭机柜布设

4）车道外围设备

包括雨棚信号灯、自动栏杆机、费额显示器、声光报警器、车辆检测器、监视摄像装置以及 ETC 专用车道 LED 引导指示灯。

（1）ETC 自动栏杆机。将栏杆机放正在基础上，注意保证栏杆机安装平整，放好压块，拧紧螺母；将敷设线缆盘在自动栏杆机基础上的线缆理顺；按图纸要求接线，挂好线缆标签；安装好栏杆臂，调整好栏杆臂的长度和位置，进行系统测试；清理现场，保存好栏杆机钥匙。

（2）ETC 费额显示器。将敷设线缆盘在费额显示器基础上的线缆理顺，将电力线和信号线分开捆扎好；将费额显示器立柱平放，线缆穿过立柱内孔，再将立柱安装在费额显示器基础上，调整好费额显示器正面与行车方向的角度（以行车时司机的视角最佳为准，一般为 70° ~ 75° ），拧紧地脚螺栓上的螺母，对螺栓作防锈处理；抬起费额显示器，将线缆穿过费额显示器穿线孔，放正费额显示器，上好螺栓、弹簧垫圈等连接件，拧紧每个螺母；按图纸要求接线，要求费额显示器箱内走线美观，挂好线缆标签；安装完毕，锁好费额显示器后门，保管好钥匙，清理现场。

（3）ETC 车道车牌识别器。先进行摄像机立柱安装，将立柱平放，线缆小心穿过立柱内孔以防止划伤，再将立柱放正在摄像机基础上，紧固地脚螺栓上的螺母；调整防护罩大致角度，安装好防护罩。然后将镜头安装到摄像机上，按说明书将摄像机设置好，安装摄像机到立柱上；按图纸要求接线，接线完毕将摄像机防护罩盖好；做好出线孔及防护套管的接口处理。

（4）ETC 专用车道 LED 引导指示灯。在 ETC 专用车道上方安装橙色高亮度 LED 显示屏，显示的内容为“ETC”三个英文，能较明显的提升和诱导 ETC 车辆驶入专用车道。同时，在车道维修时，可通过切换将内容改为红色的“×”符号，提示维修停用状态；在 ETC 专用车道的天线立柱上安装一盏大功率 LED 投光灯，利用定时器定时在夜间开启，增强 ETC 车道的夜间照明效果，引导车辆驶入专用车道，改善夜间 ETC 专用车道监控稽查图像效果；在限速牌前方安装一盏与限速牌同宽的 LED 洗墙灯，专门照亮限速标志牌，达到司机在远处快速识别的限速牌的效果（图 5–102）。

图 5–102　ETC 车道引导指示灯

三、通信机房

通信机房施工主要包括走线架安装、机柜安装及布放线缆和尾纤。

1. 走线架安装

机房的走线架的安装位置必须先确定设备机柜的布放位置及朝向，以及各子系统设备相对位置的布放以减轻上走线架的承重，使线缆间的干扰最小化，确保布设最优化。走线架安装位置画线定位应与机柜定位同时进行。

1）采用走线架方式

机房走线方式采用轻型开放式电缆桥架（即走线架）方式。为水平线缆提供机械保护和支持的开放装配式电缆桥架，从机柜上方引向弱电竖井和强电竖井，再由竖井引向进线室；缆线从综合弱电箱，通过预埋在墙内的不同规格的铁管或线槽，引到各个办公室及监控大厅（图 5-103）。

图 5-103　走线架整体图

2）安装要求

（1）按照中华人民共和国通信行业标准《有线接入网设备安装工程验收规范》（YD/T 5140—2005）设计槽道、电缆走道。走线架应具有承重量大，外观大方，耐久恒新等特点。基本要求为：铝合金走线架搁条间隔为 300mm 或 400mm，每米平均承重 300kg 以上。走线架吊挂间隔不大于 1 500mm，宽度为 300mm 或 400mm。弱电架距离地面高度为 2 500mm，强电架距离地面高度为 2 700mm。机房走线架宽度可调，垂直走线，水平走线，一般设置双层走线架，弱电架为下层，强电架为上层（图 5-104）。

图 5-104　走线架局部图

（2）走线架材料要求：线架的材料为 30mm × 45mm 铝型材，表面可进行相应处理，如镀锌、喷塑、烤漆等，线槽可以根据情况选用不同的规格。为保证线缆的转弯半径，线槽需配以相应规格的分支配件，以提供线路路由的转弯自如。

3）安装工艺

（1）从整体美观要求，上走线架安装在机柜正上方，要求弱电上走线架的边沿与机柜的背门对齐，强电上走线架的边沿与机柜的前门对齐，两个走线架可有部分重叠，但应保持 200mm 的高度差。

（2）为增加走线架的牢固性，要求走线架贯穿整个机房，并将上走线架的两端固定于两边的墙上（图 5–105）。

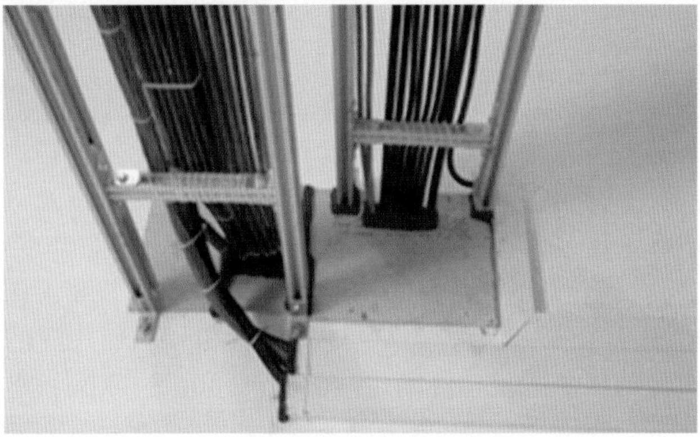

图 5–105　走线架固定

（3）挂壁固定时，必须了解天花板的浇筑厚度，用冲击钻钻出膨胀螺丝的深度，既要保证走线架承重所有线缆的重量，又不能将天花顶打穿导致屋顶漏水情况发生，尤其机房是在房屋顶层位置的情况。对于浇筑厚度低的屋顶，要充分考虑利用屋顶的承重梁和墙壁来承接主要承重。

（4）上走线安装应与各个子系统的工程人员进行沟通协商，共同设计出合理的机柜安装位置。确定上走线架的安装位置，应保证线缆敷设简洁美观。

4）测试接地系统

进线室接地总汇流排要求用不小于 $16mm^2$（此尺寸随容量的增大应作相应调整）的铜芯电缆将地线引至机房。如果采用联合接地方式，地阻不得大于 1Ω。机房接地汇流排一般可以安装在机房走线架下方 200 ~ 300mm 处，也可安装于走线架上方或爬梯边，易于布线及维护的位置。要求用地阻仪对接地进行测试，保证接地合格。

2. 机柜安装

1）位置布设

（1）为了提高对各种数据设备的适应性，提高机架空间的利用率，要求机房内通信设备机柜一般采用高 × 长 × 宽为 2 200mm × 600mm × 600mm 标准机架。尽量按“一”字布局，以备以后扩容使用，避免按“L”布局而浪费空间（图 5–106）。

图 5–106　机柜布局

（2）同一机房内机架、电源柜、配线柜及其他系统柜以及机柜底座应采用统一颜色，并实际做到各列头平齐。

（3）在机房空间足够的情况下，应尽量满足以下安装要求：用于搬运设备的通道净宽不宜小于 1.5m，面对面布置的机柜或机柜正面之间的距离不宜小于 1.2m，背对背布置的机柜或机架背面之间的距离不宜小于 1m，机柜侧面与墙的距离不宜小于 0.8m。成行排列的机柜，当长度超过 6m 时，两端应设有出口通道；当两个出口通道之间的距离超过 15m 时，在两个出口通道之间还应增加出口通道。出口通道不宜小于 1m，局部可为 0.5m。机柜安装时应加装高度 100mm 的配套底座，底座颜色应与机柜颜色协调一致。

2）安装要求

（1）画线。根据施工平面设计图给定的基准尺寸和机架尺寸确定底座安装位置，使用标尺测量画线点，用墨斗画出中心基准线及两条平行于基准线的直线。

（2）打孔。在地面膨胀螺栓孔标记处钻孔，深度以螺栓长度为准。打孔时钻头与地面需保持垂直。

（3）安装膨胀螺栓。安装前清除孔内灰尘，对孔距进行再次测量。确定准确无误后取下膨胀螺栓杆和膨胀管垂直放入孔中，用锤子直接敲打膨胀螺栓，直到螺栓膨胀管全部敲入地面。

（4）安装底座。测量地板高度及机架底部支脚可调高度，使用力矩扳手紧固高度锁定螺栓。每台机架安装的两个底座高度差不得大于 1mm。清洁地面和底座表面，将底座放置于对应膨胀螺栓位置，在膨胀螺栓上依次安放垫片，弹簧片后使用螺母固定底座。如地面不平整，可使用设备商提供的垫片对底座和地面进行局部垫高（图 5–107）。

图 5-107　底座安装

3）安装工艺

（1）机架按施工图安装，机架安装位置偏差符合施工图设计偏差范围。

（2）机架垂直误差不超过机架高度的 1‰。

（3）多机架并排时主走道侧成直线，整列机架面在同一平面，偏差不大于 5mm，和相邻同类机架高低一致、偏差不大于 2mm，相邻机架紧密靠拢，缝隙不超过 3mm。

（4）机架（设备）座实、不可摇动，固定设备的螺栓必须拧紧，弹簧垫压平，每机架安装平面不合要求的螺栓不得超过 1 个，底座应作防腐防锈处理。

（5）机柜标签的格式为：X—Y。X 表示行号（为大写英文字母，A 表示第一行，B 表示第二行……），Y 表示列号（数字）。

3. 布放线缆和尾纤

设备与外部的连线通过机架后上方进入机柜；出机架的同轴电缆，沿机架两侧用尼龙线扣依次绑扎到机架两侧的走线架上，顺机架两侧后上方或后下方出机架（图 5-108）。

图 5-108　走线架布线

1）电源线和地线的敷设

（1）机房直流电源线的安装路由、路数及布放位置应符合施工图的规定。电源线的规格、熔丝的容量均应符合设计要求。

（2）电源线必须采用整段线料，中间无接头。

（3）安装好的电源线末端必须有胶带等绝缘物封头，电缆剖头处必须用胶带和护套封扎。

（4）连接电源设备和设备的 –48V 电源和接地线的截面积要求为大于 4mm^2 的多股电源线。工程中采用上走线方式，将电源线走入架内两侧走线槽，小心固定在 –48V（Ⅰ）和 GND（Ⅰ）或 –48V（Ⅱ）和 GND（Ⅱ）接线柱上。

（5）从地网直接用不小于 16mm^2（此尺寸随容量的增大应作相应调整）的铜芯聚酯电缆将地线引至机房。如果采用联合接地方式，地阻不得大于 1Ω。

（6）直流电源线与交流线避免捆在同一线束内。

（7）截面积 10mm^2 及以下的单芯电源线连接时，线头弯曲的方向应与紧固螺丝方向一致，并在导线与螺母间装垫圈，每处接线端最多允许两根芯线，且在两根芯线间加装垫圈，所有接线螺丝均应拧紧。

（8）截面积 10mm^2 及以上的多股电源线应加装铜鼻子，其尺寸应与导线相配合。

2）尾纤的安装和连接

连接时将尾纤沿机架两侧进入机框，用尼龙线扎带固定在线卡支架上，顺到光板上，连接好后安装机框下方的走线挡板（图 5–109）。注意接头的收发不要搞反。

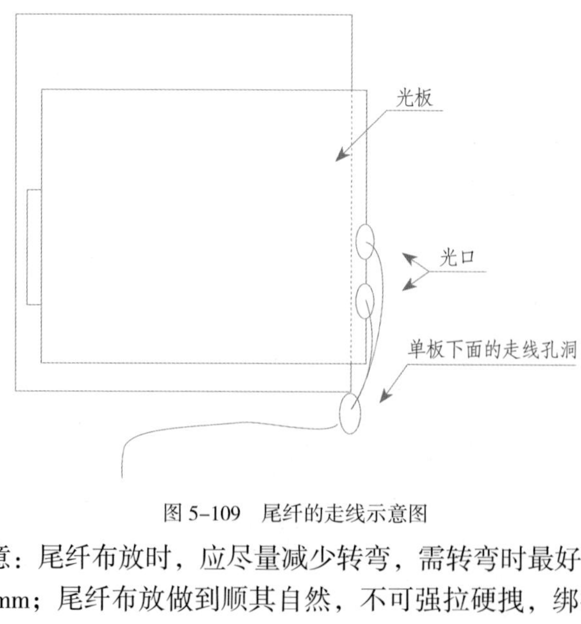

图 5–109　尾纤的走线示意图

另外应注意：尾纤布放时，应尽量减少转弯，需转弯时最好弯成圆形，圆形直径不小于 80mm；尾纤布放做到顺其自然，不可强拉硬拽，绑扎力度适宜，不得绑扎过紧，不得有其他电缆压在尾纤上面，加保护塑胶套管，1 ~ 2 根尾纤可绕圈绑扎于机柜顶不易碰到的地方。尾纤极其细微，要轻拿轻放，以避免拉断。2 根以上尾纤应盘留于尾纤盒内。

3）线缆布放绑扎规范

（1）布放电缆的规格、路由、截面和位置应符合施工图的规定，电缆排列必须整齐，外皮无损伤。采用上走线时，电缆从机架顶部的上走线架通过。用户电缆在机架到配线架途中应走线平直，转弯处应均匀圆滑，途中不得有电缆交叉现象。

（2）交、直流电源的馈电电缆，必须分开布放；电源电缆、信号电缆、用户电缆与中继电缆应分离布放。

（3）电缆转弯应均匀圆滑，电缆弯的曲率半径应符合规范要求。

（4）插接电缆的布放须便于维护和将来扩容。各转弯上架处均要求留出余量，便于维护。各下线处要考虑便于其他设备的拆卸。走线要考虑扩容时的电缆走线架间电缆及布线。

（5）插头附近的电缆线应按序进行绑扎，不得使电缆线互相缠绕，扎好扎带（图 5–110），每列电缆的扎带高低应相同，电缆能保持顺直，与地面垂直。

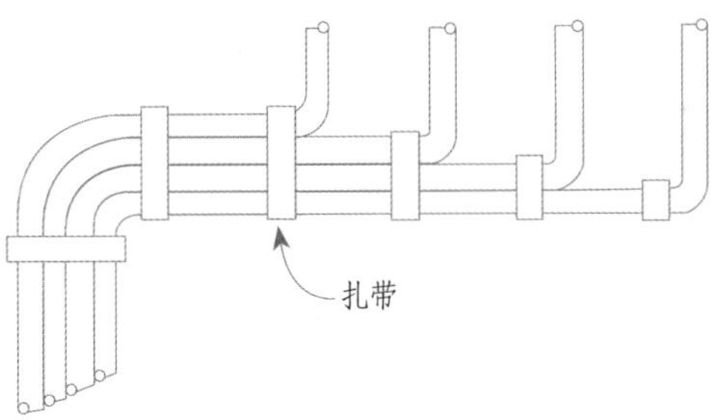

图 5–110　电缆线绑扎方式

（6）扎带在使用时，应视不同的情况使用不同规格的扎带，尽量避免使用两根或两根以上的扎带连接后并扎，以免绑扎后强度降低，尼龙扎带扎好后应将多余部分齐根平滑剪齐，在接头处不得带有尖刺（图 5–111）。

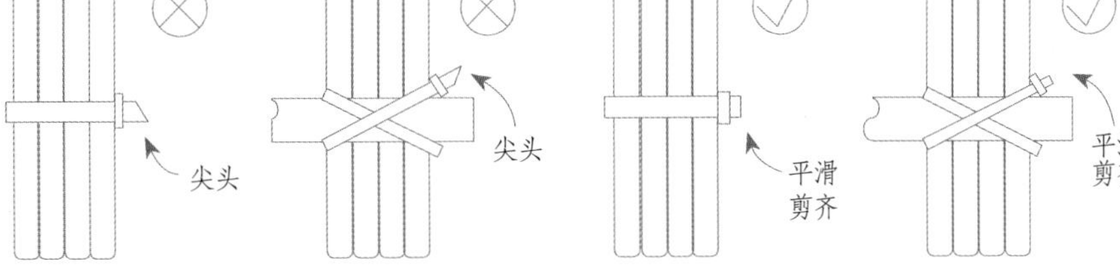

图 5–111　电缆绑成束时扎带方式

电缆绑成束时扎带间距应为电缆束直径的 3 ~ 4 倍（图 5–112）。

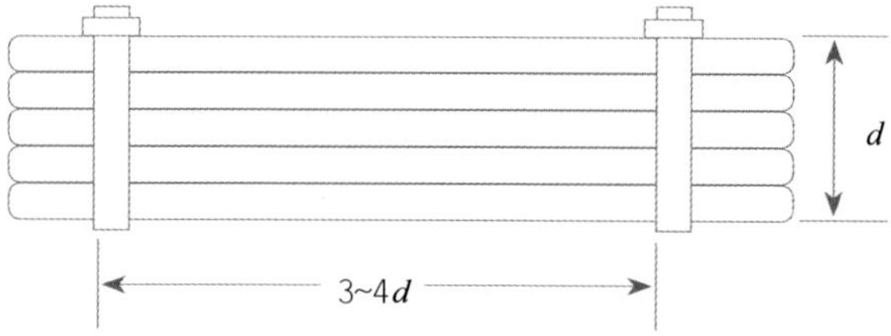

图 5–112　电缆绑扎间距

（7）扎成束的电缆转弯时，扎带应扎在如图 5–113 所示的位置以避免在电缆转弯处应力过大造成内芯断芯的故障。

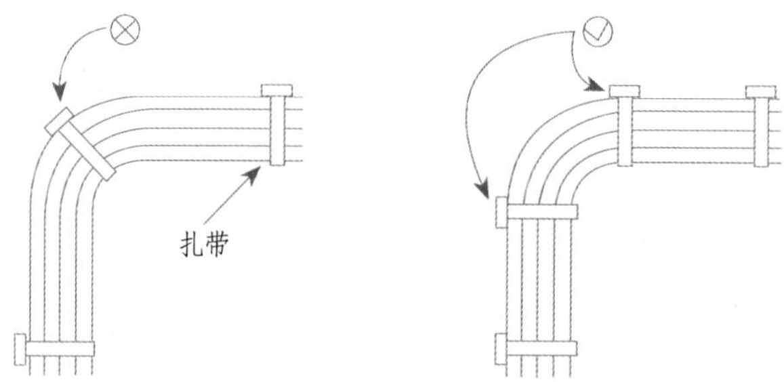

图 5–113　电缆转弯时扎带方式

架内电缆的布放要求（图 5–114）。

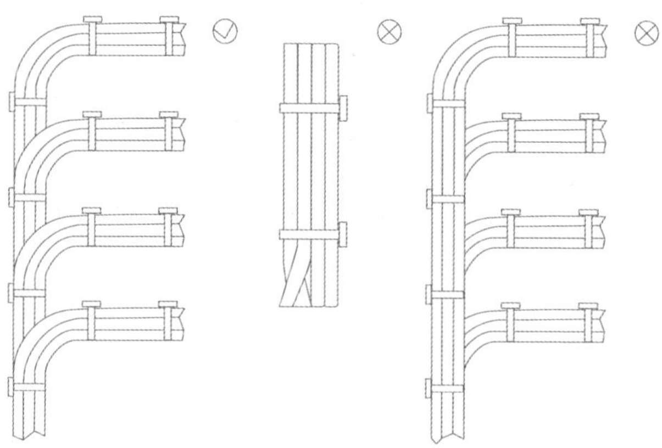

图 5–114　电缆的布放

4）门和顶盖的安装

（1）门、侧门和顶盖的安装。门、侧门和顶盖的安装应在机架布线完毕后，设备的调试工作也达到尾声的情况下进行，此时工程技术人员应确定机架内部的布线无差错。为了保护电缆及尾纤不被人为的意外破坏，一定要将后门、侧门和顶盖装配牢固。

（2）前门和小挡板的安装。单个站点调试完毕后，最后的收尾工作就是安装前门和小挡板（假面板）了，由于它们的安装都比较简单，就不再说明了，需要注意：小挡板开始时就应在妥善的地方放好，安装时应擦拭干净，不得遗漏小挡板。另外安装前门时应尽量小心，不要将前门的油漆碰掉。

4. 标签

1）总体要求

（1）标签需清晰、耐磨且附着力强。

（2）对于线缆标签，尽量使用覆盖保护膜标签，以旗形方式张贴，标签之间应有明显层次，不能互相遮挡。

（3）统一工程项目的标签材质、样式、绑扎方式必须统一。

（4）标签对端信息涉及对端网络设备、传输等其他专业命名信息的，直接采用相关专业命名（图 5–115）。

图 5–115　线缆标签

2）具体规范

（1）所有电源线、地线、信号线、尾纤及电缆，每根电缆要贴一个标签；标签距离端头或电缆抛口 2cm 处粘贴，机柜门保护地线、侧门板保护接地线不需做标签。

（2）标签内容格式符合产品规范，注明本端和远端位置，不得简单使用数字标注，内容一般要求采用如下格式：机架号（或模块号、机柜名称）—机框号—槽位号—端口号。如现场设备少，没有设备种类重复，通过设备种类名称即可区分，机架号可以直接取设备名称。

（3）电源线标签内容规范：

远端：机架号—设备类型—电源线的性质。

本端：机架号—设备类型—电源线的性质；工程名或某期工程；直配（直流分配柜）、列头柜等；电源线的性质：–48V、GND、PE。

（4）尾纤标签粘贴规范：

机架内部：单光口板：机架号—框号—槽位号—T 或 R。

多光口板：机架号—框号—槽位号—第几个口 T 或 R。

机架外接：机架—层号—槽位号—T 或 R。

ODF—机架号—框号—第几个模块口 T 或 R。

（5）用户线标签粘贴规范：

配线架：MDF—机架号—该机架内第几根电缆。

设备侧：设备型号—机架号—框号—该机架内第几根电缆。

（6）设备间对接，则收 R 对发 T。设备和配套机架对接（如 VDF、ODF 等），则收 R 对收 R。

（7）类似位置的标签粘贴朝向基本一致，朝向角度误差不超过 45°。

电缆标签应贴于电缆两端的明显处，且不易脱落，便于连接与维护时查看（图 5–116）。

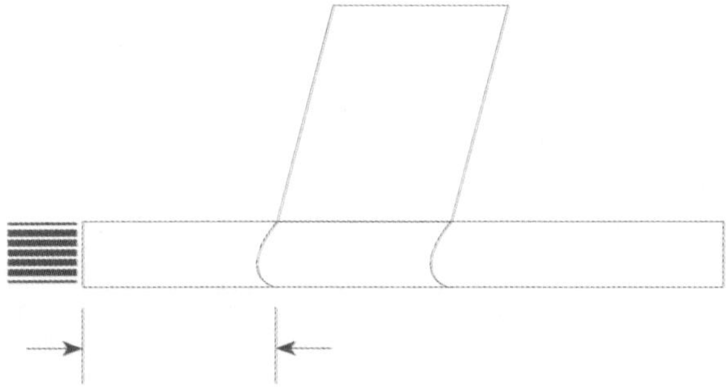

图 5–116　电缆标签的贴放方法

四、光缆敷设

1. 气吹光缆敷设

1）光缆吹送前的准备事项

（1）检查硅芯管道通畅情况。

（2）检查硅芯管道的密封性：用管道密封检测装置对硅芯管道进行密封性试验，确认硅芯管道不漏气后方可进行光缆的吹送作业。

2）光缆的安装

光缆依次穿过导向机构、测速轮、输送机构、吹缆头，光缆头部通过光缆网套与气封活塞连接。调整各部分机构，设定好各控制参数。

3）吹缆机吹送光缆的操作

当以上各项准备工作完成后，即可开始进行吹缆作业。

因为吹缆机工作的主要参数是控制光缆的气吹敷设速度和气封活塞的牵引力及输送机构的输送力（图 5-117），具体操作中应注意以下几点：

（1）缓慢打开压缩空气进气球阀，通过改变阀门开口大小来控制气封活塞对光缆的牵引力。当光缆送进的距离较近时，阀门进气口开启要小，以后要逐渐加大直至完全打开。

（2）操纵控制台上的调速手柄用来控制光缆的敷设速度，通过这种方法，当光缆前端的牵引力过大时可以牵制光缆的进给速度，当气压显得不足时又能提供辅助的推力，使光缆在行进时所用的吹力更小；光缆的输送速度一般控制在 8 ~ 80m/min，通常以 70m/min 为宜。

（3）当光缆被输送的距离较远时，可以通过调节操纵控制台上的调压手柄来增大液压马达的输出扭矩，从而可以获得适宜的输送力。

（4）当光缆到达预定点后，即气封活塞已从管内出来（此时空气压力将急剧减小），位于管端的观察人员应及时提示吹缆机的操作人员马上停机，停止向管内输送光缆，即完成一段光缆的气吹敷设作业。

（5）倒缆作业，即向“光缆倒线装置”内输送光缆，目的是将原线缆盘上剩余的光缆倒出，找出另一个端头，为反向吹送光缆作准备。

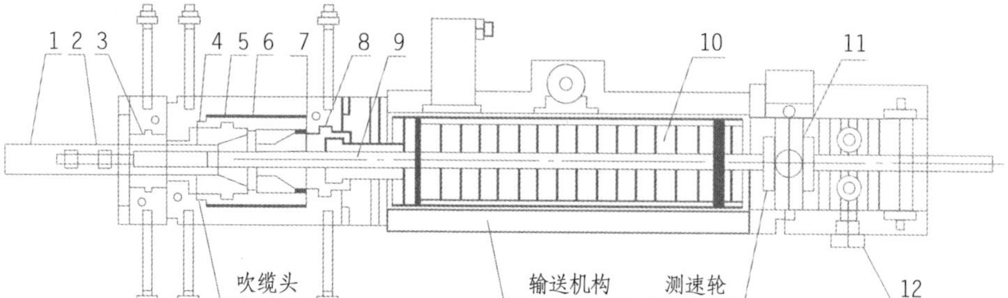

图 5-117　吹缆机结构图

1-管子；2-气封活塞；3-管子夹紧块；4-管子密封圈；5-集流嘴；6-O 形密封圈；7-光缆密封圈；8-腰形夹头；9-导向套；10-橡胶摩擦片；11-测速轮调节把手；12-垂直导向轮调节把手

4）开机与停机及注意事项

（1）开机与停机顺序：开机时，先开吹气阀门，再启动输送机构；停机时，先停输送机构，再关闭吹气阀门。

（2）光缆吹放到位后，应及时停止输送机构的输缆工作和关闭进气阀门。

（3）单机双向敷设光缆的施工步骤见图 5-118。

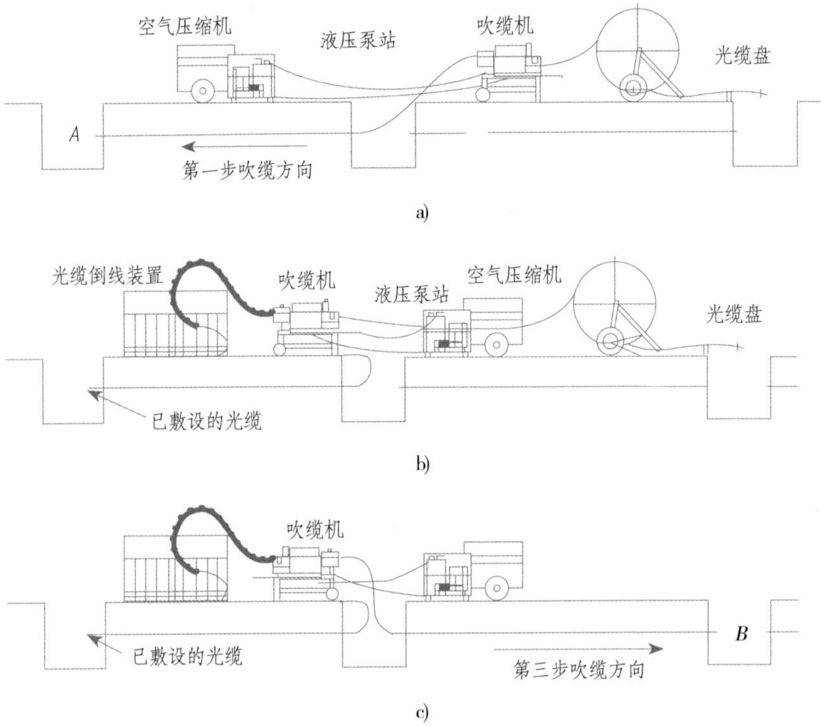

图 5-118　单机双向敷设光缆的施工步骤

a）第一步　向 *A* 端吹送光缆；b）第二步　向倒缆装置内盘放光缆；c）第三步　向 *B* 端吹送光缆

5）吹缆施工方法

（1）2km 一盘光缆吹放方法：在管道的中间 1km 处的 *C* 点安放吹缆机，从 *C* 点先向 *A* 点吹缆 1km，再将 1km 光缆从 *C* 点吹向 *B* 点（图 5-119）。

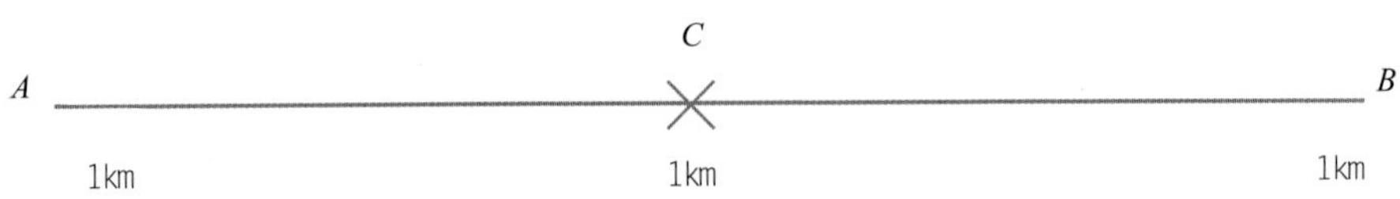

图 5-119　2km 一盘光缆吹放方法

（2）3km 一盘光缆吹放方法：将吹缆机放在 *C* 点，先向 *D* 点吹缆 2km，同时在 *D* 点倒缆，在 *C* 点向 *A* 点吹缆 1km。再将吹缆机移至 *D* 点，将剩余的 1km 吹至 *B* 点（图 5-120）。

图 5-120　3km 一盘光缆吹放方法

6）施工注意事项

（1）硅芯管道加压之前，应拧紧所有的连接件。在硅芯管连接或断开之前，应确信压缩空气已释放。

（2）吹缆过程中，硅芯管道的末端必须设专人看护，且看护人不得面对硅芯管道的出气孔并与之保持一定的安全距离。

（3）严禁人员滞留在硅芯管道末端的人孔中，以防硅芯管内润滑海绵塞、气封活塞及光缆头等吹出伤人。

（4）看护人须随时保持与光缆吹送端作业人员的通信联系。

2. 人工牵拉光缆敷设

（1）检查光缆的端别，全线光缆按光缆端别顺序敷设。

（2）井口放置橡皮垫，管口安放筒瓦，以防止光缆护套在敷设过程中受到损伤。

（3）支放、固定线盘支架，调整水平；将光缆头用钢丝套牢固地绑接在钢丝绳上，用穿管器带动钢丝绳穿过管道到达相邻人孔的管道出口，再用人力牵引将光缆缓缓穿入管道。

（4）继续用穿管器牵引钢丝绳前进，重复上述操作，敷设光缆。

（5）敷设光缆时，各人井内必须有 1 ~ 2 人，井内人员必须听从统一指挥，向光缆牵引方向统一用力拉光缆，以分散光缆前进阻力。

（6）若光缆较长或路由拐弯较多时，光缆敷设应考虑由中间向两端敷设，要选择合适的盘位，以便两端光缆敷设。可选择管道中间人孔，依照上述方法，先敷设完一端后，将余下的光缆呈“∞”字形盘放在地上，按同样的程序敷设另一端。

（7）牵引光缆的人不宜过多，不能突然启动或停止，速度控制在 15m/min 以内，敷设光缆的弯曲半径不小于护套外径的 20 倍。

（8）光缆敷设过程中及完成后，应及时检查光缆外皮，如有破损则要立即修复。

（9）人孔内光缆的固定。光缆牵引完毕后，将光缆盘绕在人孔内规定的托架上，用蛇皮软管或 PE 软管保护，并用尼龙扎带将光缆固定。光缆在人孔内接续前，将两边光缆头用防水胶带密封，并分层盘留在托架上，并用扎带将接头固定。

3. 光缆接续和接地

1）光缆接续

（1）接续准备：检查接续工具材料及 OTDR 设备，架设接续帐篷，整理光缆将光缆两端穿入帐篷内；防止在潮湿以及灰尘多的环境下进行光缆接续，人井内的光缆按照施工图要求进行盘留。

（2）开剥光缆：用管切割刀将聚乙烯外护套及螺纹钢管同时切断并取下，

露出铝塑防护内护层，再用切割刀切割内护层，露出缆芯，用酒精棉将光纤上的油膏清洗干净，并用胶带将光纤按排列顺序编号。

（3）安装收容盘：先把收容盘固定在螺纹钢管上，然后将 *A*、*B* 两端加强件分别紧固在收容盘上，再用橡皮自粘带将钢管切口缠包两层。

（4）制备光纤端面：用酒精纱布擦拭清除光纤表面的灰尘或油污，再用被覆层开剥钳剥除光纤被覆层，用酒精纱布轻轻擦拭纤芯，用光纤切割刀制备光纤端面，预留充足，收容余长 ≥ 1.2m。

（5）光纤接续：将制备好的光纤套上带加强芯的热缩管，放入熔接机 V 形槽内，放下磁性压板，按熔接机操作程序，调整 *X*、*Y*、*Z* 三个方向，使两端光纤对中，然后按下熔接键，进行光纤熔接，通知测试点的人进行测试，光衰耗必须满足规范要求，测试数据未达标，必须重新熔接。认真做好测试数据的书面记录，OTDR 方向特性图必须及时打印，并存盘归档。达标后热熔，填写接续卡片一式两份（图 5-121）。

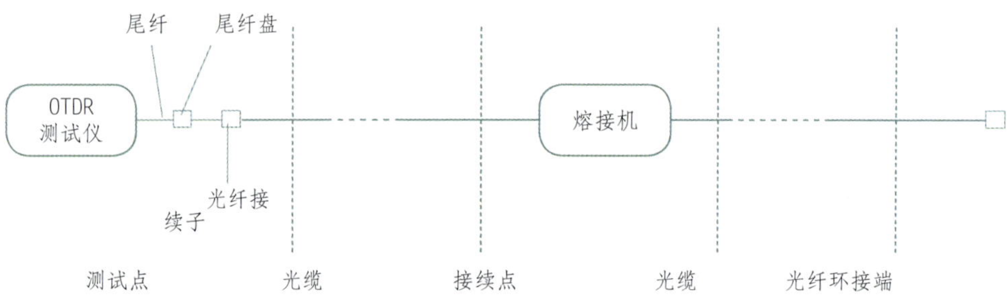

图 5-121　测试光纤光衰耗

（6）光纤收容：光纤盘绕时收容板两端盘绕弯曲半径不小于 40mm，加强芯安装牢固，光纤纤序一一对应，收容排列整齐。

（7）光缆接续时，加强筋不连通，光纤在接头盒中熔接收容后通过。

（8）接头盒组装及固定：用酒精纱布清洗接头盒密封槽及内表面，嵌入密封胶条，接头盒内放入袋装防潮剂和接头责任卡后，紧固螺栓，热熔接头防护套，固定接头盒。人井中接头盒固定位置要合理，应注意一定高度，防止浸水，固定要牢固（图 5-122）。

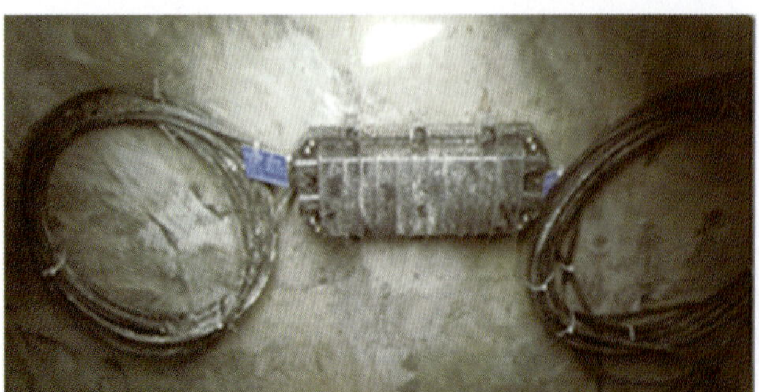

图 5-122　光缆接头盒安装

（9）光缆标志：在人井、手孔、光缆接头盒、光缆终端盒、拐弯处、交叉处、分支处、机柜进线处、ODF 架等位置的光缆均应设标志牌，标志牌应有编号、起点、终点和规格型号等内容。

4. 光缆成端与配线架安装、接线

（1）在设备机房的光缆终端接头安装位置应稳定安全，远离热源。

（2）成端光缆和光缆终端接头引出的单芯软光纤应按照 ODF 的说明书进行走线、保护和绑扎。

（3）单芯软光纤所带的连接器，应按设计要求顺序插入光缆配线架（分配盘）。未连接软光纤的光缆配线架（分配盘）的接口端部应盖上塑料防尘帽。

（4）软光纤在机架内的盘绕应大于规定的曲率半径。

（5）光缆在光纤配线架（ODF）成端处，将金属构件（护套）用铜芯聚氯乙烯护套电缆引出，并将其及加强芯连接到保护地线上（图 5-123）。

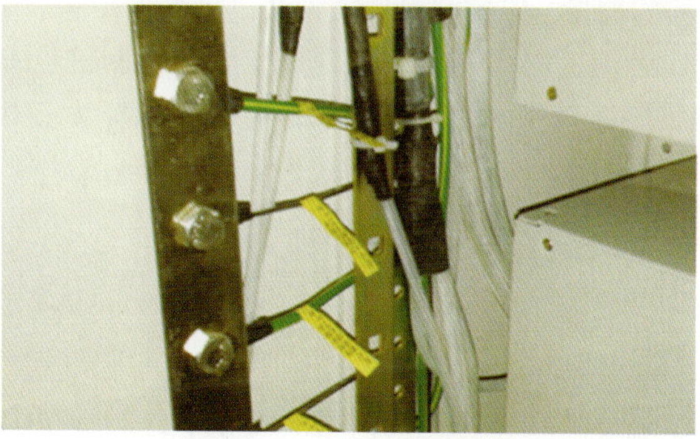

图 5-123　光缆在 ODF 处接地

（6）软光纤应在醒目部位标明方向和序号。

（7）尾纤成端时无论是 ODF 机架在列中的位置还是 ODF 模块在机架中的位置排列顺序上走线方式的机架必须根据现场的实际情况遵循从下到上，从里到外的原则，下走线方式的机架遵循从上到下，从里到外的原则。

（8）尾纤保护套需伸入 ODF 架内 5 ~ 10cm，且保护套管切口应光滑，否则要用绝缘胶布等作防割处理。

（9）在 ODF 架内的过长尾纤应整齐盘绕于盘纤盒内或绕成直径大于 8cm 的圈后固定。

五、硅芯管

1. 施工准备

1）标志、储存、堆放

硅芯管道存放场地应平整，堆放应整齐，屯放场地应有明显的“禁止烟火”

标志。储存和使用过程中应防止利器刮碰，硅芯管不与高温热源或明火接触，不得长期露天暴晒。

硅芯管存放时，要保证每根管两端的堵头完好无损，以免雨水及沙、尘、杂物等进入管内，影响后期吹缆。存储温度：–20 ~ +60℃。

2）现场器材检验

硅芯管运达施工现场后应进行外观及单盘气闭性能检验。

硅芯管的管身应光滑无伤痕，管孔无变形，其颜色、孔径、壁厚及其均匀度应符合设计要求，壁厚的负偏差应小于 0.1mm。

硅芯管的堵头数量、规格符合设计要求，检验堵头与硅芯管是否相匹配。堵头的橡胶无脱落、不破裂，将其安装在硅芯管上时应牢固，不进水及杂物。

3）工程测量

（1）管道工程的测量，应按照设计文件及已批准的位置、坐标和高程进行。

（2）施工前，必须依据设计图纸和现场交底的控制桩点，进行通信管道及人（手）孔位置的复测，并按施工需要钉设桩点，并做好标志和记录。平面复测允许偏差应符合下列规定：管道中心线不得大于 ±1cm；直通型人（手）孔的中心位置不得大于 10cm；管道转角处的人（手）孔中心位置不得大于 2cm。

2. 硅芯管敷设

（1）硅芯管在敷设前，应将管端口用密封堵头堵塞，防止水、土及其他杂物进入管内。

（2）管道底部应设置 10cm 普土或中粗砂垫层，硅芯管在沟底应平整、顺直，避免 S 形弯曲，沟坎及转角处应平缓铺设（图 5–124、图 5–125）。

图 5–124　固定硅芯管

图 5–125　硅芯管敷设

（3）多根硅芯管在同一地段敷设时，应按色谱的排列顺序排放并分组，采用塑料打包带每 5m 包扎一次，以增加硅芯管的挺直性，并保持一定的管群断面，确保管道位置。12 根或 18 根硅芯管可采用专用管卡（图 5–126）固定，每隔 20m 管卡固定一次，能保证硅芯管排放顺序及管孔编号。

图 5-126　专用管卡

（4）多根管需穿放在同一大口径管道中时，必须同时穿入，并使用牵引缆扣或牵引网套。

（5）管道穿越钢管时，应避免钢管管口刮伤硅芯管，硅芯管敷设绑扎完毕后，应对钢管两端有效封堵。

（6）管道宜在进出人（手）孔外 2m 范围内采用 C20 混凝土进行包封，管与管间距应不小于 2cm。

（7）敷设管道宽度超过高速公路防护板立柱间宽度的 80% 时，通信管道应在护栏立柱打入后施工，以防止打压立柱时损坏管道。

（8）管道过桥梁应敷设在保护管道内，保护管道在桥头应伸入土内不小于 2m，并以混凝土包封，伸入土内角度应满足硅芯管的弯曲半径要求。严禁管道裸露。

（9）管道过中央分隔带开口应敷设在保护管道或管沟内，保护管道或管沟应伸出中央分隔带开口两侧不小于 1m。保护管道或管沟应在路面施工前进行预埋，并采取临时保护措施。

（10）人（手）孔内的管道端头应用膨胀管塞密封，管塞的密封性应满足耐水压密封试验的要求。

（11）管道接头位置、路由变化处应埋设标石或标志牌。

（12）在敷设硅芯管过程中不能及时接续时，应将两侧硅芯管重叠 10cm，管口密封掩埋保护。

（13）当桥梁中墩完全侵占中央分隔带，应在中墩内预留套管或管道绕行通过。当管道绕行通过时，在距离桥墩 2m 内不可打压防护板立柱，避免损坏管道。

（14）管道过桥梁、涵道或通道时，必须用管箱或套管等保护方式。管道从沟槽引入管箱或套管时，至少应有两者落差的 10 倍长度的圆滑过渡段，而且此时过渡段的土方必须夯实，以避免管道出现严重弯曲及变形。严禁管道在交接处裸露。过大桥的管箱每隔一段距离要有一个开口，且在大桥的两端应设人（手）孔，以便管箱管道的穿放。

（15）隧道洞口通信管道敷设应保证和隧道电缆沟内通信管道的顺接。

（16）硅芯管布放完后应尽快连接密封，对引入人（手）孔的硅芯管应及时对端口封堵，硅芯管伸出内壁的长度应在 40 ~ 50cm。

（17）硅芯管接口断面应平直、无毛刺，应使用专门的硅芯管接头接续。硅芯管接续后应不漏气、不进水、无杂物。

3. 施工保护及贯通试验

（1）硅芯管过桥梁中墩、中央分隔带开口及回转车道时，应采取必要保护措施。

（2）在有临时通道的地方敷设时，敷设后应在管道上方做好防护后再填埋，防止过往车辆压坏硅芯管。

（3）硅芯管与其他光电缆平行或交叉时，对原有光（电）缆的挖出部分应予以保护。

（4）硅芯管的防水、防蚀、防强电干扰等防护措施，必须按设计要求处理。

（5）硅芯管应及时封堵，防止水、土及其他杂物进入管内。

（6）硅芯管的接续点是影响后续吹缆能否顺利的关键所在，因此，原则上硅芯管在敷设过程中不允许出现断点从而导致接续情况的发生。但是，在实际的敷设过程中，如确无法避免的，必须控制好接续质量，使用专用扳手将硅芯管接续接口拧紧（图 5-127）。

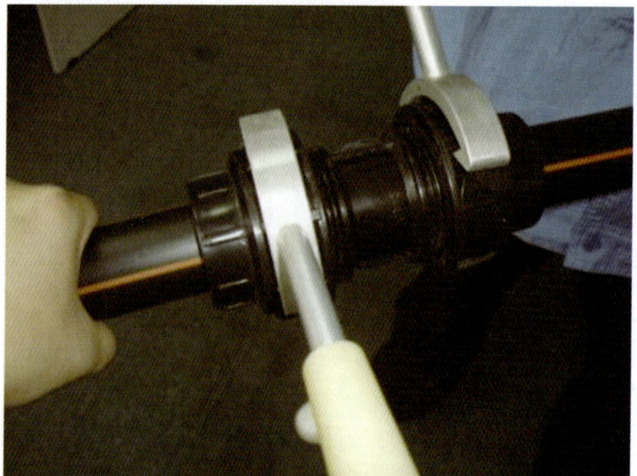

图 5-127　硅芯管接续

（7）硅芯管道的贯通试验是后续吹缆的保证，试通棒宜选用聚乙烯、尼龙或软木材质，形状为两头圆头形，直径为管孔内径的 70% ~ 80%。每个试通塞子均进行一一编号。试通后的硅芯管必须用专用塞子塞紧，并用防水胶带缠紧。

六、隧道本地控制系统

1. 施工要求

1）对设备机柜的要求

（1）设备机柜尺寸按照统一规范要求分为两种类型：①挂壁式机柜的尺寸为高 × 宽 × 深 = 800mm × 650mm × 350mm；②落地式机柜的尺寸为高 × 宽 × 深 = 2200mm × 800mm × 800mm。要求设计双面柜，双面均可安装本地控制器设备。

（2）机箱内部设计安装底板，将设备安装于底板上。要求设备采用导轨式安装，上下层导轨安装的设备间距要大于 150mm。要求柜内安装照明，采用断路器等设备手动控制，不使用门限开关控制柜内照明，防止照明回路故障。柜内必须设计有安装通信设备的足够空间，预留好安装导轨或者支架以及电源取电方式（插座或者电源端子）。要求柜外引入的接地电阻≤1Ω，将柜内设备（本地控制器模块、开关电源、柜体、柜门）接地连为一体，柜门和柜体的接地柱应作表面处理，防止接触不良。为防止强弱电信号互相干扰，要求在接线排上的电源端子、输入端子、输出端子之间安装隔离板。本地控制器柜内要求设计一个文件槽，用于放置过塑后的设备布局明细图、接线图。

2）电源要求

（1）鉴于本地控制器输入模块使用 24V 电源采集信号，输出扩展模块与设备之间采用 DC 24V 中间继电器隔离，要求柜内安装两块 ≥ 50W 的开关电源。

（2）鉴于 UPS 供电电压比较稳定，同时能够防止瞬间脉冲和电磁波的干扰，本地控制器供电电源要求采用 UPS 供电。

（3）设备机柜的总电源要求设计断路器最大额定电流 ≥ 16A，并分类型设计分回路小断路器。

3）通信要求

由于本地控制器采用以太网方式通信，就近几个隧道的本地控制器利用以太网交换机成环网上传分中心，节点之间采用跳级连接方式成环。

2. 设备材料

设备材料主要包括：本地主控制器（主 LC，包括处理器单元、电源、底板等）、远端本地控制器（远端 LC）、开关量模块、模拟量模块、控制箱以及施工所需的相关辅材。

3. 安装流程

安全防护措施→设备机柜固定安装→网络构建→综合布线→场地恢复。

1）安全防护措施

按照规定摆放安全标志，准备现场照明灯具、发电机等设备，确保安全后组织施工人员进场。

2）设备机柜固定安装

检查本地控制器设备机柜安装位置是否正确，检查外壳是否有脱漆、破损、变形等现象。根据机柜标牌判断设备机柜安装位置是否正确。

（1）挂壁式设备机柜安装。

根据设计施工图纸，综合考虑线槽走线，利用制作好的机柜孔距模板、水平尺等工具在墙面上标出钻孔位置，确定设备安装的位置。分别根据安装支架上 4 个 10.5mm 孔位置的实际尺寸，在安装墙壁上配打 M10 不锈钢膨胀螺栓的位置孔（14mm），选用长度为 120mm 的不锈钢膨胀螺栓，留出有效长度 30mm。柜体安装要求牢固，调整进线孔使其与线缆槽或缆沟对准，以便后期线缆接入（图 5–128）。

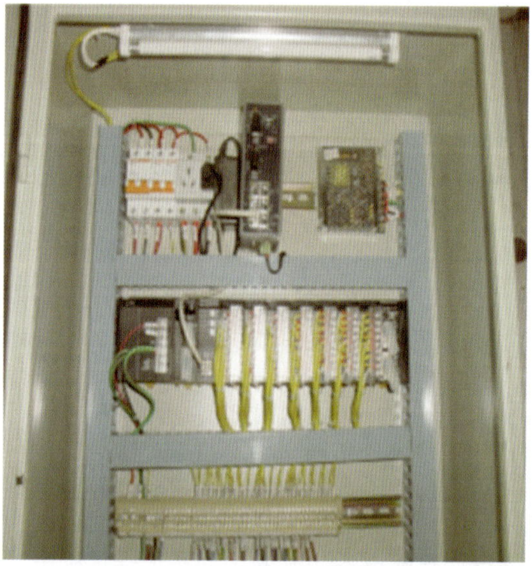

图 5–128　挂壁式隧道本地控制器

（2）落地式设备机柜安装。

根据设计施工图纸，综合考虑与周边机柜高度的协调性，确定安装位置后安装基座，固定于线缆沟上方，做好接地工作。将落地式机柜安装于基座上，调整水平后安装牢固。调整进线孔使其与线缆槽或缆沟对准，以便后期线缆接入（图 5–129）。

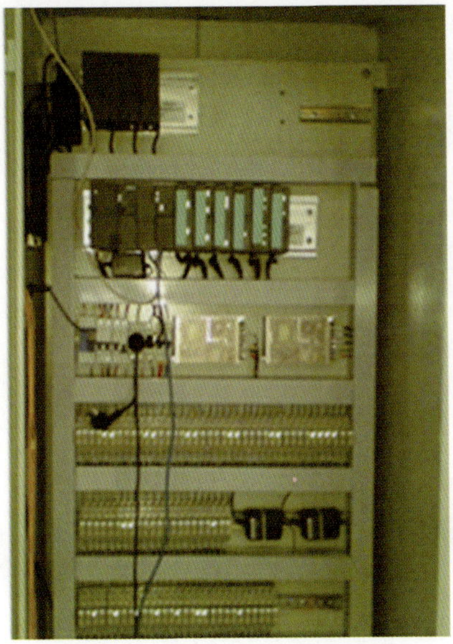

图 5–129　落地式隧道本地控制器

3）网络构建

根据网络拓扑图，敷设隧道内光缆，做好熔纤工作，接入本地控制器设备机柜内已安装的传输设备（工业以太网交换机或数据光端机）上。

4）综合布线

（1）缆线敷设要求强弱电分开敷设，缆线沿着桥架上的电缆槽敷设。电缆槽架需要做到良好接地（接地电阻要求≤1Ω）。为了屏蔽外界信号干扰，尽量避免与外界动力电缆、高压电缆同沟敷设。由于信号电缆长距离敷设产生的压降可能影响本地控制器对设备的监控，电缆敷设长度原则上不超过 300m。缆线敷设完成后要求封堵进线口，做好柜体密封工作。要求进出柜电缆做好标签，标签须标明电缆用途（电源缆、控制信号缆、反馈信号缆）和电缆起点、终点位置，以及电缆的型号和芯数等。

（2）缆线接线要求。本地控制器现场缆线接线施工时，首先保证线缆和机柜不带电，以避免操作失误造成不必要的工程事故。注意接线时按照末端设备有源和无源两种情况进行。末端设备无源的（如车道指示标志、交通信号灯），都是靠本地控制器输出电源实现工作的，可以先将设备端线缆接入端子，然后再接本地控制器端线缆；末端设备有源的（如照明柜、风机柜、消防系统、车行横洞卷帘门、CO/VI 设备），先接本地控制器端线缆，然后再将设备端线缆接入端子。接线期间如果设备机柜内带电，在不影响施工的前提下切断设备电源。

5）场地恢复

做好柜内和柜外四周的施工垃圾清理工作，包括缆线头、缆线外皮、剪除的多余扎带等施工垃圾，以及工人施工期间产生的生活垃圾。检查柜外缆线的标牌编写是否完善齐全，做好整理补充工作。完成进线孔洞的封堵工作，整理并固定缆线，将已使用的进线孔完好封堵，检查预留的进线孔是否密封完好，并做进一步封堵工作。

4. 参数设置与设备的对点调试

（1）设置以太网模块、模拟量模块的相关参数。

（2）本地控制器各功能块的调试包括：校时子系统、时序控制子系统、复位子系统、CO/VI 等模拟量设备子系统、照明光强联动控制子系统、风机 CO/VI 联动控制子系统，以及 UPS、柴油发电机、变压器温控仪、智能电表设备等串口通信子系统。

（3）照明风机的点动控制、交通信号灯和车道指示标志的点动控制、消防系统信号采集、卷帘门监视与控制、CO/VI 模拟量值的测量。

5. 与上位机的调试

从上位机、OPC、本地控制器到设备，实现点对点设备调试，达到无差错控制。要求实现对设备的批量控制、联动控制、时序下发、时序复位、上位机与本地控制器的校时、故障报警、状态采集、操作记录存储、报表打印等功能的调试。

七、隧道通风设备

隧道通风设备一般使用射流风机系统，风机功率一般为 30kW 和 37kW 两种。

1. 安装流程（图 5-130）

基础验收 → 开箱检查 → 搬运 → 清洗 → 安装、找平、找正 → 试运行、检查验收

图 5-130　射流风机安装施工流程

2. 安装要求

1）风机安装基础检验

（1）风机安装前应根据设计图纸对设备基础进行全面检查，安装位置、高程及尺寸应符合设备安装要求。并注意核查附近有无其他预留安装的设备（如：可变情报板、车道控制灯等），如有应及早协调变更。

（2）焊接风机座架专用 U 形卡，要求双面满焊，焊条型号必须严格符合技术要求。

（3）座架焊接完成后，必须做抗拔力测试。测试拉力为实际静载荷的 15 倍，拉力持续时间应在 15min 以上。

2）风机进场检查

（1）风机运抵现场后，应当保持包装和密封良好，技术文件应当齐全，并

有装箱清单，其规格、型号、技术参数，应符合设计要求。对照设备装箱清单清点，核对叶轮、机壳和其他部位的主要尺寸，是否符合设计要求，做好检验记录。

（2）风机安装前应认真进行外观清理检查，并做好记录。清理检查项目有：外部清扫、包装紧固件的拆卸、外面油漆情况检查、旋转紧固件的检查，风机各相绝缘情况检查测定。如是轴流风机还应进行液压油油位检查。

（3）进、出风口应有盖板严密遮盖，防止尘土和杂物进入。

（4）搬运设备应有专人指挥，使用的工具及绳索必须符合安全要求。

3）风机吊装

（1）风机安装过程中不得撞击、敲击机壳，以免壳体变形，不得解体风机。现场组装风机，绳索的捆缚不得损伤机件表面，转子、轴径和轴封等处均不应作为捆缚部位。

（2）风机吊装必须采用专用吊架吊装，也可采用机械设备吊装，吊装时应由风机两端安装螺栓同时起吊，吊装过程应当始终均匀提升，严禁用一组螺栓吊装，严禁吊挂消声器，吊装时应注意风机方向。整个安装过程需由监理工程师监督执行。风机吊装时应有安全措施。

（3）风机安装要确保间距与设计一致，风机中轴线要与隧道轴线处于平行状态。然后按规定力矩拧紧螺母。

（4）风机电源连接及接地必须与施工图的规定一致。并按接线盒上随机所附的接线图连接。接线可采用金属软管保护，线径、规格应与设计一致，接地线应当连接牢靠，并与主接地回路可靠连通，外露接线端子应选用铜端子，并作防潮处理。

4）检查与测试

（1）运转检查。

①风机运转试验，应在监理工程师监控下进行运转试验，试验前应确保电压符合要求，接线正确，连接件牢固、转动叶片与机壳应无触碰。

②在启动风机之前，应测试电机绝缘电阻，若绝缘电阻小于 1MΩ，应对定子绕组进行干燥处理；干燥处理时的温度不允许超过 120℃。

③经过全面检查，并确认供应电源相序正确后，方可送电试运转。

④运转过程中应对电机运行电流进行监控，以保证该电流在风机电机铭牌指标以内。

⑤叶轮旋转方向必须正确；在额定转速下试运转时间不得少于 2h。

⑥射流风机正反向换向时，应等风机叶轮停稳后，方可接通反向电源。

（2）检查测试。

①软启动至正常转速所用时间应保证起动电流不超过额定电流的 3 ~ 4 倍。

②检查风机是否有软停止功能。

③正常运转时的风速应达到设计和风机技术参数的要求。

a. 射流风机正、反转出口风速测试用风速仪测量风机正反转时的出口风速，在风机出口截面上取 6 个测试点 ，取点位置为距风机口 10cm，距风机边缘向圆心方向 20cm 处，以 60° 顺时针方向分别取 6 个点，并记录各点数值。

b. 隧道截面风速测试用风速仪测量隧道截面风速，在距隧道入口端、出口端各 100m 处，横向截面取 5 个点（左车道路缘、左车道中心线、路面中心线、右车道中心线、右车道路缘），路面垂直向上取 3 个点（距车道高 0.35m、2.0m、4.0m），每个截面共取 15 个点，并记录各点数值。

④正常运转时的噪声。在风机运行的情况下，用声级计在风机出口下距风机 10m 45° 位置测量风机运行时的噪声，并记录（图 5–131）。

以上数据均应符合设计要求。

图 5–131　风机现场噪声测试

八、开关柜

高速公路开关柜为 10kV 金属铠装中置式开关柜、10kV 紧凑型开关柜、低压开关柜。

1. 安装流程（图 5–132）

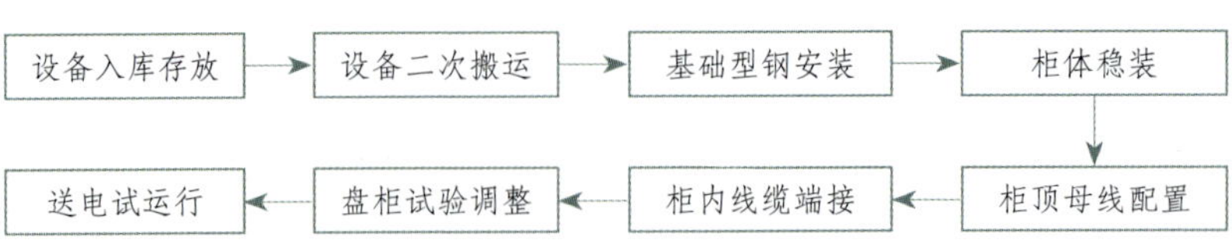

图 5–132　开关柜安装施工流程

2. 安装要求

1）设备入库存放

设备到场应根据设备清单、施工图纸、设备技术文件等进行点件、验收，入库妥善保管，不允许将设备直接运到施工现场进行安装。

2）设备二次搬运

根据施工计划将设备由库房运至施工现场，搬运应由起重工人作业、电工配合，根据设备重量、运输距离，选择汽车、吊车、人力推车或卷扬机、滚杠等工具运输。

3）基础型钢安装

（1）调直型钢：将型钢调直，然后按图纸预制加工型钢，并刷好防锈漆。

（2）型钢安装：按施工图纸将预制好的型钢架放在预留铁件上，用水准仪或水平尺找平、找正；垫片最多不能超过 3 片，基础型钢架预埋铁件、垫片需焊牢；基础型钢垂直度应不大于 1mm/m 及 5mm/ 全长，基础型钢顶部宜高出抹平地面 10mm；手车柜按产品技术要求执行。

（3）基础型钢与地线连接：基础型钢安装完毕后，接地扁钢须与基础型钢的两端焊牢，焊接面为扁钢宽度的 2 倍。

4）柜体稳装

（1）柜体就位：按施工图纸依次将柜放在基础型钢上。

（2）柜体找正、找平及连接：单独柜就位后，应找正柜体的垂直度；成列柜各台就位后，先找正两端的柜垂直度，在柜体的 2/3 高的位置绷上小线，逐台找正，以柜面为准；找正时采用 0.5mm 铁片调整，每处垫片最多不能超过 3 片。

（3）柜体连接：根据柜体固定螺孔尺寸在基础型钢架上用电钻钻孔。设计无要求时，高、低压柜分别钻 ϕ16.2、ϕ12.2 孔，分别用 M12、M16 镀锌螺栓与基础型钢固定。柜体与柜体、柜体与基础型钢均需用镀锌螺栓连接。

5）柜顶母线配制

母线规格符合设计要求，母线安装符合规范要求。

6）柜体线缆端接

柜体的一、二次接线、控制线均应接线正确，连接时应符合线缆端接规定要求。

7）盘柜试验调整

（1）试验内容。

母线、避雷器、高压瓷瓶、电压互感器、电流互感器、高压开关等。

（2）调整内容。

过流继电器、时间继电器、信号继电器调整以及电气、机械闭锁调整。

（3）二次控制小线调整及模拟试验。

①将所有的接线端子螺丝再紧一次。

②用 500V 摇表测试每条回路的绝缘电阻，必须大于 0.5MΩ；二次控制小线回路如有晶体管、集成电路、电子元件时，不准使用摇表和试铃测试，应使用万

用表测试。

③将柜(盘)内的控制、操作电源回路熔断器上端的相线拆卸，接上临时电源。

④按图纸要求，分别模拟试验控制、连锁、操作继电保护和信号动作，正确无误，灵敏可靠。

⑤拆除临时电源，将被拆卸的控制和操作电源线复位。

8）空载试运行。

安装作业全部完毕，质量检查全部合格，试验项目全部合格，继电保护动作灵敏可靠，控制、连锁、信号等动作准确无误，方可组织空载试运行工作。

（1）送电前的准备工作：明确试运行指挥者，操作者和监护人；明确职责和各项操作制度；备齐试验合格的验电器、绝缘靴、绝缘手套、临时接地编织铜线、绝缘胶垫、灭火器等；彻底清扫变配电室、控制室、设备及仪表元件；检查母线及设备上有无遗留下的工具、材料及其他物件。

（2）送电：在低压馈电柜断开的情况下，按以下步骤送电，合进线柜开关→合变压器柜开关→合低压柜进线开关。每次合闸后均要查看电压表三相是否电压正常。

（3)校相：在低压联络柜内，在开关的上下侧(开关未合状态)进行同相校核。

（4）空载运行24h无异常现象，试运行工作结束。

9）检查与测试

（1）定量检测。

①交接试验。包括工频耐压、直流泄漏、绝缘电阻、继保动作参数、避雷泄流、开关分合闸时间、回路直流电阻、接地电阻等测试。

② 24h满负载试验。测试高、低压回路的电压、电流、功率、功率因数、周波等参数，核对仪表的准确性，检查仪表指示是否正常。

③双电源自动切换装置动作时间调整，失压时柴油发电机启动时间调整。

（2）定性检查。

①安装检查：盘柜水平度、垂直度检查，接地检查、盘柜清理。

②“五防”闭锁检查。

（3）高压柜检查。

①检查手动操作机构的现场控制功能及遥信、遥控功能。

②检查延时过载、瞬时短路保护功能。

③检查失压脱扣保护功能，其自动开关在电源消失时应处于分闸状态，防止备用电源倒送电。

④检查双电源自动切换控制器的电源转换功能，正常供电断路器与应急断路器之间须有机械和电气连锁双重保护。

a. 将自动切换装置控制开关置于“自动”位置。

b. 在正常供电正常状态下(供电电压正常且不缺相),正常供电断路器须闭合，而应急断路器须断开。

c. 当正常供电失压、缺相时，柴油发电机应启动，而正常供电断路器须断开。

d. 一旦柴油机输出电压达到稳定状态，则应急断路器须闭合。

e. 当正常供电恢复正常，应急供电断路器须断开，正常供电断路器须闭合投入供电，同时发出停止柴油发电机的信号，返回正常运行状态，柴油机应经过冷却延时后自动停机。

(4)低压盘柜检查。

①检查智能无功功率自动补偿控制器投入是否正常，其功能模块运行是否正常。

②检查抽屉开关柜推拉是否灵活，有无卡阻、碰撞现象。

③检查配电柜内 ATS 自动切换装置在各种模式下动作是否正确、可靠，正常供电断路器与应急断路器之间的机械闭锁是否正确、可靠。

④检查所有空气开关分、合闸功能是否正常。

⑤检查各种指示灯指示是否正确。

3. 其他

(1)盘柜室电缆进出口应设防火墙；盘柜室及盘柜底下预留孔洞及电缆管口应做好封堵，可能结冰的地区还应有防止管内积水结冰的措施。

(2)盘柜的正上方，禁止安装照明灯具或风扇。

(3)设备应标明名称，高压设备上应贴有双重编号(设备编号和回路编号)，双重编号应统一用 60mm × 60mm 黑体字。

(4)盘柜设备背面距墙应符合设计规范，最少应不少于 800mm。

(5)应在电气设备正面距离 400mm 的地面上画一道 50mm 黄色的巡视线。

(6)低压开关柜的出线开关应标明名称去向，即至用电户的位置名称并挂牌(图 5–133)。

图 5–133　隧道横洞变电所开关柜

第六节 案 例

一、案例背景

施工工艺的先进合理是直接影响工程质量、进度的关键因素，施工工艺的合理可靠也直接影响到工程施工安全。因此在高速公路建设项目施工中，如何制定好和采用好先进、合理、可靠的施工工艺，是建设管理者面临的问题。施工工艺标准化的提出，为问题的解决指明了方向。本节结合福建省高速公路建设项目推行施工工艺标准化情况，以京台高速公路福州段A4合同段牛岩山隧道落实隧道施工工艺标准化的具体措施进行介绍。

京台高速公路福州段牛岩山隧道为分离式隧道，右线长9 201m，左线长9 252m，是目前福建省最长高速公路隧道。A4合同段负责施工进口段右洞5 314m（YK115+186 ~ YK120+500）、进口段左洞5 333m（ZK115+167 ~ ZK120+500）。牛岩山隧道结构按新奥法原理进行设计，采用复合衬砌，以锚杆、湿喷混凝土等为初期支护，并辅以钢支撑、大管棚、注浆小导管等辅助支护措施，二次衬砌采用模筑混凝土。隧道左洞采用三区段斜竖井送排式分段纵向通风，左洞斜井水平距长度1 366.66m，纵坡14.56%；隧道右洞采用两区段斜井送排式分段纵向通风，右洞斜井水平距长度1 030m，纵坡16.05%。隧道斜井结构按新奥法原理进行设计，采用复合衬砌，以锚杆、湿喷混凝土等为初期支护，并辅以钢支撑、大管棚、注浆小导管等辅助支护措施，二次衬砌采用模筑混凝土。

二、案例概况

1. 洞口工程

隧道洞口工程按照“零开挖”进洞理念，遵循“早进洞、晚出洞”施工原则。尽量避免对山体的大刷大挖，隧道洞顶截水沟以内植被禁止砍伐破坏，分离式隧道中间山体开挖时应尽可能保护两侧山体，维护原有的生态地貌，洞门应力求与自然环境、人文景观相协调。

洞口前的涵洞及路基等相关工程，及时安排施工，为隧道提供施工场地。洞口土方采用机械施工，边、仰坡预留约30cm的整修层，用人工刷坡，防止超挖。进洞大管棚套拱设置在稳定的基础上，套拱内孔口管间距、角度安装准确。钻孔采用地质钻机，钻孔完成后及时安装管棚，防止踏孔，管棚内注浆严格控制注浆压力。

2. 超前地质预报

编制超前地质预报相关技术方案，并报监理单位审批后负责实施。超前地质预报成果上报项目业主、监理、勘察设计等单位分析和研究，发现地质情况与设计不符的，按程序及时进行变更设计。

超前地质预报采用 TGP、地质雷达、红外探顶、超前加深炮孔等手段综合开展，分别探测前方 120 ~ 150m、30m、5m 的围岩地质、水文等情况，通过长、中、短 3 种距离相结合的超前地质预报系统，动态掌控，相互验证，确保开挖作业全过程能够准确掌握前方地质情况。

3. 洞身开挖爆破

隧道洞身开挖爆破应采用光面爆破，爆破作业严格按照国家有关爆破安全规程和技术标准施工，应加强民爆物品的管理，炸药库管理严格执行双人双锁制度。钻眼前定出开挖断面中线、水平线，用红油漆准确绘出开挖断面轮廓线，并标出炮眼位置，经检查符合设计要求后钻眼。为了达到良好的爆破效果，周边眼间距一般控制在 40cm。钻眼施工按照不同孔位，将钻工定点定位，周边眼由有较丰富经验的钻工施钻，安排专人指挥，确保周边眼有准确的外插角。装药采用间隔式装药，药卷提前加工，将乳化炸药分段间隔捆绑在装有导爆索的竹片上后放入周边眼内。

4. 初期支护与辅助工程措施

隧道初期支护喷射混凝土作业采用分段、分片、分层依次进行，喷射顺序应自下而上，分段长度不大于 6m。喷射时先将低洼处大致喷平，再自下而上分层、往复喷射至厚度控制标志。喷射混凝土作业时喷嘴垂直岩面。喷嘴与受喷面间距宜为 0.6 ~ 1.2m。喷射混凝土终凝 2h 后，喷水养护，养护时间不小于 7d。

隧道锚杆采用风动凿岩机成孔，拱顶可采用 YSP–45 向上式高频钻机。锚杆钻孔利用支护台架施钻，按照设计间距布孔；钻孔方向尽可能垂直结构面或初喷混凝土表面；锚杆孔比杆径大 15 ㎜，深度误差不得大于 ±50mm。砂浆锚杆作业先注浆，后安锚杆。采用单管注浆工艺，灌浆管应插至距孔底 50 ~ 100mm 处，开始注浆后反复将注浆管向孔底送，使砂浆将孔内多余的水挤压出孔外，之后随水泥砂浆的注入缓慢匀速拔出，灌浆压力不宜大于 0.4MPa。所有锚杆都必须安装垫板，垫板应与喷射混凝土面紧贴。

钢架分节段制作，每节段长度根据设计尺寸及开挖方法确定，不大于 4m。型钢钢架采用冷弯法制作成型，制作完成后，先在钢拱架试拼台上进行试拼。格栅钢架在现场加工应按 1 ∶ 1 胎膜控制尺寸，所有钢筋节点必须采用焊接。拱架接头钢板采用等离子切割，螺栓孔必须采用机械钻孔。

根据测设的位置，各节钢架在掌子面以螺栓连接，连接板应密贴。为保证各节钢架在全环封闭之前置于稳固的地基上，安装前应清除各节钢架底脚下的虚渣及杂物。相邻两榀钢架之间采用纵向钢筋连接，连接钢筋间距不大于 1m，两榀钢架间距允许偏差 ±50mm，钢架倾斜度应小于 2° 。

钢筋网片采用Ⅰ级$\phi6.5$钢筋焊制，在钢筋加工场内集中加工。按图纸标定的位置挂设加工好的钢筋网片，钢筋网片随初喷面的起伏铺设，绑扎固定于先期施工的系统锚杆之上，再把钢筋片焊接成网，网片搭接长度为1～2个网格。

超前小导管和钢架联合支护时，宜从钢架腹部穿过。应沿隧道开挖线向外10°～15°外插角安装，导管环向几间距宜为200～500mm。注浆前应对开挖面及周边喷射混凝土封闭，以防注浆时孔口跑浆。

5. 仰拱与铺底

隧道设有仰拱时，及时安排施工，使支护结构早闭合。仰拱、铺底施作与开挖面的距离宜为30m之内，仰拱混凝土应整体浇注一次成型。仰拱施工时，可搭栈桥保证洞内临时交通通畅。仰拱、铺底施工前必须清除隧底虚渣、淤泥和杂物，超挖部分应采用同级混凝土回填。

仰拱二次衬砌两侧边墙部位的预埋钢筋的弯曲弧度应与隧道断面设计的弧度相符，伸出长度满足和二次衬砌环向钢筋相焊接的要求，同时钢筋间距满足要求。

6. 隧道防排水

隧道防排水遵循“防、排、截、堵相结合，因地制宜，综合治理”的原则进行施工。排水管路连接采用变径三通方式，连接牢固、畅通，纵向排水管与三通接头连接后，用土工布进行包裹。为便于隧道掘进期间的排水，侧向排水沟的排水管铺设和碎石填筑待施工隧道路面时再行施作。防水板铺挂从拱部向两侧边墙、环状铺设，松紧应适度，一般松弛率环向10%、纵向6%。防水板铺挂前，用带热塑性圆垫圈的射钉将土工布平整顺直地固定在基层上，固定点的间距应符合设计要求，呈梅花形排列。防水板采用电热压焊器热熔热塑性圆垫圈固定，使防水板与热塑性圆垫圈熔化黏结为一体。防水板拼接采用热合机双焊缝焊接，搭接宽度不小于100mm，控制好热合机的温度和速度。止水带采用中埋式止水带，安装时采用钢筋定位卡固定，以保证二次衬砌拆模后止水带位于衬砌中心。止水带长度根据施工需要事先向厂家定制，尽量避免接头。

7. 二次衬砌

隧道初期支护完成后，为有效地控制其变形，仰拱尽量紧跟开挖面施工，二次衬砌距掌子面不得超过200m。二次衬砌施工中，为确保钢筋定位准确，保护层厚度满足要求，采用钢筋定位架进行钢筋安装，保护层垫块可采用梅花形与圆饼式高强砂浆垫块配合使用。模板衬砌台车必须按照隧道内净空尺寸进行设计与制造，钢结构及钢模必须具有足够的强度、刚度和稳定性。衬砌台车经施工单位会同监理单位验收合格后方可投入使用。为保证衬砌紧跟掌子面宜采用单洞双台车制度。灌注混凝土前，认真做好隐蔽工程检查，确保混凝土厚度、防排水设施及预埋件位置是否正确等。混凝土由下而上分层、左右交替、从两侧向拱顶对称灌注，两侧高差宜控制在50cm内，并合理控制混凝土浇筑速度。混凝土采取插入式振捣器进行振捣，浇筑过程中派专人负责振捣。拆模后混凝土无空洞、蜂窝、麻面、露骨现象。混凝土强度达到 5MPa 后拆模，拆模后洒水养护，洞口段不少于 14d，洞身段不少于 7d。

8. 监控量测

监控量测工作按要求及时布点、尽快读取初始数据，监测项目、量测断面、测点布置、监测频率应符合要求。拱顶下沉和水平收敛量测断面间距为：Ⅲ级围岩以上 30 ~ 50m，Ⅳ级围岩 10 ~ 30m，Ⅴ、Ⅵ级围岩 5 ~ 10m。现场量测数据处理后及时将量测信息反馈给相关单位，指导施工。

9. 安全文明施工

隧道施工前要做好人员、设备安排，成立隧道施工安全领导小组，人员上岗前必须经过安全教育培训、安全技术交底，特殊工种必须持证上岗。所有进入施工隧道的人员必须按规定佩戴安全帽、带反光标志的防护服、防尘口罩、手套、耳塞等安全防护用品，进洞施工要领导带班。

隧道洞口设立门禁系统和值班室，并由专人负责值班，日常施工人员进洞需携带电子信息卡以便管理，其他人员进洞实行书面登记制。

隧道施工供电采用三相五线供电系统，并做到三级配电两级保护。施工现场所有配电箱和开关应有责任人和用途标志。隧道内施工还需注意防火，隧道内的变压器、衬砌台车、防水层台架处必须设置灭火器材，每处不少于 2 台。

施工前做好风险评估并制订专门的应急救援预案。项目部必须备好应急抢险物资。在软弱围岩段施工时掌子面的附近必须备有足够长度的逃生管道。隧道施工期间，应定期组织应急预案演练。发生紧急情况时，立即启动应急预案、并通知危险区域的人员撤离，优先保证人员安全，组织救险。

当隧道掘进距离洞口超过 150m 时，实施管道通风。通风要满足洞内各项作业所需最大风量。特长隧道通风采用巷道式通风。牛岩山隧道通风方案部署为隧道右洞进入新鲜空气，左洞排放污风，右洞掌子面污风通过 2 号行车横通道排放至左洞，再排出洞外，进风段右洞禁止行车，所有进出车辆进入右洞掌子面需从左洞经 2 号行车横通道后再前往右洞。

隧道洞内降尘采用以水雾帘幕降尘结合环保除尘风送式喷雾机的综合降尘系统。爆破作业后首先采用环保除尘风送式喷雾机对洞渣喷雾降尘，同时开放水雾帘幕降尘系统，并在隧道调平层已施工段落洒水降尘。

三、案例分析

推行隧道施工工艺标准化管理，能有效控制工程质量、保证施工安全、保护生态。隧道施工条件得到改善，切实可行的通风、防尘、照明措施落实到位，保障了施工作业人员职业健康；重视超前地质预报和监控量测工作，实现动态设计、动态施工、动态管理，施工风险得到控制；遵循“工序均衡、初支强固、铺底先行、衬砌紧跟”的总体原则，加强了各施工工序、工艺的监督；执行“零开挖”进洞，保护了生态环境。

通过各项施工工艺标准化管理控制的推行，通过推行隧道施工工艺标准化管理，社会经济效益也得到充分体现。隧道初支、二衬厚度得到保证，混凝土强度、钢筋规格、间距满足要求，隧道路面平整度符合标准；安全防护到位，施工操作安全规范，安全生产形势平稳，未发生较大安全生产事故，为隧道安全运营、舒适通行提供了保证，社会效益显著。隧道机械设备、人员等投入更加科学，隧道开挖、初支、二衬等各环节衔接更加紧密，工程进度均有不同程度加快，有效提高了生产效率，减少了机械、人员台班费，节约项目管理费、财务成本等，项目总体工期较以往有所缩短，项目提前创造价值，总体经济效益显著。

第六章　养护管理标准化

高速公路建设快速发展，高速公路路网不断趋于完善，如何让已建成的高速公路网保持畅通，发挥更大的作用，方便公众出行，对高速公路养护管理提出了更高的要求。为此，高速公路养护管理必须切实转入科学化、规范化、标准化管理轨道，最终实现安全、畅通、舒适、优美的行车环境。

第一节　日常养护作业标准化

与高速公路建设工作相比，高速公路养护要求其工艺及设备具有流动性强，能快速反应、快速实施的特点。随着科技的发展，各种养护工艺及设备层出不穷，出现的时间较短且方法各异，利用标准化工具，形成各种养护工作的标准工艺、流程，是满足高速公路养护施工流动、快速要求，保证维护质量、降低成本的必然条件。

一、高速公路路况巡查作业

1. 作业流程（图 6-1）。

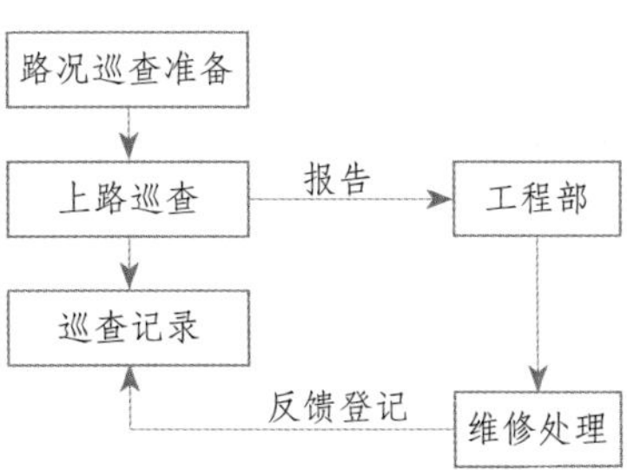

图 6-1　高速公路路况巡查作业流程

2. 作业内容及要求

1）路况巡查准备

（1）人员准备：巡查车驾驶员 1 人、路况记录员 1 人。

（2）机械准备：路况巡查工具车 1 辆、数码相机 1 台。

（3）材料准备：巡查记录。

2）上路巡查

巡视和检查可分为日常巡查、夜间巡查、定期检查、特殊检查 4 种。工作人员身穿工作服，进入车道检查时，必须严格按要求进行安全布控。

（1）日常巡查：每日一次，巡查的内容为：路基、路面、桥涵、隧道等构造物及沿线标志、标线、绿化、沿线设施完好程度等。巡视重点是路面。

（2）夜间巡查：每月不少于一次，检查高速公路夜间照明和标志、标线的技术状况。

（3）定期检查：为掌握高速公路及其附属设施的技术状况，对高速公路使用质量评定而实施的检查。检查内容：路基、路面、桥涵、隧道等构造物及沿线设施。检查频率：依据检查项目的重要性，使用年限、损坏程度和交通量大小等因素确定。

（4）特殊检查：在发生大的洪水、台风、地震等自然灾害和有可能对高速公路及其附属设施造成较大破坏的异常情况时所进行的检查。检查内容：危险路段的路基上下边坡、路面、桥涵、隧道等构造物及沿线设施。

3）巡查记录

根据实际巡查的情况，日常巡查填写《路况巡查记录》；定期检查填写桥梁、涵洞、隧道、路基、路面单项检查记录表；特殊检查填写特殊检查记录表。

4）巡查结果

巡查人员将巡查情况报告业主工程部，工程部根据巡查工作中发现的情况，安排维修任务，并将维修反馈及时登记到巡查记录中。

二、高速公路路面保洁作业

1. 作业流程（图 6–2）

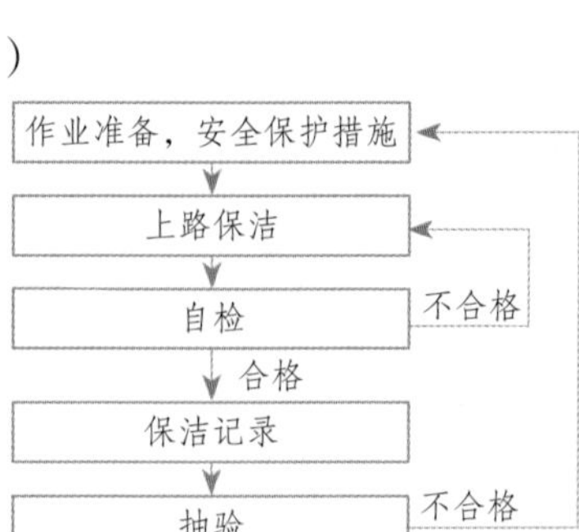

图 6–2　高速公路路面保洁作业流程

2. 作业内容及要求

1）作业准备

（1）机械保洁：

①人员准备：驾驶员（兼机械保洁员）1 人；

②机械准备：清扫车 1 辆（图 6–3）；

图 6–3　清扫车

③材料准备：反光锥 5 个。

（2）人工保洁：

①人员准备：驾驶员 1 人，人工保洁员 1 人；

②机械准备：工具车 1 辆；

③材料准备：扫把、铁铲、麻袋、反光锥 5 个、水桶、洗衣粉等。

2）上路保洁

（1）机械保洁：对高速公路主线、连接线、互通匝道路面进行机械保洁。进行机械保洁前，要先检查清扫车的性能、车况及车后的警示标志是否完好、明显，保证作业安全。上路后车速控制 10 ~ 15km/h 进行清扫，对较脏的车道进行重点保洁。普通路段路面根据交通量，一般情况下机械保洁每周 1 次，路面左侧的超车道每月机械清扫 2 次，特别注意大桥左侧，对个别特别脏的路段路面应适当增加机械保洁次数。

（2）人工保洁：结合每日的路况巡查作业，对高速公路主线、连接线、互通匝道路面、收费广场等进行人工保洁。保洁车辆靠右侧紧急停车带行驶，行车速度控制在 30 ~ 40km/h，并始终打开警示灯。看见污物时将车停在紧急停车带，在车后放置反光锥保证车辆安全，清扫路面，将垃圾装进车上麻袋，保洁结束后弃至垃圾场。

①中央分隔带、路基边坡保洁每月不少于 2 次，主要清捡中央分隔带、路基边坡内的垃圾；

②中央活动护栏开口处保洁每月 1 次，主要清扫开口处的石子和其他杂物；

③桥梁中央分隔带处因机械保洁无法彻底清扫，每月应人工清扫 1 次；

④隧道保洁内容主要为隧道人行道保洁、擦洗隧道内标志、百米牌和轮廓标；

⑤收费广场应指定专人进行人工保洁，确保收费广场路面干净、清洁无污物。

3）要求

（1）人工保洁在直行车道上的，应先进行安全布控，若不影响正常通行，应注意来往车辆。

（2）路面保洁工作是养护工作的重要组成部分，对高速公路进行全方位的保洁，要做到全面、彻底、不留边角、死角，路肩、路面无杂草。

4）自检

在保洁过程中应对作业过程进行自检。自检不合格应重新保洁。

5）填写保洁记录

机械保洁、人工保洁结束后应填写保洁情况登记表，上交工程部。

6）抽检

工程部根据保洁情况，不定时抽检保洁质量。

三、高速公路病害维修作业

1. 作业流程（图 6–4）

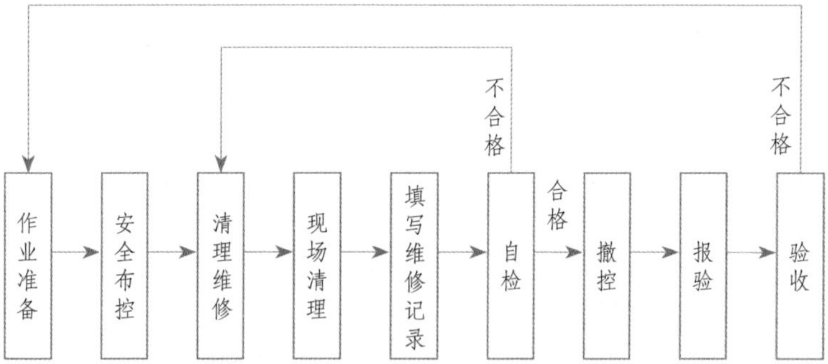

图 6–4　高速公路病害维修作业

2. 作业内容及要求

1）作业准备

（1）人员准备：应配置维修作业人员 3 ～ 5 人、布控工具车司机 1 人、安全员 1 人。

（2）机械准备：维修设备，布控设备、桩号指示牌和面积标识牌 1 套、数码相机 1 台、修补记录簿 1 本、其他小型机具若干。

（3）材料准备：相应维修材料。

2）安全布控

上路到达病害位置，按规定先进行安全布控（图 6–5）。

图 6–5　安全布控

3）确定维修范围

测定病害部分的维修范围（图 6–6）。

图 6–6　确定维修范围

4）维修前拍照

沿道路行车方向，在画好的维修范围前，摆放维修具体桩号牌（内容包括 A、B 道，桩号，主、超、停车道）。照相机拍照时，应将维修范围及桩号全部拍照，内容应清晰可见。照片自检合格后，进入下一道工序（图 6–6）。

5）病害维修

（1）路面病害维修。

路面浅表坑槽，底部完好未冒浆，可直接用鼓风机将槽内的粉尘杂物吹净。坑槽较大较深，底部完好未唧浆的，可用液压镐将松散部分凿掉，凿边斜 30°左右，垂直或平行路面轴线，清理坑槽垃圾，槽底有积水，应将积水清除干净。坑槽出现唧浆的，先将松散部分凿除，底部泥浆必须全部清理干净。如水稳层损坏，应先修复水稳层；水泥稳定基层损坏，应先将基层病害挖除后，进行基层修复，再进行沥青混凝土面层维修（图 6–7）。

图 6-7　路面病害维修

（2）路基病害维修。

①路基边沟、排水沟、截水沟、渡槽清理、涵洞清理：被堵塞的边沟、排水沟、截水沟、渡槽要使用人工将堵塞物清理干净，清理物不应放置于边沟、排水沟、截水沟边，应弃放于高速公路外垃圾场，使涵洞流水通畅。

②排水系统维修：对边沟、排水沟、截水沟、渡槽、涵洞的底壁有勾缝、抹面脱落的部位，先清除损坏部位的水泥砂浆块，再用新配制的水泥砂浆进行勾缝抹面修补，修补时应与原有的勾缝、抹面相顺适，平整度好，厚度均匀。发现截水沟底部、两侧填土流失时，为确保其截水功能，应回填夯实土方。

（3）桥涵病害维修。

①桥面应及时清扫，排除积水，清除泥土、杂物等。

②桥梁伸缩缝、桥面泄水孔定期清理：清除伸缩缝内沉积物及杂物，拧紧螺栓等，伸缩缝发生松动、翘裂，破损、老化或功能失效应及时修理更换。泄水孔内的杂物要及时清扫干净，保证水流顺畅。

③桥梁钢护手及其他铁件除锈油漆：对桥梁钢护手及其铁件锈蚀的部分，先使用钢丝刷进行除锈处理，清理干净后，刷上防锈漆。刷油漆时应厚薄均匀，无

气泡，再根据护手及铁件原有面色刷面漆。面漆不允许使用调和漆。

④桥梁墩台的养护：保持墩台表面整洁，及时清除墩台表面的青苔、杂草、灌木和污秽；对发生灰缝脱落的圬工砌体，应清除缝内杂物，重新用水泥砂浆勾缝。

⑤桥涵等结构物及其附属设施维修：桥梁等结构物有损坏的，如是表面部分因交通事故撞坏掉块，可以配制高等级的砂浆，对损坏部分进行抹面，抹面后应外表平整、美观。

（4）隧道病害维修。

①隧道定期清洗：使用洗涤剂、刷子、抹布、水等材料和工具，对被汽车尾气污染的隧道洞壁、轮廓标、百米桩、里程牌等进行清洗，达到干净、无污物。

②隧道路面清洁采用机械作业为主，人工作业为辅的清扫方式，路面两侧边缘应清扫到位，对紧急停车带和车行横洞洞口应减速慢行清扫。

③隧道顶板和内装的定期清洁：采用机械作业为主，人工作业为辅的清洁方式，采用湿法清洁时，应注意保护隧道内机电设施的安全，防止污水渗入设施内，可根据实际效果选择确定清洁剂，宜选用中性清洁剂。采用干法清洁时，应保证清扫质量，也应避免损伤顶板和内装，清扫应采用必要的降尘措施，对于清扫不能去除的污垢，可用清洁剂进行局部处理（图 6–8）。

图 6–8　隧道顶板和内装的清洁

④排水设施的清理：对于纵坡较小的隧道及隧道洞口地段，加强清理和疏通工作，对于窨井和沉砂池，应及时将其底部沉淀物清除干净。

⑤隧道结构物及其附属设施维修：隧道等结构物有损坏的，如是表面部分因交通事故撞坏掉块，可以配制高等级的砂浆，对损坏部分进行抹面，抹面后应外表平整、美观。

（5）交通安全设施病害维修。

①隔离栅和防护网维护、维修：清除隔离栅和防护网的杂物，检查隔离栅、防护网螺栓紧固情况，拧紧松动螺栓。更换损坏的隔离栅、护网，安装新的隔离

栅、护网，使用螺栓固定，并与原有隔离栅、护网相接顺直。

②轮廓标、护栏、标志牌、公里牌、里程牌、隧道警示标线清洗：在水中混入一定量的洗洁精搅拌均匀后，使用抹布对轮廓标、护栏、标志牌、公里牌、里程牌进行擦拭，使其表面清洁，反光效果好。使用洗涤剂、水、刷子去除隧道内警示标线上的油污，使其表面干净完整，警示反光效果好。

③隔音墙、防眩板、标志牌、标线、轮廓标、突起路标的维修：拆除损坏的隔音墙、防眩板、标志牌、轮廓标，安装相应新的设施，安装后应与原设施相接平顺，符合功能要求。在突起路标缺失部位的地面处理干净后，使用黏合剂将新的突起路标紧密粘贴在路面上，反光面应面向来车方向。

④防撞护栏维修：使用扳手、锤子卸除已损毁的波形板、防阻块，并使用千斤顶将撞歪的护栏立柱校直，不能校直的立柱应予拔除后重打更换（图 6–9）。

图 6–9　防撞护栏维修

6）维修好拍照

病害维修好后，沿道路行车方向，在维修好部位进行拍照，要求同维修前拍照（图 6–10）。

图 6–10　维修好拍照

7）填写维修记录

填写病害维修记录。

8）自检

根据《公路养护技术规范》（JTG H10—2009）进行自检。

9）撤控

自检合格后，撤控。

10）报验

自检合格后，向工程部申请验收。工程部发现维修质量不合格，则应要求重新维修。

四、高速公路绿化养护作业

1. 树木养护

1）灌溉（图 6-11）与排水

图 6-11　灌溉

新栽植的树木应根据天气、绿地条件和树种的抗旱能力，进行适期、适量的灌溉，保持土壤中有效水分；绿地中已栽植成活的树木，在久旱或绿地条件较差、土壤十分干旱时，应及时采取浇灌措施。夏秋季浇水宜早晚进行，冬季浇水应中午进行，浇水要一次浇透，尤其是夏秋两季。乔木的浇水树堰高度 10cm 左右，乔木多以树干胸径 10 倍左右作为树堰直径，保证不跑水。灌溉用水不能采用有害污水，浇灌时要注意保护树木根部的土壤不被冲刷。

2）中耕除草（图 6-12）

灌木生长季节要不间断地中耕除草，及时除去杂草，减少危害灌木生长；除下的杂草要集中处理，及时运走。影响植物景观的直立性杂草必须铲除；对影响树木生长的各类野生藤蔓应及时清除；乔木根部周围可结合中耕除草，秋冬季可修整出直径 1.2m 的透气“窗口”。中耕除草应选在晴朗或初晴天气，且土壤不过分潮湿的时候进行，应注意不可削伤树皮、折损枝条，中耕时应清除土壤中的瓦砾、石块。

图 6–12　除草

3）施肥

树木在种植前施足基肥；休眠期加施长效肥为基肥；生长过程出现肥力不足，可在树木生长期追施速效肥，花灌木应在花前、花后进行。施肥方法可因地、因树而定，一般乔木或单株灌木均应挖好施肥环沟，其外径应与树木的冠幅及新种土球树穴相适用，深度应在根系密集层以上，宽度约为 25 ~ 30cm。施肥后，应将环沟填平。栽植在草地的树木，同样可采用起草皮穴施。养护期树木施用的肥料，应以有机肥为主，有机肥与无机肥相结合。有机肥应腐熟后施用，宜在晴天进行，除根外施肥，肥料不得触及树叶。

4）整形修剪（图 6–13）

图 6–13　整形修剪

树木应通过修剪稳定树形，均衡树势，调节树木通风透光和肥水分配。以调整植物群落为主，根据景观需要和树木生长发育的特性，将树冠修剪、整理，使之形成和保持一定形状。树木修剪时期应根据植物的不同物候期与树种的抗寒性确定。树木剪定时期以冬夏两季行之为宜；冬季以休眠期2月左右为宜，休眠期修剪以整形为主，可稍重剪；夏季则于生长期7月左右，生长期修剪以调整树势为主，宜轻剪。修剪时，切口部必须靠节，剪口应在剪口芽的反侧，成45° 倾斜，剪口应平整；一般树木剪口大于6cm，珍贵花木枝条剪口大于3cm，应涂抹绿化用的防腐剂；对过于粗壮的大枝应采取分段截枝法，防止拆裂，影响植物生长和修剪效果。

修剪应遵守安全操作规范，必须有安全措施配套，防止发生安全事故。

2. 地被和草坪养护

1）地被

地被植物在未覆盖地面期间，应及时除去杂草、中耕、施肥，加快覆盖；除草中耕时，要清除废弃物，防止损伤地被植物根系。天气干旱、土壤干燥时，要适时、适量浇水；水车浇水与人工浇水相结合，做到浇水均匀；早春发芽前期采取薄肥勤施的方法进行普遍施肥；开花的地被植物应在花前和花后各施一次肥，肥料以腐熟的有机肥为主，亦可施复合肥。地被植物萌发能力强，应根据生物学特性进行修剪，尽可能地促使开花地被如期开花。

2）草坪

草坪覆盖度要求大于95%，全年绿色期应大于260d。草坪在生长季节，应适时进行加土、填压，保持土壤平整和良好的透气性。应适时进行修剪，草坪高度控制在4 ~ 6cm。草坪施肥：冷季型草种追肥宜在春季和秋季，暖季型草种宜在晚春。追肥应以复合肥和有机肥为主，追肥的时间和数量应根据土壤肥力、草种和草坪生长情况定，一般在春季草坪返青时和秋季草坪发黄时，及时施肥，提高绿度，延缓枯黄。施肥可采用撒施和根外追肥，采取浓度淡而次数多的追肥方法。病害、虫害的防治应以预防为主，防治结合。定期检查地下害虫危害情况，及时扑杀。防治用药应选择生物制剂和高效低毒的药剂。

五、养护作业安全管理

凡在高速公路护栏以内进行养护施工作业(除日常维修作业外)的，必须办理审批手续，未经审批，养护施工单位不得擅自进行施工。

1. 日常养护维修作业

在日间作业时安全控制区域4车道路面不得小于1km，6 ~ 8车道路面不得小于1.6km，并相应摆设限速40km、60km、80km、道路施工、左(右)道封闭、向左(右)行驶、前方施工等施工标志(图 6–14)。

图 6–14　日常养护维修作业

2. 其他养护施工作业

(1)施工单位应提前向所辖路段的路政管理部门、交警部门提出书面申请，路政管理部门、交警部门收到施工单位递交的书面申请后，根据施工现场进行审查，并发放《施工许可证》。

(2)施工作业必须按国家标准《道路交通标志和标线》(GB 5768—2009)和交通运输部《公路养护技术规范》(JTG H10–2009)、《公路养护安全作业规程》(JTG H30—2004)的要求实施安全控制，并在此基础上增设相应的限速标志，增设标志的版面尺寸和版面内容应符合国家标准规范，施工临时标线应符合有关标准。

3. 安全要求

（1）养护巡查车、检测车和养护作业机械必须按标准涂以橘黄色，且按标准安装示警灯、警示标志牌和发光可变标志牌。车辆均应在顶部安装黄色警示灯，并在使用中打开。

（2）施工车辆一般情况下按照行车方向顺行，在路上停车时须停在紧急停车带上，作业人员严禁从左侧下车；在特殊情况下需要逆行的，应当封闭交通或在已布控的区域内行驶。

（3）材料运输车辆应保持良好的车况，运输材料时应采取措施，防止行驶过程中抛撒物料，污染路面。

（4）施工封闭区内，车辆和设备应服从安全员的指挥，不得乱停乱放，影响施工安全。

六、日常养护管理质量考核评价标准

1. 质量标准

确保公路技术状况指数（MQI）平均值大于 90；确保养护工程质量，分项工程质量合格率达 100%；确保可绿化范围绿化覆盖率 100%；沿线设施按计划完成投入，达到设计要求技术标准。

2. 分项要求

1）路基

（1）路基坚实、无病害；

（2）桥头涵顶平顺、无明显跳车；

（3）路肩整洁平整、无杂草、线形顺适；

（4）边坡稳定无缺口，防护设施完好；

（5）排水系统完善、畅通，边沟符合标准；

（6）及时修复路基构造物小损坏。

2）路面

（1）保洁。主线、连接线、互通匝道、收费广场保洁要求全面彻底，路面、路肩中分带清洁无杂物。

（2）修补。①路面维护良好，平整、洁净，抗滑性能符合要求，路面小病害定期调查及时处治；②水泥混凝土路面接缝养护规范，面板无破损平整，行车安全舒适；③沥青路面平整，排水畅通，路面要求无坑槽、无裂缝，坑槽一般情况采用热修补，雨天采用冷料过渡修补。

3）桥涵

（1）桥涵的各种小病害得到及时、有效的处理，各种构部件坚固完好无缺。

（2）桥梁栏杆、涵洞帽石刷新，桥涵顶面无跳车，桥涵锥坡完好、不渗水，伸缩缝支座良好。

（3）桥面排水通畅、无污泥杂物，保持桥面、通道内和涵洞口清洁，及时修复小损坏。

（4）桥涵资料齐全、准确，有桥涵日常养护和经常性检查及记录。

（5）对桥涵实行定期、周期、经常性检查，各种数据库及管理系数数据运行良好、应用有效，维护更新及时。

4）隧道

（1）隧道内路面无杂物，洞壁、标线标志整洁，排水通畅。

（2）照明设施、通报设施、通信设施、监视设施、消防设施等清尘及时，小损坏检查到位并维修及时，养护作业措施规范安全。

（3）实行定期、周期、经常性检查，并做好记录；各种数据库及管理系数数据运行良好、应用有效，维护更新及时。

5）交通安全设施

（1）各种公路标志、标线及安全设施设置符合现行国家标准的规定及有关要求；在主线结构物上无宣传标志类的看板。

（2）里程碑、百米桩、标志牌、轮廓标、标线、集水井、通信井、隔音墙、防眩板、护栏隔离栅、紧急电话、可变情报板等规范齐全，鲜明、洁净、醒目、无缺损，维护及修理及时。

（3）标志牌、公里牌、百米桩每年清洗一次；及时修补防眩板、轮廓标突起路标、标线、隔离栅；防撞栏修复及时，线形顺直。

6）绿化

（1）乔、灌、花草、水、肥充足，修剪及时，无枯死、无病害、无倒歪树，乔灌木树穴完整，树形整齐，长势良好，无缺株少苗。

（2）广场草坪整洁美观、无杂草，上下边坡草坪整齐、无缺损，补植应确保成活率 80% 和保存率 95% 以上。

（3）中央分隔带灌木高度达 1.6m 以上，但不能超过 2.0m，以免遮挡公里牌，及时补植缺株，规格与原规格接近。

（4）草坪、地被覆盖率达 100%，密度足，无裸露地、无坑洼积水、无厚重粉尘覆盖，及时清除杂草，不得有明显高于草坪和地被的杂草，色相基本一致，无明显枯黄叶，草坪高度不宜高于 15cm。

（5）服务区、收费广场、互通区大树、乔灌木及时修剪、疏枝、剥芽，定期修剪保持树冠完整、整齐美观，乔木倾斜度不超过 5°，及时拔除死苗，及时补植缺株并加强养护。

（6）隧道延伸带地被不得有高于地被的杂草，外围穴完整、无杂草，边缘线整齐，及时补植缺株，不出现空当；上下边坡草皮长势良好，覆盖完整，无裸露。

第二节　专项工程管理施工标准化

一、计划与方案编制

1. 编制计划

每年的10月，由业主提出下一年度的专项养护工程年度计划，包括养护专项工程的分类、分项、分年度实施计划。要注意收集路况资料和相关信息，同时利用桥梁管理系统、路面管理系统和道路数据库提供的情况，结合预防性养护和周期性养护的需要，为编制年度计划提供有力的数据和依据。

（1）列入固定资产投资的养护专项工程，在编制年度投资计划之前，应当报省级管理机构先行立项。

①立项内容应包括：建设理由、建设内容、建设规模、技术方案和投资估算、工期安排等。

②立项程序为：项目业主（路段管理公司）具文上报省级管理机构审批。省级管理机构对规模、投资、技术方案及建设工期等进行审查后批复。

（2）其他养护专项工程，在编制养护年度计划前，应当进行实地调查，提出项目实施意见的技术方案及概算。

2. 制订技术方案

（1）在制订年度计划的同时，应相应提出计划实施的技术方案，包括成因分析、处理的技术措施、使用的主要材料、预计工期、交通控制方案、费用估算等。

（2）养护专项工程的技术方案原则上应进行多方案比选，尤其是房建方案，应进行技术、经济、环保、适用等方面比较。

（3）重要或重大的工程项目及路面大中修工程，其技术方案应事先征求省级管理机构意见。

二、计划上报与审核

1. 计划上报

11月底前业主应将初步安排的年度计划上报省级管理机构，省级管理机构有关部门将根据上一年度计划执行情况和下一年度的资金可能情况，对业主上报的专项工程项目进行实地察看，并与业主进一步商议。12月底前，业主将已进行排序的年度计划正式上报省级管理机构。

2. 计划审核

省级管理机构将对业主上报的年度计划进行审核，并提出审核意见。

三、项目实施

（1）设计文件审查。初步设计及施工图设计（项目简单的可合并为一阶段施工图设计），根据立项批准文件核定的规模、投资控制数及经审批的方案，设计单位完成施工图设计文件后，由项目业主（路段管理公司）组织审查，省级管理机构有关业务部门参与会审；固定资产投资项目设计文件的审查由省级管理机构组织，会务工作由相关项目业主（路段管理公司）负责。

（2）招标。符合招标条件的，应组织公开招投标。采用邀请招标的，其名单应报省级管理机构审批。招标文件的技术标准部分报省级管理机构审查。

（3）施工合同。在签订施工合同的同时，应签署廉政合同、安全合同，以明确质量、廉政、安全的职责。

（4）路面工程要求。按照已有的规定要求，路面在施工前，应当做目标配合比、施工配合比试验和验证，经审核后，进行试验段铺筑。铺筑试验段应通知省级管理机构养护处及总工办，前往现场察看，试验段总结报告核准后方可进行大面积摊铺施工。

（5）施工过程管理。每个专项工程施工现场，除施工单位项目负责人、技术负责人应在场外，业主均应派技术人员常驻工地，协调施工过程的有关问题。对正常通车有影响的项目，应做好施工布控的报批和设置工作，设置专职安全员，把影响通行降至最低水平。

四、计量支付

（1）按照省级管理机构有关规定支付材料预付款及动员预付款（如果有）。

（2）业主应定期（一般为每月）给施工单位计量支付工程进度款，及时支付工人工资。尽可能做到完工账清。

（3）要避免工程形象进度与财务支出差距过大、财务支付过于集中在年底的不正常现象。

五、竣工验收

1. 验收组织

养护工程完工具备验收条件的，应在当年度内组织验收。验收组织采用一阶段（即交工与竣工验收合并）或两阶段的形式：投资额在 1 000 万元以下的工程采用一阶段验收，由业主主持验收；对试验性路面工程及投资额在 1 000 万元以上的养护工程、技术特别复杂的桥梁等大型结构物的加固工程采用交、竣工两阶段验收，交工验收由业主负责组织，竣工验收由省级管理机构主持。养护工程验收的主要方式有：工程实体检测、检验、评定（外业验收），工程竣工资料、文件、档案的检查、评价（内业验收），召开验收座谈会。外业验收应当按照工程施工的要求实施安全布控。

2. 验收条件

（1）养护年度计划指定的任务（续建工程包含以前年度的养护计划任务）已经完成。

（2）合同约定的各项内容已完成。

（3）施工单位按照《公路工程质量检验评定标准》（JTG F80/1—2004）及相关规定的要求对工程质量自检合格。

（4）监理工程师对工程质量检验评定合格。

（5）委托第三方对工程质量检验、检测或鉴定合格。

（6）业主对工程质量结论合格。

（7）工程结（决）算基本完成，项目总费用明晰，经相关部门审核或核查；

（8）工程验收文件编制完成，资料齐全。

（9）业主、设计、施工、监理及其他参建单位和第三方已完成各自的验收工作报告。

3. 验收程序

（1）施工单位对已完成工程的质量进行自检、自评，并向监理报送自评情况。

（2）监理单位对分项、分部、单位工程质量进行检验评定，提出客观的评价结论，工程质量合格且竣工文件整理完毕，经监理工程师同意，由施工单位向业主提出申请。

（3）业主按照有关规定和对工程质量的检查及平时掌握的情况，对监理单位所做的工程质量评定进行审定，并组织技术人员对工程质量进行检验评分。工程质量合格，竣工资料完整，工程结（决）算办理完毕，方可组织验收。

（4）工程质量不合格的，应当立即组织整改，整改后业主进行复检。工程质量不合格的工程不得交付使用。

4. 验收内容

（1）养护计划执行情况。

（2）养护工程质量。

（3）工程成本控制。

（4）档案资料。

（5）其他与施工组织相关的内容。

5. 验收要求

交(竣)工验收时可根据工程特点和实际情况成立验收小组或验收委员会(或邀请专家)，验收小组或验收委员会应对所验工程出具书面验收意见。

工程验收采用评分制，工程质量等级评定分为优良、合格、不合格。工程项目综合评分值大于等于 90 分为优良，小于 90 分且大于等于 75 分为合格，小于 75 分为不合格。

六、资料归档

（1）设计、施工图文件及竣工图纸尽可能用电子文档，其他电子文档和纸质文档共同保存。

（2）竣工文件除按档案要求归档后，其相关的信息、资料应当提供相关数据库、管理系统进行更新、保存。

（3）桥梁、隧道、路面大中修、路基加固等大型专项工程竣工文件的电子文档按年度整理、汇总上报。

第三节　养护基础设施标准化

一、养护基地建设标准

1. 布局原则

根据《高速公路交通工程及沿线设施设计通用规范》（JTG D80—2006）（以下简称“设计规范”）和我省高速公路养护多年实践积累的经验，养护站点的合理布局间距一般为 50km 左右，合理服务半径以 25km 为佳。按照中心站（一级）、普通站（二级）和养护班站（三级）3 个等级布设。全省高速公路养护站以中心站布设为主，以普通站布设为辅，局部路段补充设置养护班站。

（1）中心养护站（一级站）尽可能选择在枢纽互通附近布设，为汇聚的多条高速公路服务，以扩展其服务范围和服务里程，节约投资，提高服务效率。

（2）普通养护站（二级站）则按照高速公路的规划及建设状况、用地需求及生产、生活便利等因素合理布设。

（3）养护班站（三级站）作为一、二级站的补充。中心及普通养护站点布设基本满足了高速公路网养护，但根据部分路段养护工作的特点和工作量，需要配置路面小修、护栏维护、绿化养护等专业班组，以加强养护维修的应急能力。

2. 养护站建筑规模

根据福建省社会化专业分工的养护组织方式和多年的实践，参照目前福建省高速公路基层所站房建工程建设规模，养护站人员和建设规模按下列标准配置（表 6–1）：

（1）中心养护站（一级站，人员配置按 40 ~ 45 人考虑）主体建筑规模原则上按 1 500m^2 控制。

（2）普通养护站（二级站，人员配置按 30 ~ 35 人考虑）主体建筑规模原则上按 1 000m^2 控制。

（3）养护班站（三级站，人员配置按 20 ~ 25 人考虑）主体建筑规模原则上按 800m^2 控制。

（4）配套建设车库、仓库等附属设施 300 ~ 500m^2；料棚 100 ~ 150m^2。

（5）养护站与收费站同设一处时，配电房、门房等可与收费站共用，若因条件限制需单独设置，按 150m^2 控制。

养护站主体建筑规模一览表 表 6–1

类 别	一级站	二级站	三级站
总建筑面积（m^2）	1 500	1 000	800
一、办公室面积（m^2）	200	120	70
二、会议及活动室面积（m^2）	180	80	50
三、宿舍面积（m^2）	1 000	700	600
四、食堂面积（m^2）	120	100	80

3. 养护站建筑要求

养护站的建筑通常包括管理办公用房、生产附属设施（库房、工具间、试验室）、生活用房、机械车辆停放场所、堆料（棚）场地等。

（1）管理用房：主要为养护站管理、学习、公共活动的场所。可设 3 ~ 5 间办公室，2 ~ 3 间综合会议室、阅览室、活动室、公共卫生间等。

（2）生活用房：主要为管理、生产人员提供住宿之用，2 人 / 间，设卫生间、阳台。

（3）房间配置壁橱、空调，预留电视、高速内网、宽带外网、电话等弱电设施；卫生间设洗漱台、抽水马桶双洁具，淋浴热水器（有条件的设太阳能）；阳台设洗衣槽。

（4）水表、电表：做到一户一表，电表设置集中表箱，水表设置在卫生间。

（5）管理和生活用房的尺寸为：开间 3.6m，进深 6.6m，阳台 1.4m，除底层外层高 3m。

（6）公共设施：食堂、餐厅、洗衣房及晒衣棚。

（7）附属设施：包括车库、仓库、工间、配电房、门卫值班房、堆料棚等。

（8）库房和工间要充分考虑大型养护设备维护和产品加工的特殊性，要求空间尺寸上要大。考虑到噪声、废气等工业污染。平面布置上生产用房应与生活和管理用房适当分离。

（9）机械设备停放场所和堆料坪等场地设施可考虑有遮盖的简易场地或是采用轻型结构，便于根据实际车辆尺寸调整结构。设置简易的户外车辆检修、保养设施如地沟、冲洗台等。

4. 养护站用地规模

根据“设计规范”，养护站应设置办公室、养护机械库、养护机械维修库、车库，食宿、供水、配电等附属用房，以及养护机械室外停车场地。因此，养护站建设用地除了应满足建筑要求外，尚应满足大型车辆、机械设备出入与停放、养护材料与废弃材料堆放，平面布置避免生产与生活之间的影响等。结合福建省实际，中心养护站（一级站）用地按 15 ~ 20 亩控制，其他站用地按 10 ~ 15 亩控制。

5. 养护站位置

养护站尽可能与收费站同设一处（同一场地内），但在使用功能分区上应保持相对独立，尽可能设置独立的出入口。

二、养护基地、料场

1. 布局原则

根据全国和福建省高速公路养护多年实践积累的经验，养护基地的合理布局一般以满足服务半径 80 ~ 120km 为佳。按照中心养护基地和普通养护基地两个等级布设。

总体上按照：

（1）距离高速公路互通区较近，控制在 20km 以内，并且周边路网的道路质量较好，利于重车通行。其中中心养护基地优先考虑设在中心城市或枢纽互通附近。

（2）环保基本满足要求。附近人居较少，无对污染敏感的农牧渔林业。

（3）附近有符合路面石料技术要求的料场可供常年开采。一个基地能配置一个路面石料场，料场与基地运距以 30km 以内为宜。

（4）能满足生产、管理需要的水电供应。

（5）有较开阔的场地便于布置等。

2. 建筑及用地规模

根据福建省高速公路养护多年实践经验和养护基地现有的建设与使用情况，中心养护基地主体建筑规模按（2 000+500）m^2 控制；普通养护基地建筑规模按（1 500+300）m^2 控制。

（1）基地主体建筑功能包括：管理办公用房、试验室、档案资料室、管理人员宿舍、食堂。其中办公、试验用房面积约按建筑规模 40% 控制；宿舍面积约按建筑规模 50% 控制；食堂建筑面积按 120m^2 控制。

（2）配电房、门卫值班房面积按 150m^2 控制。

（3）附属配套设施：车库、维修间按 300 ~ 500m^2 控制。

（4）上述附加 300 ~ 500m^2 是为施工工人队伍独立设置的生活（住宿、淋浴、食堂等）用房，以解决路面施工季节性劳务用工集中的生活问题。以宿舍为主，配套建设 120m^2 左右厨房、餐厅；60m^2 左右公共厕所、淋浴间。

（5）根据现场实际情况配套建设 2 000 ~ 2 500m^2 的石料仓库。

（6）按照养护基地上述生产、生活需要，中心养护基地用地规模按 80 ~ 100 亩控制；普通养护基地用地按 50 ~ 80 亩控制。

（7）养护站综合楼规划明细见表 6-2。

高速公路养护站综合楼规划明细表（以生产管理 35 人为标准规模） **表 6-2**

站点	部门	房间类别	轴间参考尺寸（m）			间数	面积（m^2）	预计员工数	备注
			进深	开间	高				
养护站	管理用房	经理室	5.1	3.6	3	2	36.72		
		综合科	5.1	3.6	3	1	18.36		
		财务室	5.1	3.6	3	1	18.36		
		工程科	5.1	3.6	3	1	18.36		可用隔墙分隔
		工程科	5.1	3.6	3	1	18.36		
		管理用房	5.1	3.6	3	1	18.36		
		大会议室	6.9	10.8	3	1	74.52		
		小会议室	5.1	3.6	3	1	18.36		
		卫生间	4.5	3		2	27.00		卫生间合并设置
		交通面积等					93.37		约为使用面积的 35%
		小计					**341.77**	**35.0**	
	职工食堂	厨房、备餐、库房等	4.2	7.2		1	30.27		
		餐厅	6	7.2		1	43.20		
		交通面积等					14.69		约为使用面积的 20%
		小计					**88.16**	**35.0**	

续表

站点	部门	房间类别	轴间参考尺寸（m）			间数	面积（m^2）	预计员工数	备注
			进深	开间	高				
养护站	宿舍单元	卧室	5.1	3.6	3	1	18.36		2人/间
		卫生间	2	1.5	3	1	3.00		按二洁具设置
		单元内走道、衣柜位置等	1.6	1.5	3	1	2.40		
		阳台	1.4	3.6		0.5	2.52		按50%计算面积
		交通面积等					7.24		约为使用面积的30%
		小计					33.52		
		18套宿舍单元合计					603.36	35.0	内含勤杂1套
		主体建筑面积合计					1 033.26	35.0	
生产附属设施		仓库	6.9	10.8	4	1	74.52		不含在主体建筑中，另列。
		仓库	6.9	10.8	4	1	74.52		
		工间	6.9	10.8	4	1	74.52		
		车库	6.9	10.8	4	2	149.04		
		建筑面积合计					372.60		

3. 料场建设

利用路面施工石料场，结合养护基地设置。对石料指标好、储量大、有开采价值、满足环保要求的石料场，在建设期办理永久征地手续，作为养护长期供料的基地。

三、养护站、养护基地、料场建设与投资方式

养护站与养护基地作为养护基础设施，其建设应与高速公路建设同步，保持与高速公路路产、路权的一体化。从前述高速公路养护基础设施规划建设的必要性来看，无论高速公路养护采用何种方式或体制，项目业主均应作为养护基础设施的投资主体承担建设，并明晰资产投资方式。以不动产和动产为划分，项目业主承担不动产（如养护基础设施的征地及场地建设、房建工程等）投资；养护生产单位承担动产投资（如拌和设备、石料加工设备等）。

四、养护站、养护基地规划

按照一市一公司管理思路，按设区市划分，养护站及养护基地分别设置如下：福州设养护站16个、基地2处；莆田设养护站4个、基地1处；泉州设养护站11个、

基地2处；厦门设养护站1个；漳州设养护站11个、基地2处；龙岩设养护站10个、基地2处；三明设养护站15个、基地3处；南平设养护站15个、基地3处；宁德设养护站10个、基地2处。

第四节　案　　例

以福建省福厦高速公路8车道养护安全布控管理为例，说明高速公路养护技术的实际应用。

一、案例背景

福厦高速公路是沈海高速公路福建段的主体部分，福厦高速公路北起福州长乐的营前，与罗长高速公路相接，南至于厦门官林头，与厦漳高速公路相接，贯穿福建东部地区南北，是总长235.8km（主线）的封闭式汽车专用道路系统。原为4车道高速公路，自1997年逐段通车运营，为适应社会经济的高速发展，2011年福厦高速公路扩建为8车道高速公路。

二、案例概述

福厦高速公路地处沿海，桥隧较少、路基路线长，周边居民密集，环境复杂，日常养护工作较为复杂，8车道高速公路全长228.766km，设计时速为120km/h。交通流量大，平均断面流量高峰时达到14万辆。8车道扩建完成后，车道按车型和车速进行了划分，通行能力和车速较之前有了很大地提高，同时路基宽度达到了42.5m，给日常养护带来了很大的难度，安全上提出了更高的要求。超载超限车多、事故多，对道路和桥梁结构构成了威胁，增加了养护的频率。扩建拼接中的桥头沉降问题、搭板拼接开裂、伸缩缝由于不中断交通施工引起的扰动后的混凝土碎裂问题都在困扰着养护工作。福厦高速公路日常养护主要由福建陆顺高速公路养护工程有限公司承担，对8车道高速公路养护管理的主要做法如下：

1. 养护管理标准化

（1）ISO 9001体系引导标准化管理。引进ISO 9001体系进行养护施工质量管理，做到“实施有规范、操作有程序、过程有控制、结果有考核”，针对涉及施工质量的过程控制、工艺控制、管理行为、服务水平4个方面的内容编制了8车道养护相关程序文件、管理制度和作业指导书，明确符合实际、符合规范的质量管理要求。

（2）报表执行标准化管理。通过制定的一整套标准格式化报表，对日常工作中收集的大量数据进行分析、统计、整理，结合养护定额及每年的公路技术状况检测与评定情况，编报科学、合理的年度养护计划及预算，使有限的养护资金用于最需要的养护项目，重点实施微表处、罩面等预防性养护措施，保持高速公路良好的技术状况水平。

（3）新技术手段辅助标准化管理。有效运用高速公路管理系统（CPMS XP），实现对路面基础数据、检测数据等的统一管理。

2. 养护施工标准化

（1）安全布控标准化。为确保高速公路养护施工的安全，根据《道路交通安全法》及交通运输部《公路养护安全作业规程》，结合福建省相关规定，就沈海线 8 车道布控标准和方法向江苏、浙江等先进兄弟省份取经，制定《福建省高速公路多车道养护工程安全布控指南》，使 8 车道高速公路车辆多、车速快、车流量大，超限超宽车辆多等给施工布控带来的困难得到有效解决。

（2）工艺流程标准化。根据相关理论，结合大量实践中的对比和优选，研究制定出坑槽修补、护栏修复、绿化养护等日常施工作业类型的标准化流程，设定尽可能多的可量化指标，并通过《ISO 9001 施工作业指导书》将之制度化，使原本繁杂、多样化的施工工艺趋于统一、便捷、规范、高效，以适应和满足 8 车道高速公路养护流动强、施工快的要求。

（3）应急抢险标准化。制定完善《高速公路养护突发事件应急处置预案》及相关配套制度，确立集中领导、统一组织、就近保障、全省调配的原则，建立与交警、路政的应急处置联动体系，形成“横向到边、纵向到底”的应急网络；严格执行“及时储备物资、及时发现灾情、及时启动预案、及时上报解决”的应急抢险“四及时”标准化流程，提升抢险工作效率；不定期开展抢险知识培训和实地演练，促进养护队伍防灾、抗灾实战能力的提高。

3. 养护设施标准化

（1）站点设置标准化。根据部颁规范结合实践经验，确定养护站点 50km 的合理布局间距和 25km 的合理服务半径，并分为中心站（一级）、普 通站（二级）和养护班站（三级）3 个等级布设。按照各级站点养护职能的大小及其所属路段的实际需求，对其建筑规模、结构组成、员工人数、机具配置等制定统一标准，力求实现最佳的投入产出比。

（2）机械配备标准化。根据我省高速公路八车道养护的实际需求，结合考虑各路段不同车流量导致的养护工程量差异，修订完善《百公里机械设备配置方案》，同时在使用过程中通过机材管理软件和标准月报表，及时了解掌握各单位机械设备的使用情况，将季节性闲置的设备在各单位间合理调配，达到物有所用、物尽其用的目标。

三、案例分析

通过上述案例，8 车道高速公路养护采用管理标准化模式，取得较大的经济效益和社会效益，养护工作更及时快速，养护质量得以提高，养护施工安全性更为保障。就本案例而言，福厦高速公路年公里日常养护成本由 2012 年的 7.7 万元降至 6.5 万元；年公里专项工程成本由 2012 年的 15.1 万元降至 12 万元。年好路率达 100%，公路技术状况指数 MQI92，评价为优。高速公路的养护管理，必须严格按照养护规范的要求进行养护管理。无论是小修保养，还是专项工程和大修工程，都要按照既定的程序，做好工程项目的方案设计、原材料的质量试验，加强施工过程的检查和质量监督，工程的验收必须按相关规范的要求进行，确保养护工程能符合高速公路的设计标准，维持高速公路的运营标准和服务水平。形成标准后，要避免使标准成为一纸空文，而应使其成为服务生产、指导生产的有力工具。在具体的实施过程中，通过宣传动员、集中培训、知识竞赛、技术比武等多种形式，推动标准化养护工作的常态化进程。

由于科技、认识、经验的限制，现行标准的疏漏与不足之处在所难免。为此，标准化应该是一个持续改进的过程。随着科技的不断进步，经验的不断提高，认识的不断深入，应持续对现有标准中的不足部分进行补充，对错误进行修正，使得标准成为引领先进技术普及，提升高速公路养护水平的有力工具。标准化的实施对于提升高速公路养护工作的水平，保证高速公路养护工作的安全性，提高高速公路的服务质量，降低养护成本有着重要的作用。标准化也是一个长久的过程，大力持续推进高速公路养护标准化工作，必将使得高速公路养护工作走上一个新的台阶。

第七章　机电信息标准化

高速公路运营通过现代电子信息技术对高速公路运行状况进行实时监控，完成道路信息采集、传输、处理，对路网运行管理与决策及社会服务提供支持。机电信息管理围绕“科技为先、保障为重”的服务目标，确保为社会提供良好出行服务，对道路突发事件快速处置，保障高速公路安全、舒适、畅通。

高速公路机电及信息系统主要由机电三大系统（收费系统、通信系统和监控系统）、供配电与通风照明系统及信息化系统等组成。

第一节　收费、通信和监控系统运行维护管理标准化

一、日常巡检标准化

1. 作业准备

（1）人员准备：一般 1 ～ 2 名，根据需要适当增派技术员，统一工作服，反光背心（图 7–1）。

（2）工具准备：维修工具套装、接地电阻仪、电表等所需工具及仪表。

（3）车辆准备：巡查工具车一辆，根据实际需要配备维修高空作业车等。

（4）安全布控：外场作业时需摆设安全锥标、维修及停电标志牌等（图 7–2）。

2. 作业规范

（1）技术人员根据相关的设备制订巡检计划，巡检周期以日、周、月、季、年为周期单位。

（2）技术人员采用正确的方式对相应的机电设备进行观察、检查、测试，判断设备是否运行正常或存在隐患，做好相应的记录。

图 7–1 技术人员着装

图 7–2 安全布控

（3）对于运行异常的设备，技术人员应填写相关的巡检记录，同时登录机电设备管理系统做好故障报修登记工作。

（4）对于巡检中发现存在隐患的机电设备，技术人员应及时填写相关的巡检记录，并填报相应的维修计划。

（5）每月末进行系统巡检总结，分析机电设备运行情况。

3. 作业流程（图 7–3）

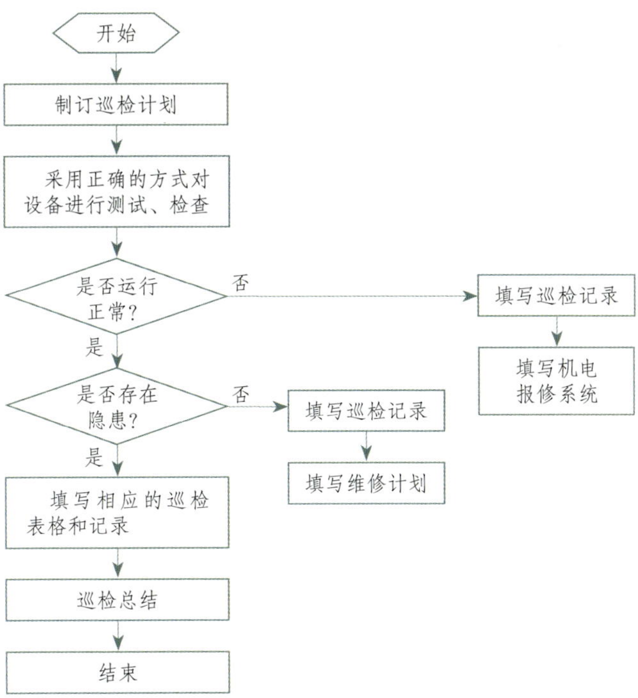

图 7–3 日常巡检流程

4. 作业内容

1）日巡检内容

（1）收费系统。

收费机房设备保洁及空调运行情况；收费站监控图像上传显示情况；收费数据每日增量备份；系统网络及防病毒软件运行状态；系统时钟同步情况；不间断电源系统运行状态；收费站负责站级收费机房、监控室和车道主要设备的外部保洁及空调运行情况的检查及秤台的外部检查，防止秤台四周与框架的间隙被异物卡死或堵塞。

（2）通信系统。

通信系统光传输、语音和电源设备网管告警处理；紧急电话广播系统主机自检告警处理。

（3）监控系统。

监控软件（含设备通信状态）及监控设备数据上传和存储的检查；外场及隧道图像上传的检查；分中心服务器、工作站、监视墙、大屏幕显示系统、监控大厅 LED 屏等设备的检查；外场及隧道设备、车辆检测器、一类交调站、气象监测站等传感器数据，情报板发送等项目的检查工作。

2）周巡检内容

（1）收费系统。

每两周重启一次分中心收费服务器、站级收费服务器、管理计算机、ETC 车道计算机及外围设备；每周进行收费数据库的检查、优化；车道控制器与各外围设备连接的检查及自动发卡机、打印机的内部除尘、润滑；检查稽查审片系统硬盘录像机运行情况；每周定期冲水清理秤台基坑，保证基坑排水通畅。

（2）通信系统。

通信机房设备及环境运行情况的检查工作、紧急电话广播系统设备的抽检和维护。

（3）监控系统。

检测隧道交通信号灯、车道指示标志控制情况；隧道电力监控系统报警记录及电力仪表数据记录。

3）月巡检内容

（1）收费系统。

收费数据整库介质备份备检查；车牌识别率统计情况；ETC 系统设、计重设备、自动发卡机、自动栏杆机以及收费系统供电电源等系统设备巡检维护；分中心及征管所监控室、机房的空调、防鼠、消防设备是否完好。

（2）通信系统。

通信系统光传输、语音和电源设备维保；沿线通信光缆巡检、测试、维护工作；做好紧急电话广播系统的巡检、测试和维护；综合网和互联网交换机、视频会议设备检查和维护。

（3）监控系统。

对外场及隧道设备进行维护；监控机房的监控系统通信设备、监视墙的机柜内部进行除尘清洁；服务器、工作站系统的优化；分中心监控大厅及无人值守机房的空调、防鼠、消防设施是否正常。

4）季巡检内容

（1）收费系统。

收费数据整库介质备份；车道工控机箱内部保洁；票据打印机进行详细保洁和调试；对车牌识别系统进行检查；车道摄像机镜头内部进行保洁；电动栏杆机进行技术性能测试并全面的保养；计重秤台内部进行保养；检测 ETC 车道天线感应灵敏度，调整天线位置；测试收费系统不间断电源蓄电池情况，确保不间断电源系统放电时间≥ 1h（图 7–4）。

图 7–4 自动栏杆机巡检

（2）通信系统。

通信电源蓄电池性能进行检查保养；系统网管操作计算机进行杀毒处理、网管数据备份；检查通信管道、光缆及相关缆线桥架等外场设施（图 7–5）。

（3）监控系统。

测试隧道火灾报警系统；检查分中心、外场及隧道监控设备的实现功能、技术性能、防雷是否良好；检查 UPS 设备工作是否正常；全面检查分中心、外场及隧道图像，检查视频切换、外场摄像机遥控等功能是否正常可靠（图 7–6）。

图 7-5　通信系统巡检

图 7-6　道路摄像机巡检

5）年巡检内容

（1）收费系统。

工控机进行技术性能测试并全面地保洁；分中心和征管所收费数据整库介质备份工作；测试设备接地阻值及避雷器件性能；检查收费系统的设备和线缆各类标志是否完整、清晰可辨；做好各类资料的整理、汇总和归档保存工作；收费软件开通前应做好系统检查及收费费率下发等工作。

（2）通信系统。

复测通信机房接地阻值，复测干线网、骨干网和接入网备用光纤衰减值；对通信系统设备进行全面巡检、保洁维护；设备运维资料的整理、汇总、归档保存工作。

（3）监控系统。

测试设备接地阻值及避雷器件性能；全年数据介质备份工作；检查所有设备、缆线的各类标签、铭牌；各主要设备及各项功能进行全面检查、校正；对隧道内设备等进行除尘清洁（一年不少于 2 次）；做好各类资料的整理、汇总、归档保存工作。

6）三大系统巡检标准

（1）收费系统。

检查分中心和征管所服务器事务代理、磁盘整理、数据整库备份、防病毒等软硬件运行状况；检查监控、管理、财务、稽查审片等管理机软硬件运行状态；对 ETC 路侧读写设备（RSU）及天线、车道工控机、自动发卡机、电动栏杆机、车牌识别器、计重设备、费额显示器、车道和云台摄像机以及语音对讲等系统设备，进行技术性能检查；检查设备运行环境；检查收费系统的设备和线缆各类标志是否完整、清晰可辨；对收费系统后备电源进行全面检测。

（2）通信系统。

检查 SDH、OTN 光传输设备、程控电话交换、软交换机设备等设备指示灯显示情况及系统告警、散热情况；获取并查看网管服务器各网元及单盘的运行状态信息，检查定期数据备份情况；检查防病毒软件运营情况；检查高频开关电源及通信站后备电池运行情况；检查设备运行环境及通信机房防雷接地情况。

（3）监控系统。

检查监控室监视器屏幕墙或液晶拼接图像显示及切换情况；检测 LED 信息显示屏显示情况；检查监控图像、情报板、隧道监控等管理计算机软硬件运行情况；检查监控系统服务器事务代理运行情况，对系统进行优化；检查收费站入口情报板、道路情报板、全程监控道路摄像机、道路车辆检测器、一类交通调查站等外场监控设备运行情况；检查视频传输系统全程监控道路光纤收发器等设备运行情况；检查设备接地阻值及避雷器件性能；检查全年数据介质备份工作；检查所有设备、缆线的各类标签、铭牌；检查道路远程供电系统后备电源运行情况。

二、日常维护标准化

1. 作业准备

（1）人员准备：一般 2 名，根据需要适当增派技术员，统一工作服，反光背心。

（2）工具准备：维修工具套装、接地电阻仪、电表、软件安装盘等所需工具及仪表。

（3）车辆准备：维修工具车一辆，根据实际需要配备维修高空作业车等。

（4）安全布控：外场作业时需摆设安全锥标、维修及停电标识牌等。

2. 作业规范

（1）日常设备故障报修通过机电设备管理系统进行报修申请，当报修服务或网络出现故障时，可通过电话联系相应监控分中心委托值班人员进行登录报修。

（2）故障报修一事一报。不同系统或设备出现的故障，按多个问题分别进行登记，不要登记在同一问题中；同一系统的多个设备同时出现故障，也须按多个问题分别进行登记。

（3）故障报修区分系统，故障现象描述准确。报修内容应包括故障位置、故障设备和故障现象等方面内容，并力求准确。若无法确定故障情况，可电话联系相应的技术人员进行口头描述。

（4）报修人员及时跟踪报修故障，若发现其登记的问题及故障信息错误，在维护人员未响应前，可进行修改。

（5）报修人员发现所报修故障已处理完毕时，应对设备运行情况进行复查和确认，登录机电设备管理系统对报修故障进行审核，以确保技术人员了解设备维修后的情况。

3. 作业流程

1）日常报修工作流程（图 7–7）

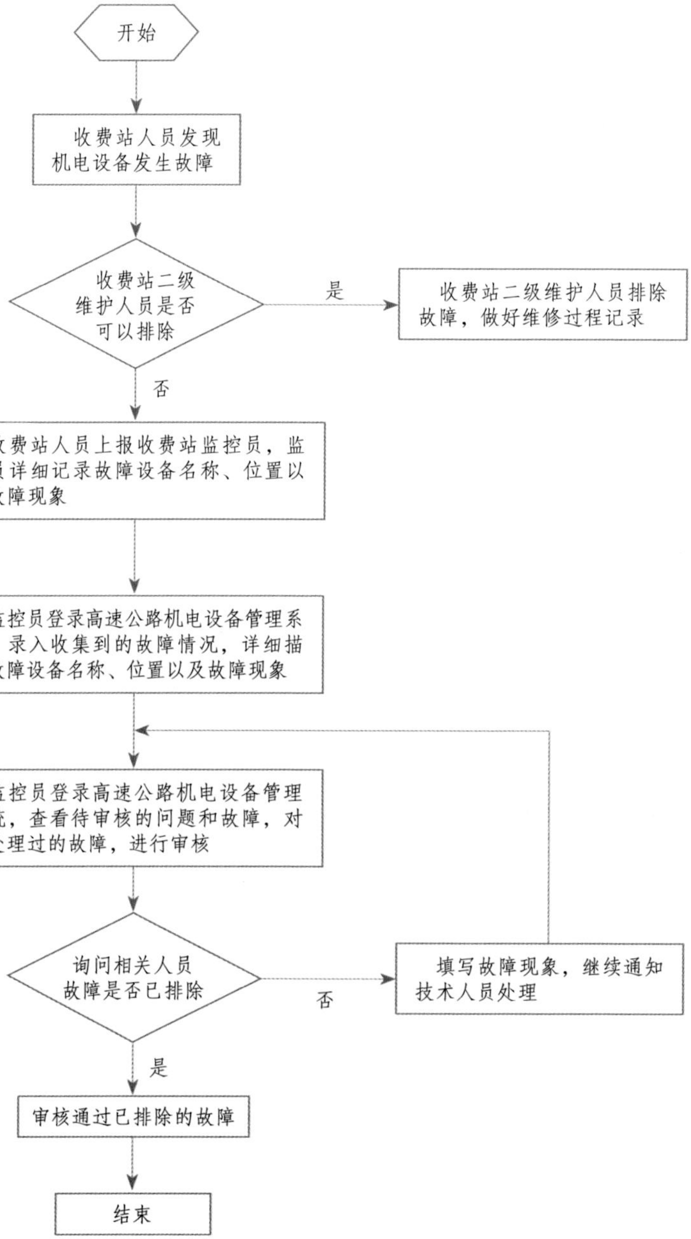

图 7–7　日常报修工作流程

2）日常维护工作流程（图 7-8）

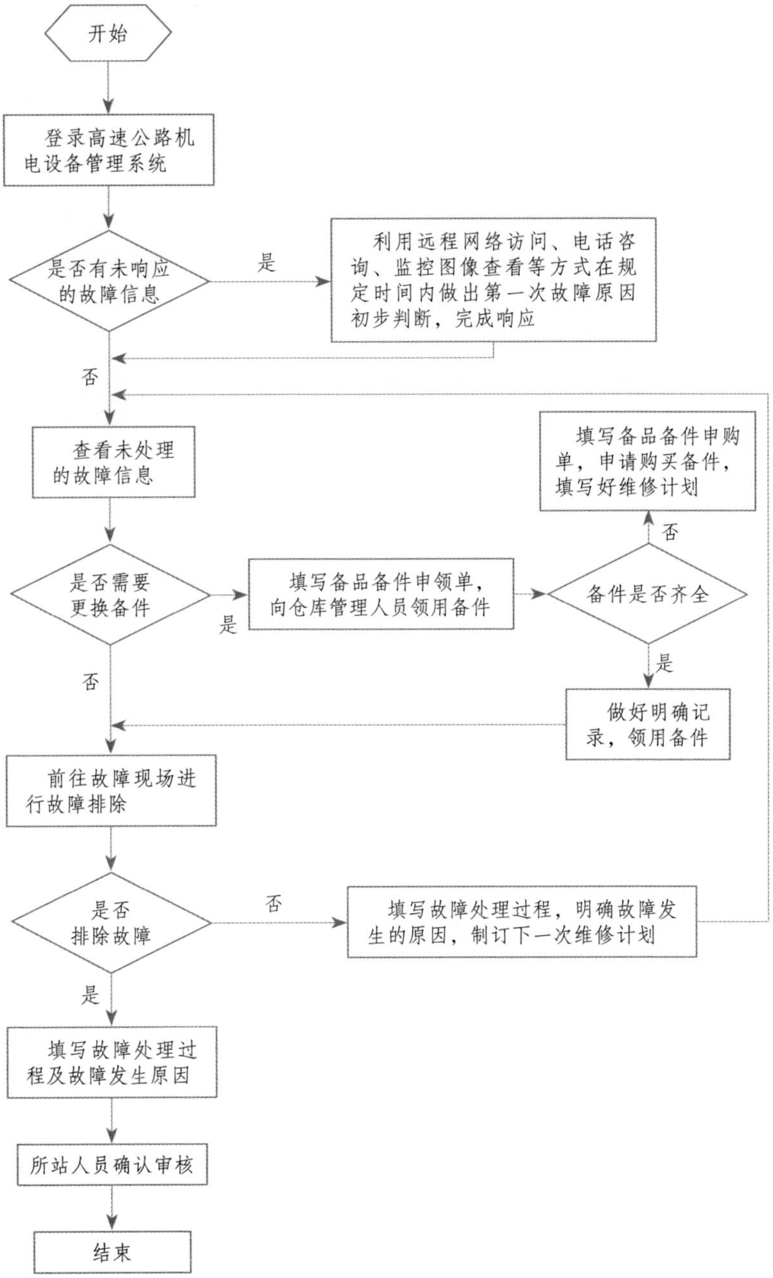

图 7-8　日常维护工作流程

4. 报表统计

在每月5日前,将上个月的机电维护和信息工作进行汇总、统计,形成工作总结。

在每月 5 日前，将上个月的各系统运行情况进行汇总，并形成报表。

统计报表应仔细、符合实际，并要求打印归档。

三、三大系统突发事件应急处置与管理

突发事件应急管理主要是为了保障三大系统因自然灾害、交通事故等突发事件造成重大故障时，能够快速、高效地响应及处置，最大限度地降低对高速公路运营工作的影响。

1. 处置原则

三大系统突发重大故障处置的总体原则是：先保系统基本运行，后按原系统设计的要求全面恢复；先全局，后局部；先主干网传输，后本地网传输；先确保收费系统运行，后完善其他系统。

（1）收费系统：先保证恢复车道收费系统的正常运行，然后再恢复所级和分中心级收费系统正常运行。紧急情况可按相关程序报备后，启用手持便携式车道机进行收费。

（2）通信系统：采取调用备用光纤路由、备用通道电路及备用板快速修复通信中断，恢复多业务网数据传送。

（3）监控系统：以恢复视频监控系统主干网的图像传输功能及可变情报板的信息发布功能为主。

2. 备品备件和仪器仪表保障

（1）收费系统：配备监控室和车道系统及视频监控系统的主要设备。

（2）通信系统：备光传输设备的重要无备份的电路盘(板)；紧急电话系统和通信电源系统主要备件；所辖路段的里程超过 600km 的管理公司备一盘 2km 应急 60 芯光缆。

（3）监控系统：备火灾报警系统、视频监控系统、隧道本地控制系统和车检器的主要设备等。

（4）必备的仪器及其他：数字万用表(带串口)、千兆网络测试仪(一对)、便携监视器、光源、光功率计、光时域反射仪、接地电阻测试仪、兆欧表、线缆测试仪、便携式网管电脑、生产车辆。

四、范例

由于机电系统的设备种类多，分布位置广，每种设备的构成也大不相同，因

此在日常巡查维护工作中，须针对不同的设备制定相应的检查维护操作规范，本书仅以部分设备的日常巡查维护操作规范作为范例介绍。

1. ETC 电子不停车收费系统

按照制订的巡检计划任务执行巡检任务。

（1）作业准备。

①人员准备：2 名专业维护人员。

②工具准备：维修工具、测试 OBU、接地电阻仪、巡检记录单等材料。

③车辆准备：巡检车辆 1 辆。

④安全布控：工作人员身穿工作服、反光背心，严格按要求进行车道安全布控，摆放安全锥标，车道通行指示标志及通行信号灯按规范进行设置。

（2）巡检内容。基本包括设备检查、收费系统数据检查、系统性能检查 3 个方面：

①设备检查。地感信号正常、费显显示正常、报警器正常、摄像机视频显示正常、视频字符叠加正常、天线初始化正常。

②收费系统数据检查。

a. 检查车道是否有滞留数据，有滞留数据车道收费软件的界面会有提示信息。

b. 检查站服务器的数据处理服务是否提示工班记录不完整。

c. 检查站服务器的参数下发服务合并工班记录时是否提示工班记录不完整。

d. 检查 MTC 数据抽取是否有未上传数据。

e. 检查站级的参数下发服务是否正常工作，并将参数数据实时下发到车道。

f. 检查车道的参数接收服务是否正常工作，并能接收站级的参数数据。

g. 检查 ETC 车道收费软件是否能实时启用新的参数数据，并备份对应旧参数数据。

③系统性能检查。

a. 车道现场过车效果观察。

b. 通过系统事件日志统计，查看卡未插好、交易未完、近区完成交易、倒车完成交易所占的比例并进行分析。

（3）根据现场巡检的具体情况填报巡检表。设备运行正常，无须故障报修，所部管理人员、巡检人员签字确认。

2. 计重设备

按照制订的巡检计划任务执行巡检任务。

（1）作业准备。

①人员准备：2 名专业维护人员。

②工具准备：维修工具、专用秤台扳手、万用表、巡检记录单等材料。

③车辆准备：巡检车辆 1 辆。

④安全布控：工作人员身穿工作服、反光背心，严格按要求进行车道安全布控，摆放安全锥标，车道通行指示标志及通行信号灯按规范进行设置。

（2）巡检内容。

①检查地磅的整体情况。巡检时应站在秤台上前后、左右摇晃，感受秤台是否晃动厉害，发出碰撞声音，若晃动厉害则需要调节限位（图 7–9）。限位调节：首先将螺丝拧开，然后旋动限位主轴，让限位刚好碰触秤台，然后拧紧螺丝，直到晃动小而均匀不碰撞为止（图 7–10）。

图 7–9　地磅

图 7–10　检查地磅的固定限位情况

②检查地磅称重传感器、接线等情况（图 7–11）。

图 7–11　检查地磅的称重传感器

③采用万用表测量机柜内对应的传感器电流来检查传感器受力情况。

④检查光栅的加热及接线情况，调节加热控制旋钮，用手感受玻璃外部是否有加热温度（图 7–12）。

图 7–12　检查光栅的加热及接线情况

⑤检查计重设备在仪表中的显示情况。

⑥检查称重机柜中的接线情况（图 7–13）。

（3）根据现场巡检的具体情况填报巡检表，所部管理人员、巡检人员签字确认。传感垫片磨损较为严重，称重仪数据显示异常，需进行故障报修。

（4）进入故障报修流程。

图 7-13 检查称重机柜中的接线情况

第二节 供配电与通风照明系统运行维护管理标准化

一、供配电与通风照明系统巡检标准化

1. 日常巡检规范

（1）运行维护作业单位应结合值班、巡回检查、检修情况，建立运行日记录和专用记录。运行日记录应包括值班、操作、巡回检查、安全情况、上级指示记录等；专用记录应包括继电保护工作和断路器动作、设备定期轮换运行、设备保养、设备缺陷情况、检修、设备试验、事故和异常情况记录以及分析处理报告等。

（2）运行维护作业单位应记录：工作日志、各配电房（箱站）日巡查表（由巡查人员或值班人员负责），道路沿线巡查记录（包括风机 / 灯具 / 隧道配电设备巡查记录，包含日、月、季记录，由巡查人员或值班人员负责），缺陷 / 维修 / 保养记录（包括 UPS 放电记录、专项保养 / 维护记录，由维修人员和班组长负责记录），停电 / 事故 / 特殊记录（班组长 / 技术员 / 值班人员 / 巡查人员记录负责），外供电架空线路巡查记录，柴油发电机运行记录。

（3）供配电系统的技术管理人员每月应提交月总结计划（含本月完成内容、存在问题及下月计划），通过定期巡检和不定期抽检方式，掌握系统运行情况，对于未消除的设备缺陷，应密切关注并督促和尽快组织处理。作业人员作业应严格按照管理制度和操作规范实施，认真做好相关记录，在日常值班、巡检中发现故障或安全隐患时，除采取必要的安全应急措施外，还应及时依据故障或缺陷的类别，采取相应措施。

（4）运行维护作业单位应定期组织进行运行分析，包括综合分析和专题分析。综合分析主要内容为：运行制度执行情况、设备缺陷情况、事故隐患情况、维护维修情况、电压质量和负荷情况等。对设备缺陷产生的原因、发展的规律、最佳处理方法及预防措施进行分析和研究，寻找规律和薄弱环节，有针对性地制订预防事故措施；同时对当前电网质量、负荷容量、平衡情况，电压质量情况、继电保护装置动作情况进行通报。专题分析主要内容是对某重点问题、事故隐患、异常情况以及事故原因进行的专门分析。每次运行分析均应做好详细记录备查。

2. 日常巡检内容

1）日、周巡检内容

（1）应对隧道灯光及能见度情况进行日巡检（包括灯光开启情况及通风情况），并记录相关数据。

（2）每周应对高速公路沿线各变电所、开闭所巡检一遍。检查相关设备，及时发现问题，及时处理，并记录相关数据。对无法处理的故障按规定程序处理，巡检过程应与设备维修相结合。

（3）值守电工应对变电站设备运行情况进行巡检（包括运行数据、环境进行记录）（图 7–14）。

图 7–14　配电房巡检

2）月巡检内容

（1）结合日、周巡检内容进行。

（2）对全线发电机组进行常规检查保养及例行发电检查保养。

（3）对隧道风机进行运行状态巡检，分远程和集中（本地）控制。

3）季巡检内容

（1）结合月巡检内容进行。

（2）对隧道风机进行运行巡检，检查隧道内各风机动力箱、风机远程控制运行，本地观察各台风机运行情况。

（3）对隧道照明情况进行切换检查，检查隧道内各照明动力箱、照明远程控制运行，本地观察各照明段运行情况。

（4）对各征管所收费大棚、广场照明进行巡检。

（5）相关电缆驳接处运行状态及各中压分区电缆走廊环境巡检。

（6）对变电所内的 UPS 进行放电试验。

（7）每 3 个月对沿线隧道内配电箱及地埋变做常规检查保养。

（8）对外围架空线路走廊环境进行巡检与清理，并对线路进行必要保养。

4）半年巡检内容

（1）对各征管所收费大棚灯进行擦洗。

（2）沿线隧道灯具进行清洗。

（3）隧道内 UPS 及隧道应急灯结合外供电停电时段进行放电试验。

5）年巡检内容

高压设备预防性试验、根据发电机组保养规定对柴油机三清保养（期间应根据发电时间、机组工况进行必要时的保养）。

6）夜间巡检内容

（1）在夜间无灯光时检查各变电所、开闭所设备运行及周围环境情况每月 1 次（常规变电站），并依据日巡检查发现的异常着重检查。

（2）检查夜间隧道灯光运行状况每月 1 次。

3. 巡视检查、维修设备注意事项和基本方法

1）注意事项

（1）加强高低压部分的重点设备巡视检查。

（2）巡检应由两人进行。

（3）巡检时,应与带电体保持安全距离,安全距离应符合相关行业的有关规定。

2）基本方法

（1）巡视检查设备时，要精力集中、认真，充分发挥眼、鼻、耳、手的作用，判断、分析设备运行是否正常。

（2）高温、高峰负荷时、设备检修后、特殊天气时、新设备投入运行和设备存有缺陷时，应加强对设备巡检。

（3）设备经过操作后要做重点检查，特别是断路器跳闸后的检查。

（4）根据历次的设备事故进行重点检查。

（5）利用黑夜检查设备是否闪络、发电及电晕情况。

二、关键设备巡检、检修保养主要项目

1. 高压配电设备

高压配电设备主要指高压开关柜、计量柜和 PT 柜。

主要巡检、检修保养变配电所（包括箱式变电站）的隔离开关、断路器、负荷开关、熔断器、互感器、避雷器、继电保护等，巡检、检修内容、周期应符合有关规定要求。

2. 电力变压器

变压器的巡检、维护应包括下列主要内容：

（1）检查变压器的温度，油色，油位。

（2）检查引出导电排的螺栓接头，绝缘体，阀门，防爆管及周围环境。

（3）检查吸湿器，冷却通风装置。

（4）外体检查，包括防雷、接地装置。

3. 低压配电设备

低压配电设备的巡检、维护应包括以下主要内容：

（1）做好运行巡检工作，监视电气设备的运行参数，发现异常情况，及时处置。

（2）定期进行供电设备的检修，消除事故隐患和缺陷，实现供电设施安全，经济运行。

（3）做好无功功率电容器的检查和维护，减少变压器及线路损耗。

4. 通风照明设备

高速公路通风照明设备的巡检、维护应包括下列主要内容：

（1）检查通风照明设备、通风照明线路。

（2）检查应急通风照明设施电路和电源。

（3）维护和清扫风机、灯具。

（4）紧固风机、灯具构件螺栓。

（5）隧道通风照明维护应参照《公路隧道养护技术规范》（JTG H12—2015）有关规定执行。

5. 柴油发电机组

柴油发电机组的巡检、维护应包括以下主要内容：

（1）柴油发动机、发电机、接线。

（2）启动装置、控制装置、减振装置。

（3）燃料装置、润滑油装置、散热冷却装置、空气净化器或换气扇。

第三节　信息化系统管理标准化

高速公路信息化系统主要涵盖养护、机电、综合执法、路网管理、出行服务以及包括财务、人事等行政办公管理等业务在内的信息化应用系统。高速公路信息化体系是以运营管理业务为核心的信息系统支撑体系，同时围绕着运营管理核心业务体系，建立高速公路协同办公业务信息化体系、出行服务与应急处置体系、领导辅助决策支持体系、内部信息交换与共享体系 4 大体系。通过 4 大信息化体系建设，整体提升高速公路运营管理及公众服务水平，规范高速公路运营管理行为，提高高速公路运营管理效率，营造安全、畅通高效的高速公路出行路网体系（图 7–15）。

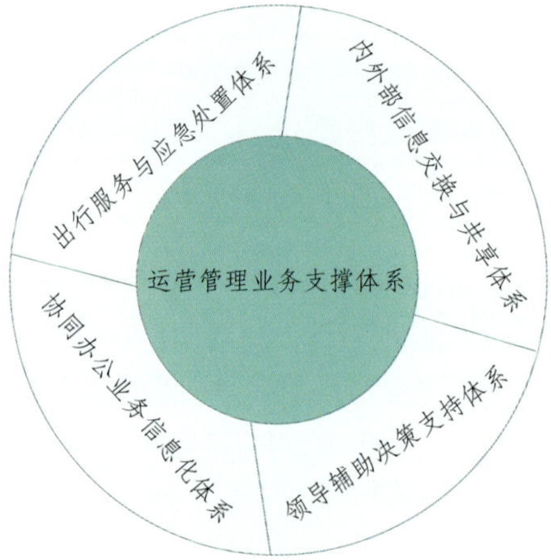

图 7–15　高速公路信息化体系架构

实施高速公路信息系统管理标准化，将有效保障信息系统稳定运行，减少故障发生，有效保障信息系统安全、防止信息泄密，实现管理规范、职责明确的信息化运维管理机制。信息化系统维护管理内容主要包括硬件及网络基础设施管理、信息系统运维管理、信息网络安全与保密管理及计算机病毒处理等内容。其中，硬件及网络设施管理主要包括服务器、存储设备、网络设备、UPS、机房环境以及办公电脑等硬件设备管理；信息系统运维管理主要包括操作系统软件、数据库软件、中间件软件、办公文字处理等基础软件以及与各业务相关的各应用系统软件管理；信息网络安全与保密管理主要信息安全硬件设备、信息安全软件、信息安全规范、防病毒软件管理等内容。具体内容如下：

一、硬件及网络设施管理标准化

1. 作业管理制度

（1）机房设置专人管理，未经批准，严禁非机房工作人员随意无故地进入机房，杜绝陌生人进出机房；无关人员未经批准不得进入机房，更不得动用机房设备、物品和资料，确因工作需要，相关人员需要进入机房操作必须经过主管批准并在机房人员的指导或协同下进行；参观人员进入机房需由机房管理人员陪同，陪同人员应全程陪同并承担参观过程的管理责任。

（2）工作人员离开工作区域前，应保证工作区域内保存的重要文件、资料、设备、数据处于安全保护状态；任何人不得携带任何易燃、易爆、腐蚀性、强电磁、辐射性、流体物质等对设备正常运行构成威胁的物品进入机房；未经主管领导批准，禁止将机房相关的钥匙、密码等物品和信息外借或透露给其他人员，同时有责任对信息保密。对于遗失钥匙、泄露信息的情况要即时上报，并积极主动采取措施保证机房安全。

（3）严禁与机房工作无关的人员直接或间接操纵机房任何设备；统一管理机房设备，并完整保存计算机及其相关设备的驱动程序、保修卡、合格证及重要随机文件；路由器、交换机和服务器等网络关键设备，非机房专职人员不得自行配置或调试。

（4）机房设备的报废应经相关专职人员鉴定和公司领导批准后方可申请报废。机房重要设备的添置应由机房管理员申请并经公司领导批准后办理；中心机房应保持清洁、卫生，并由专人负责管理和维护(包括温度、湿度、电力系统、网络设备等)；机房内严禁吸烟、吃食物、嬉戏和进行剧烈运动，机房工作人员应保持机房安静；定期对机房环境进行清洁，对机器设备吸尘清洁，以保持机房整洁。

2. 作业管理流程

1）机房进出登记流程（图 7–16）

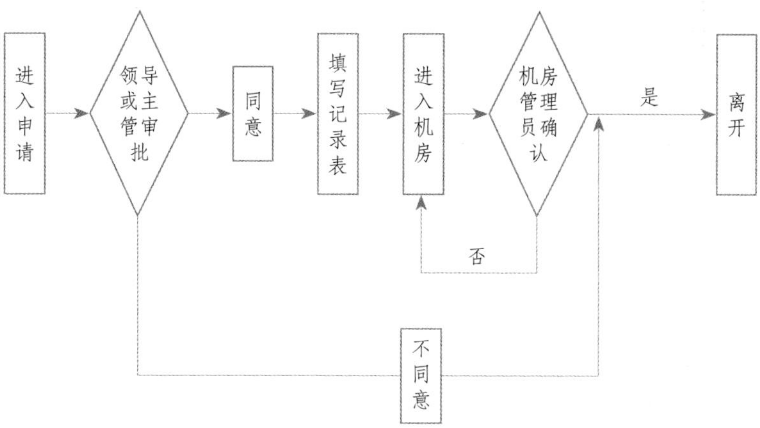

图 7–16　机房进出登记流程

2）机房日常巡检流程（图 7–17）

3. 机房巡检内容

1）机房环境巡检

（1）检查机房是否整洁干净。

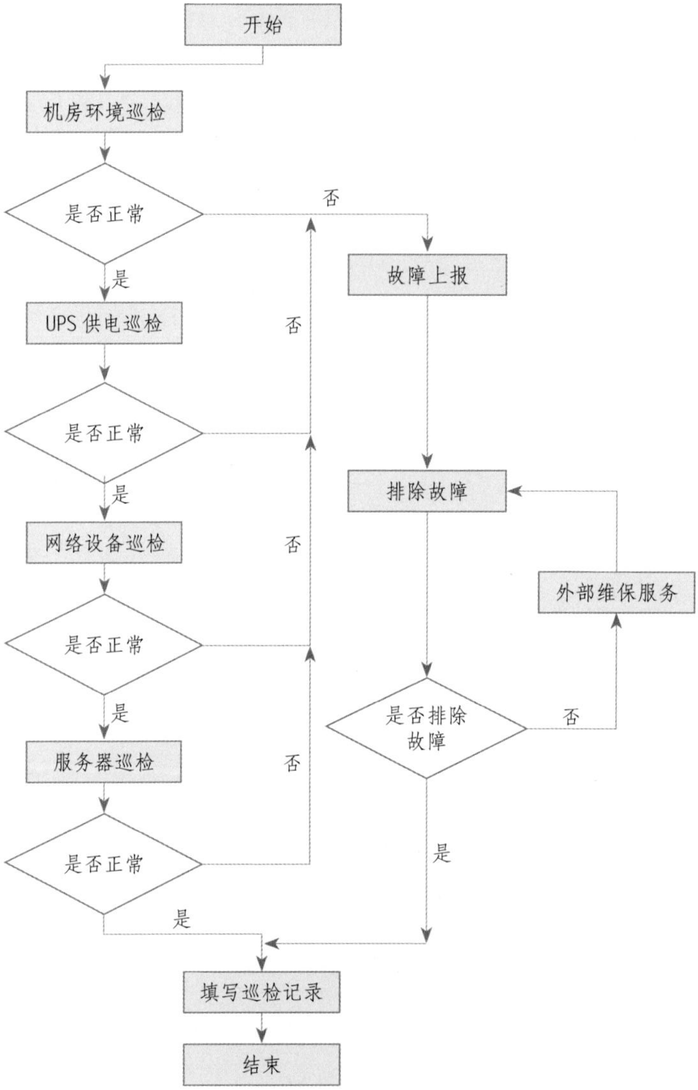

图 7–17　机房进出登记流程

（2）检查机房内的照明和应急照明是否正常。

（3）检查机房的温度、相对湿度和机房制冷设备运行情况。检查制冷设备运行是否正常，查看空调的工作日志（图 7–18）。

（4）检查消防设备。检查温控、温感探头和消防喷头是否有遮盖物，灭火器是否在位，是否失效。

（5）检查机房排水管道是否堵塞，静电地板下是否积水。

（6）检查机房安防摄像头是否工作正常，是否有遮蔽物。

（7）检查机房天花板与墙壁是否有渗水现象。

（8）检查机房防雷、接地是否有效。

故障处置措施：发现故障及时排除，若无法解决，及时通知物业工程部或维保厂家进行维修，并上报领导。

2）UPS 供电巡检

检查 UPS 设备的工作情况，查看 UPS 输入与输出各相电路的电压、电流以及负载情况。检查各配电箱内各空气开关的通断状况。每 3 ~ 4 个月给 UPS 的蓄电池做一次放电。切断市电放电时，须每 10min 检查一次 UPS 蓄电池的输出电压状况、负载情况等指标。

图 7-18　空调运行状况

3）网络设备巡检

（1）现场巡查。

①查看交换机（图 7-19）各指示灯状态是否正常。

②查看网络交换机上各接口的运行状况，各接头是否有松脱现象。

③检查交换机风扇是否正常运转，电源是否正常工作。

④检查交换机温度是否正常。

图 7-19　网络交换机

（2）检查网络连通性。

①通过超级终端或 Telnet 等工具登录交换机。

②使用网络命令或测试工具，检查其他交换机和不同 VLan 网关的连接状况。

③检查网上各应用业务系统的连接、应用状况。

4）服务器等设备（图 7–20）巡检

图 7–20　服务器设备

（1）检查服务器、阵列柜等硬件设备的运行情况，查看设备自检的报警情况，硬盘是否报警，检查服务器电源、网络、USB、VGA 等接口的插接情况、是否存在松脱现象。若存在故障，判断故障原因和对应用系统的影响，根据轻重缓急，制订相应的解决方案（图 7–21）。

图 7–21　服务器报警显示

（2）登录服务器，查看系统日志，检查操作系统、服务器 CPU 和内存的运行情况（图 7–22）。

图 7–22　登录系统检查

5）事件处理

设备故障应及时处理，重大故障或事件应及时上报主管和领导。一时无法解决的故障，可在获得领导批准后，请外部专业设备维护服务商来处理。若故障修复对信息业务系统有较大的影响，应认真制订相应有效的维修计划，选择合适的时间，采取必要的保护措施后，进行故障排除处理。

每天认真填写巡检记录，详细描述事件或故障的情况，记录处理的方式与步骤，以积累故障检查和处理的经验。

二、信息化系统运维管理标准化

1. 作业管理制度

（1）对运行关键业务的系统进行监控。监控系统关键性能参数（如启动参数）、工作状态、占用资源和容量使用情况等内容；不得随意重启业务系统服务器、相关网络设备和安全设备，尽量少安装与业务无关的其他软件。

（2）定期对系统日志进行审计、备份；对主机系统上开放的网络服务和端口进行检查，发现不需要开放的网络服务和端口时及时通知相关管理员进行关闭；对系统运行情况进行记录，每月对记录结果进行分析、统计，并形成分析报告向上级汇报。

（3）开办交互式栏目的信息系统必须配备关键字过滤措施，防止出现有害信息和非法言论；不同的业务系统应采取不同的保护措施，达到等级保护三级标准时应向网监部门提交备案申请并取得备案编号。

（4）已在网监部门备案的信息系统要根据等级保护国标和上级主管部门的工作要求开展测评和整改工作；所有在互联网发布的信息系统都必须在公安部门

进行备案登记。已备案信息系统应注意前次备案的有效期限，应在备案失效前再次向公安部门报送材料进行备案，保证信息系统备案状态的持续性。

2. 作业管理流程

1）系统安装流程（图 7–23）

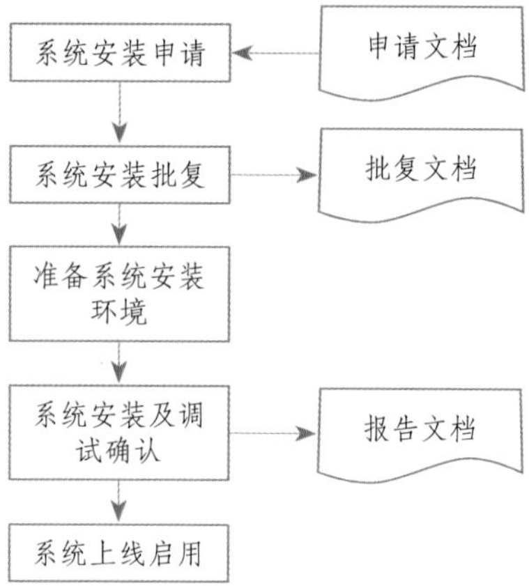

图 7–23　系统安装流程

流程说明：

（1）系统开发单位向信息技术主管部门提出系统安装申请，附带申请报告，软件测试报告，安装环境要求等说明。

（2）信息技术主管部门进行审核及批复意见。

（3）系统开发单位协同信息技术部门技术人员进行安装环境准备。

（4）系统开发单位协同信息技术部门技术人员进行系统安装及调试，出具调试报告。

（5）经信息技术主管部门批准后，正式上线使用。

2）系统升级流程（图 7–24）

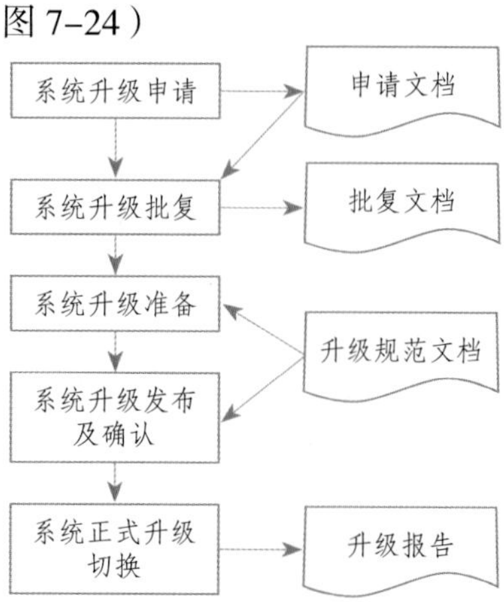

图 7–24　系统升级流程

流程说明：

（1）系统开发单位向信息技术主管部门提出系统升级申请，附带申请报告，系统升级方案等说明。

（2）信息技术主管部门进行审核及批复意见。

（3）系统开发单位进行系统升级准备，信息技术主管部门监督及确认。

（4）系统开发单位进行升级安装及调试，信息技术主管部门负责监管及确认。

（5）经信息技术主管部门批准后，系统升级正式切换上线。

3）故障处置流程（图 7–25）

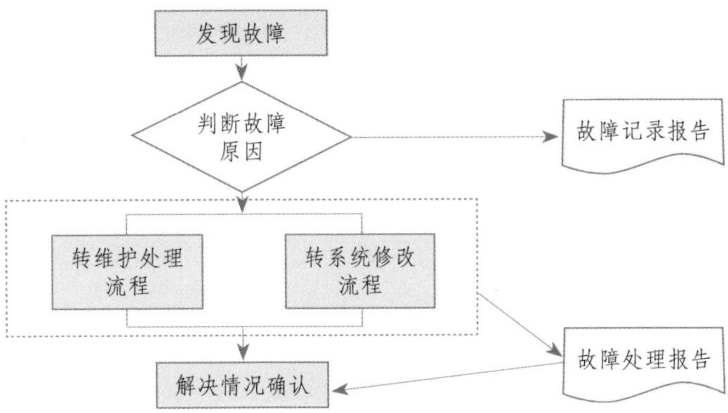

图 7–25　故障处置流程

流程说明：

（1）用户及 IT 运维人员发现系统故障。

（2）IT 运维人员初步判断故障情况，形成故障记录报告。

（3）若是运维问题则转入运维流程，若是系统故障，转入系统修改流程。

（4）对故障解决情况进行确认反馈，形成故障处理报告。

三、信息安全与保密管理标准化

1. 作业管理制度

（1）明确信息安全岗位工作，人员配置充足的情况下采用专岗专职（安全管理员、安全审计员、系统管理员、应用系统管理员）；组建完整的信息网络安全管理机构（图 7–26），设置安全人员，确定管理机制，明确安全管理原则和完善安全管理措施；根据信息业务涉及内容的不同，定义不同的信息安全等级，明确不同业务的防护类型，选择相应的安全设备；签订相关的保密协议，对于进入信息系统工作的人员，均应签订相应的保密协议，承诺其对系统应尽的安全义务，保证在岗工作和离岗后一定时期内，不违反协议内容。

（2）不得危害计算机系统的安全，不得利用计算机信息系统从事危害公开利益和公民、法人及其他组织合法权益的活动；不得利用计算机信息系统危害国家安全、泄露国家秘密；网络信息系统应采取相应的保密技术防范措施，严格遵守保密管理工作制度，严防失、泄密。

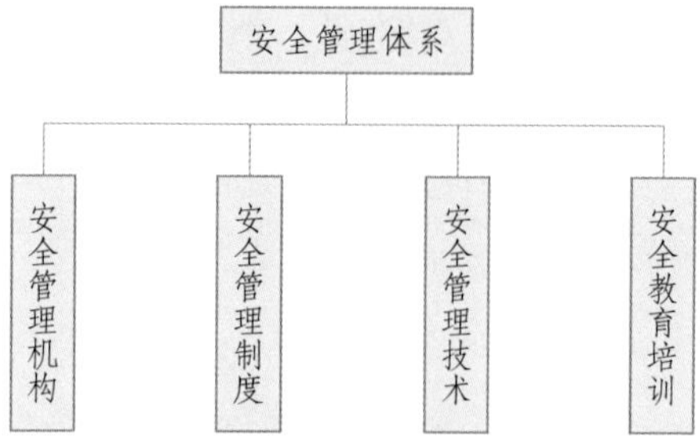

图 7–26　管理体系结构

（3）软件使用维护和登记保管，操作系统、数据库、安全软件由专人负责管理，软件安装后原件（盘）应妥善保管登记；使用经国家认可的防、杀病毒软件产品，定期组织软件升级、查杀工作；根据不同的网络接入以及三层架构的应用安全基础环境，在现有网络中设置安全域，给予相同安全域内相似的安全控制策略，不同等级域之间设置不同的访问控制策略，各安全域间通过安全互联和核心交换区与其他区域和其他单位信息系统进行数据交换。

（4）加强系统的访问控制，针对权限和账号加强管理，对于不同的用户授权原则是进行能够完成工作的最小化授权，避免授权范围过大，并在它们之间形成相互制约的关系。严格限制默认账户的访问权限，重命名默认账户，修改默认口令；及时删除多余的、过期的账户，避免共享账户的存在。

（5）内网系统不得直接或间接与外网或其他公共信息网络相连接，内网与外网或其他公共信息网络必须实行完全物理隔离；在互联网与内网的边界处部署防火墙、安全网关、入侵检测系统、网闸等安全设备，在内外网数据进行交互的过程中，起到内网数据的保护作用。在内网服务器中，部署数据库审计、日志审计、上网行为管理、网络安全监控系统等管理设备，实现对内网服务器群进行监控，对服务器数据和日志进行审计。

（6）对于企业内网信息外联业务，均采用 VPN 加密隧道外联技术，通过身份鉴别，在基于角色策略控制下实现对企业内部资源的存取访问；凡向公司网站提供或发布信息，必须经过办公室批准；保密审批实行部门管理，坚持“谁上网谁负责”的原则；内网各信息系统的使用人员要按保密规定进行涉密信息的采集、存储、处理、传递、使用和销毁；信息系统存储、处理、传递、输出的涉密信息要在突出位置标明密级。并按相应密级文件进行管理，不得在连接国际互联网的计算机上存储、处理、传递涉密信息。

（7）执行定点维修、销毁制度，涉密计算机及其涉密移动存储介质需到保密工作部门指定的定点单位进行维修，销毁；凡在网上开设电子公告系统、聊天室、网络新闻组的用户，应当遵守有关计算机安全、保密的相关法规，不得在网上发布、谈论和传播国家秘密信息；发生信息安全事件应预案内容进行规范操作，发现信息系统泄密后，应及时采取补救措施，并按有关规定及时向公司主管领导和同级保密部门报告。

（8）省级防病毒中心（一级管理中心），配置管理服务器，负责对二级中心进行监督管理，各升级包下发、统一规则策略制订、管理授权、突发性重大疫情及故障处置；地市区域汇聚中心防病毒中心（二级管理中心），配置管理控制台或控制服务器，接收和下发一级管理中心的各项数据，针对辖区内收费系统中的各种应用服务器和客户端进行防病毒监控和处理，根据实际情况制订相应规则策略；客户端，安装于系统各台计算机，接收二级管理中心下发的各项数据，对本机进行监控、病毒防护、记录及处理。

（9）各地信息安全技术人员，对其管理范围内的防病毒系统进行实际操作，负责系统检查， 维护，处理及制订安全策略；防病毒系统的管理工作由各地信息安全技术人员负责，包含系统的安装、部署、调试、检查、升级和反馈。

2. 作业管理流程

1）防病毒系统日常巡检作业流程（图 7–27）

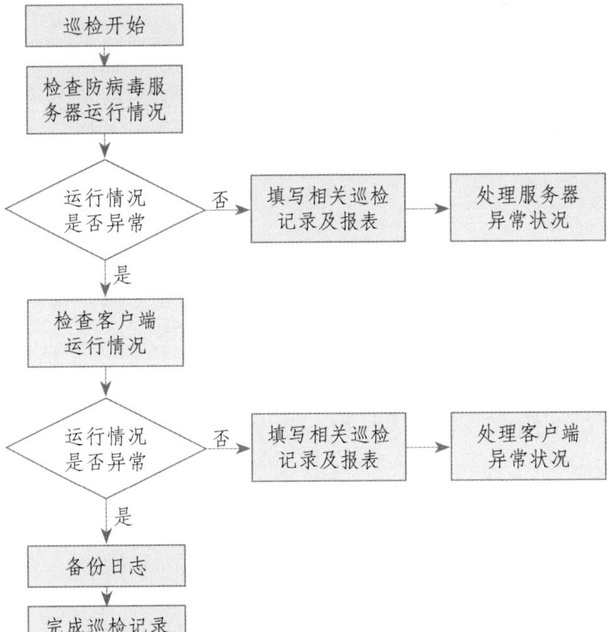

图 7–27　防病毒系统巡检流程

流程说明：

（1）按月定期组织防病毒系统例行巡检工作。

（2）巡检检查防病毒服务器运行状态，各功能模块是否工作正常，是否存在告警，日志保存情况，能否正常监控各级客户端。

（3）检查各客户端程序是否开启保护，软件及病毒库版本是否一致，有无告警存在。

（4）检查并备份日志。

（5）填写巡检记录。

2）病毒处理流程（图 7–28）

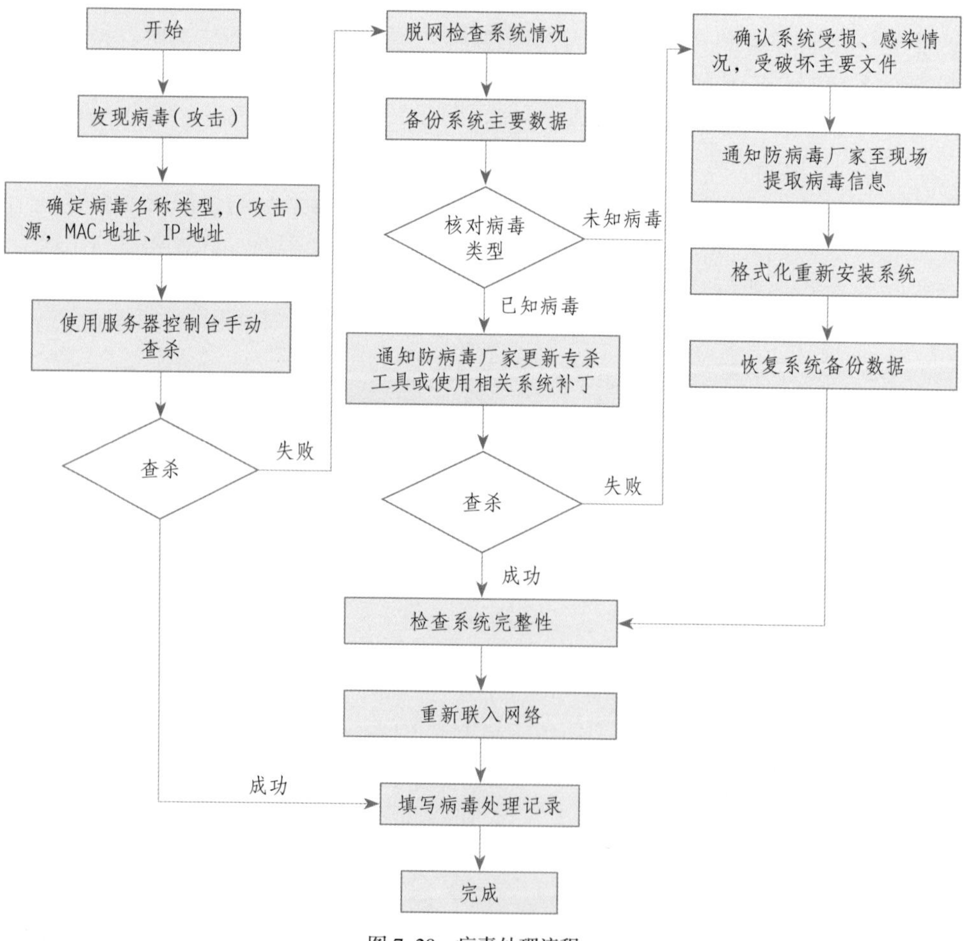

图 7–28　病毒处理流程

流程说明：

（1）对已知病毒，通过防病毒系统，查找确定攻击源（MAC 地址，IP 地址），确定病毒类型，查杀后检查系统是否正常。

（2）对未知病毒，无法处理时，将感染主机脱网隔离，减少病毒在网络中扩散范围，备份主机主要数据。与厂家技术人员联系取得技术支持，采用专杀工具或漏洞工具尝试修复，修复成功后，检查原有系统是否正常，系统可正常运行，则重新接入网。

（3）经上述操作，仍无法处理的，备份主要数据，格式化受感染主机，重新安装系统及防病毒软件，尝试恢复数据后检查系统完整性，重新接入网。

（4）鉴于部分业务系统存在其特殊性和数据保障性，技术人员在对其进行病毒处理前要考虑对原有系统数据进行备份，避免和减少因查杀导致数据丢失的情况发生。

（5）从病毒发现到处理的整个过程需要填写相关记录表。

第四节　专项工程管理标准化

机电系统专项工程是指对已投入运营的高速公路机电系统进行升级改造或大修等工程项目，包括系统的技术改造、系统的大修、批量更新设备、软件升级以及信息化应用等（简称机电专项工程）。机电专项工程的管理内容包括：工程的计划、设计、招投标、施工、监理、完工测试及工程验收等项目管理工作。

一、申报条件

（1）设备使用时间达到或超过其使用期限。

（2）因制造商产品更新换代，已无法供应系统维护保养所需的零配件或相关软件。

（3）系统已不能满足全省高速公路运营需要或机电系统联网的要求。

（4）因自然灾害等原因，导致机电系统大面积损毁。

（5）上级机关（部门）安排的项目。

（6）为提升系统运营管理能力需试点应用的新技术、新设备也可进行专项工程申报。

二、计划与申报

（1）计划申报：运营公司一般于上一年度的10月，填报下一年度的机电专项工程专项申请表（含项目实施依据、方案、计划、预算等），报省级管理机构进行审批。

（2）预算编制：按省级管理机构统一规定的机电专项工程预算编制格式要求编制，预算编制说明要求文字简明扼要，重点说明专项工程项目预算确定的主要依据及计算方法。

（3）计划审批：省级管理机构根据全省高速公路机电系统总体规划和年度预决算工作安排，于年初组织相关部门进行调研、核实并提出审核意见。

（4）计划实施：专项工程计划（含资金预算）经省级管理机构核准后，由运营公司负责具体实施。一般要求在一个计划年度内完成，若因特殊原因无法完成，报经省级管理机构批准后可延长至下一个计划年度执行。

（5）应急抢险项目应根据省级管理机构有关突发事件以及抢险预案的规定实行即时报告制度。其费用上报省级管理机构书面审核后予以据实列支。

三、制订技术方案

（1）专项工程技术方案和质量标准，应严格按照行业标准，并满足福建省高速公路机电工程建设的相关需求，实现福建省高速公路全省联网、数据信息共享、分级控制、收费统一拆分等功能；充分考虑与相关路段运营管理单位信息化建设、视频会议、办公自动化等系统之间的衔接。

（2）专项工程基本按原设计方案实施的，其施工图设计原则上由承包商完成，省级中心和分中心派员参与，并由运营公司组织审查；如果专项工程与原设计有重大改变，则要求委托有设计资质的单位或原设计单位重新设计经审查后实施。

四、项目实施

（1）机电专项工程招投标工作，应遵照国家公路工程建设招投标管理的有关规定，以及省级管理机构相关要求执行。原则上要求机电专项工程均应采用公开招标的方式招标。

（2）项目施工前，项目管理和监理人员应督促承包人进行现场勘察和测量，熟悉光、电缆管道、电源系统、机房布设等设施，并收集整理相关系统的技术资料，做好施工图纸的设计；监理人员应认真审核承包商提供的施工图纸，严格做到按图施工、按章监理、按合同验收，杜绝承包人无图施工、边设计边施工等违规行为；监理人员应做好隐蔽工程的旁站工作。

（3）专项工程的变更，应严格遵照国家或省规定执行；涉及重大变更工程由原设计单位或有资质的设计单位提供施工图，并向承包人和监理人员、业主项目管理人员进行设计交底；涉及全国或全省高速公路机电系统联网方案、联网关键设备、联网功能以及全省监控、通信、收费系统统一业务特殊要求功能的变更项目，除运营公司审查外，还应上报省级管理机构审批后方可实施。

（4）实施项目过程中，应定期向省级中心上报项目实施情况（包括项目实施的质量、进度、投资控制及工程管理等）；若因运营公司的原因，项目延期或取消，应及时向省级中心申报，并按照省级管理机构的批复执行。专项实施情况应按规定实时在省机电管理软件中进行填报，实现省级管理机构对全省机电专项的掌控。

五、完工测试、工程验收

（1）机电系统专项工程完工测试、竣工验收程序可参照省高速公路机电工程建设项目的相关规定执行。要求承包人进行全面质量自检自评（100% 检测），并经监理和机电系统管理部门抽检（30% 以上）合格后，项目承包人可向相关运营公司提交项目完工测试申请，批准后方可进行完工测试工作。

（2）机电专项工程完成后，应按照机电专项工程的验收规定，原则上由运营公司组织监控、财务、纪检、监理以及使用单位等部门（单位）进行工程验收，并确认工程量。验收通过后，应及时完成工程款项结算与支付工作。

（3）完工测试后，项目进入缺陷责任期（含试运行期，其中系统试运行期至少 3 个月）。缺陷责任期原则定 12 个月。试运行期内，承包商应完成：完工测试中发现的问题和缺陷的整改工作；系统和设备的各项维护技术培训工作；工程竣工文档的整理及工程移交的准备工作。

（4）项目具备竣工验收条件后，承包人可向运营公司提交工程验收申请，批准后由运营公司按验收有关规定和合同条款组织工程交（竣）工验收。

（5）项目档案资料的收集、整理、移交工作，包含《招标文件》、《投标文件》、《评标报告》、《合同（协议）文件》、施工过程资料以及交（竣）工资料等，特别是竣工图纸、设备清单、系统维护手册和技术说明等重要资料的现场逐一核对和检查，确保无误后方可进行移交归档。

六、工程支付、结算

（1）专项工程的支付应以专项工程施工合同、工程计量结算单位为依据。

（2）根据专项工程工作量及项目实际情况可设材料预付款及中间计量支付程序。支付比例按财务管理规定执行。

（3）机电专项工程结算。各路段应在每年度 12 月 15 日前完成专项工程初步验收工作，12 月 25 日前完成结算工作。

七、工程质量经济评价与考核奖惩

根据省级管理机构管理办法，采取相应的办法开展机电专项工程质量经济评价审核、工程考核以及工程后评估，同时每年按季度对施工单位承包的工程建设、售后服务以及使用设备进行信用考核，奖优罚劣，进一步提高机电专项工程质量的监管。

第五节　案　　例

一、案例背景

随着我国高速公路的发展和新技术、新设备的出现，高速公路的机电设施也得到了较快发展，很多隧道都配备了相应的机电设施。福建省地处我国东南沿海，多处于丘陵地带，所以高速公路隧道及其配备的机电设施数量多，同时机电设施分布范围广，运行环境恶劣，以致隧道机电设施的运行维护工作较为复杂。本文以福建省高速公路宁德管理分公司的隧道机电设施标准化管理为例，说明机电维护标准化管理的具体实践。

二、案例概述

宁德管理分公司现管辖有沈海高速福宁段和宁上高速宁德段，共计约 260km，有隧道 37 座，隧道单洞长度约 103.58km，共有隧道变电站 60 座。隧道机电设施包括供配电与通风照明系统、道路交通监控系统（包括用于交通流检测的车辆检测器、用于天气情况检测的气象检测器和能见度检测器等）、信息发布与交通控制系统（包括可变情报板、交通信号灯、车道指示标志等）、火灾报警系统、视频监控系统（隧道 / 外场摄像机、光端机、硬盘录像机）、数据处理与控制系统（监控服务器、监控工作站、本地控制器）及紧急电话和广播系统等。上述隧道机电设施的运行维护管理主要由宁德管理分公司的监控分中心负责，以下是其对隧道机电设施运维管理的具体做法。

1. 维护管理标准化

（1）制定标准化管理的相关手册。针对涉及隧道机电设施运维管理的日常巡检管理、设备报修及故障修复过程管理、维护工艺要求及维护安全管理等分别编制了隧道运行维护管理的日常巡检管理制度、设备巡检和维护作业指导书等，并落实到隧道机电设施的日常运行维护中。

（2）利用先进软件系统辅助标准化管理。通过分中心监控软件、机电设备管理系统等软件系统，实现对隧道监控设施的高效、规范管理。通过分中心监控软件，对机电设施的工作状态、通信状态及监控数据进行实时管理，掌握机电设施的运行状况；通过机电设备管理系统实现监控设施报修及维护的整个过程管理。

（3）通过设备维护信息的标准化管理，提升机电设施的运维管理水平。在日常巡检及维护过程中，建立一隧一档，及时将设备巡检和维护信息存档，定期进行汇总、统计，并形成统一格式的报表。通过定期对日常工作中收集的设备信息、维护信息进行分析和总结，针对发生的各种设备状况制订不同的应对措施，如：定期巡检及时发现的机电设施存在的问题，能排除的当场排除，不能当场排除的制订计划，限期完成修复；对有安全隐患的设备，及时进行更换；对运行时间较长导致老化的设备，提前制订技术改造计划和方案等，使机电设施处于良好的运行状态。

2. 施工标准化

（1）维护人员现场安全管理标准化。为确保维护人员在高速公路上巡检和维护时的人身安全，根据交通运输部《公路养护安全作业规程》（JTG H30—2004）和《安全标志及其使用导则》（GB 2894—2008），结合福建省相关规定，制定施工现场作业安全布控细则，确保施工现场安全。同时，在维护的过程中，严格执行《机电维护人员现场安全管理标准》和《机电维护人员现场安全制度》等保护维护人员的人身安全。

（2）机电设施维护流程、工艺标准化。机电设施种类多，系统构成复杂，差异大，导致机电设施的维护工作较为复杂。针对机电设施的上述情况，结合现场维护实践经验，制定出不同机电设施的维护流程，进一步根据相关机电设施的产品说明书，制定相应的维护手册和工艺要求，指导机电设施的维护工作。通过上述手段，使复杂多样的维护工作统一到规范的维护流程和工艺上来，使维护工作更加标准、高效。

（3）机电系统突发事件应急管理标准化。结合福建省相关规定，修订机电系统应急预案及相关配套制度，明确重大故障的应急措施和相应的保障措施（人员保障、设备保障和社会技术服务保障），通过不定期开展应急演练，应对暴雨、台风等灾害天气时系统的维保工作等，提高应对突发事件的能力。

3. 备品备件管理标准化

机电系统备品备件管理是机电系统维护能否正常、有序地进行的重要保证，也是应急抢修能否快速、高效、顺利完成的重要保证。

（1）备品备件配备标准化。根据隧道机电设施运维的实际需求，综合考虑设备的使用年限、使用率、维护次数等因素配备备品备件，通过机电设备管理系统中的设备维护信息，及时掌握备品备件的库存情况，确定备件的采购数量和时间。通过备品备件配备标准化管理，达到既保障隧道机电设施正常工作，又避免过度过早采购备品备件的目的。

（2）备品备件日常管理标准化。制定备品备件的日常管理标准，包括备品备件（含设备、线缆等）的验收入库、登记入账、领用出库、使用保管、回收修复、报废报损处置、库存盘点等各个环节的实物管理和会计核算。通过上述措施，做到备品备件的管理有序，库存备品备件信息准确无误。

三、案例分析

通过上述案例，隧道机电设施运行维护通过标准化管理，取得较大的经济效益和社会效益，隧道机电设施的管理更加规范，故障修复更加及时，维护质量也得到提高，确保高速公路隧道机电设施正常运行，提高了高速公路的服务水平。就本案例而言，宁德高速公路实施隧道机电设施标准化管理多年来，机电系统运行基本正常，机电设施完好率在 97% 以上，设备的维护较为及时，没有发生因机电系统故障未及时修复而引起的安全责任事故。

机电信息标准化管理的实施对于提升高速公路机电及信息系统的管理水平，降低维护成本，提高维护质量和效率，提升高速公路路网管理水平有着重要的作用。同时，我们应该清醒地认识到标准化工作是一个持续的过程，尤其随着科技的不断进步，新技术、新产品、新材料及其他先进设施的出现都对高速公路的管理者提出了更高的要求，这就要求我们持续推进机电信息标准化管理，不断积累经验，探索标准化管理的方法和手段，在实践中根据新的形势对现有标准进行补充和修正，使其持续地指导高速公路机电及信息系统的管理工作，不断提升机电及信息系统的管理水平。

第八章　运营服务标准化

高速公路运营服务标准化，是通过对标准化原则和方法的运用，对营运管理、交通综合行政执法、养护管理、服务区管理等服务标准进行全面量化并严格执行，以达到服务质量目标化、服务方法规范化、服务过程程序化，从而获得优质服务的过程。基于此，福建省高速公路针对各项业务，从 3 个角度制定标准：一是技术标准，努力对“物”进行质量规范；二是管理标准，努力对“事”进行过程控制；三是工作标准，努力对“人”进行行为规范。本章侧重介绍福建省高速公路运营业务中的主要对外服务窗口，以获得最佳服务效果和服务效益为目标，从服务方法层面，制定各项业务硬件设施标准、工作流程、处理标准等技术方面标准，推行具体的语言、动作、态度等人员服务行为标准，由此形成对运营服务、管理行为等“事”的过程的有效控制。运营服务标准化对于规范高速公路服务人员的思想、行为、职业道德，提升高速公路行业形象，缓解社会对高速公路收费的焦虑，营造高速公路与社会的和谐等，均具有重要意义。

第一节　收费窗口服务标准化

根据《收费公路管理条例》，高速公路通过在互通区出口处设置收费站来收取车辆通行费，主要用于偿还投资贷款本息，筹措公路建设资金，维持管养费用，以期达到健全高速公路路网、滚动发展的目的；围绕“至诚至信、精准高效”的收费服务目标，兼顾便民、惠民的社会公益责任。

一、硬件配置

硬件配置包括收费站所配置工作设施（办公场所、收费和客服系统及设备、会议室）、附属设施（宿舍、食堂、文体娱乐场所）、安全设施、便民惠民设施（便民服务台、应急电话、修车工具等）、收费配套设施（便携式收费机、柴油发电机、电子存款机、不停车收费系统、入口无人值守发卡设备）等。

1. 便民惠民设施

收费站设置便民服务台，为驾乘人员免费提供饮用水、交通地图、应急电话服务等；交通流量大的收费站在普通公路与高速公路入口处配有电子显示屏，夜间收费站站名醒目（图 8–1、图 8–2）。

图 8–1　免费饮用水

图 8–2　便民服务台

2. 收费票亭

设置福建省高速公路企业文化统一标志系统（图 8–3）。

图 8–3　收费票亭标准

3. 车道设置标准（图 8-4）

（1）对出入口车流量预计在 2 000 辆以上或县级以上政府所在地、重点旅游景点所在地，车道按 3 入 3 出以上配置，同步设置 1 入 1 出电子不停车收费（ETC）车道。

（2）ETC 车道原则上设置在收费广场的中间收费车道。

（3）ETC 车道统一设置专用道标志、限速标志和“不停车收费专用道”提示标志。

图 8-4　ETC 车道设置标准

4. 安全设施

（1）防撞设施：收费站区或匝道前设有提示标志牌；车道前方设置减速标线；收费票亭均有防撞柱（图 8-5）。

（2）防盗设施：收费票亭门窗能反锁；财务室均设置“三铁一器”（防盗门、防盗窗、保险柜、报警器），票证库配备专用票柜；工作区配备足够的安保监控摄像机（图 8-6）。

图 8-5　防撞柱

图 8-6　保险柜

（3）消防设施：每个收费票亭配备两个灭火器（4kg × 2）；办公室、财务室、监控室、机房、配电房、客服中心配置足够的灭火器（图 8–7）。

（4）报警设施：收费票亭、监控室、客服中心配备报警系统（图 8–8）。

（5）警示设施：机房、配电房等重要地点均安置警示标志（图 8–9）。

图 8–7　消防设施

图 8–8　收费票亭报警系统

a）　　b）

图 8–9　重要地点警示标志

a）机房警示标志；b）配电房警示标志

5. 公开监督设施

收费广场设立公示牌，按同一样式将收费单位、审批机关、收费依据、主管部门、开征时间、收费方式、收费标准、收费用途、收费年限、投诉电话、收费管理规章等内容向社会公示；收费票亭和工作区设置文明服务监督牌和意见箱等（图 8–10）。

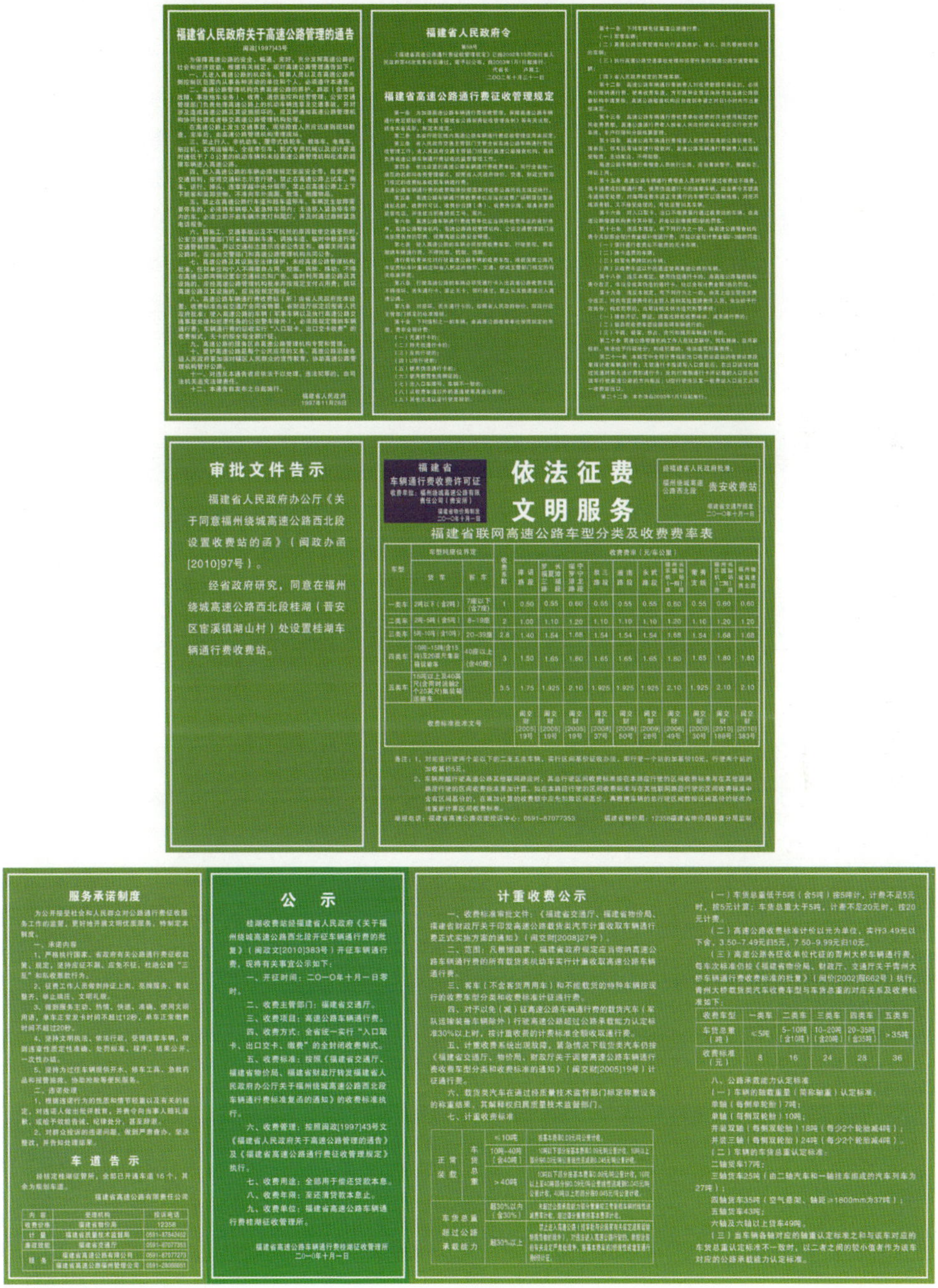

图 8-10 收费广场公示牌标准

二、流程控制

通过收费卡门设置与调整标准，合理使用资源，实现社会效益、企业效益的最大化；通过实施收费人员工作标准（包括售票员工作标准、发卡员工作标准、财务人员工作标准、监控人员工作标准、稽查人员工作标准）和特殊业务处理标准，规范管理和从业人员行为，实现岗位行为的规范化、业务处理的程序化；通过实施突发事件处置标准（包括一般突发事件、较大突发事件、重大突发事件、特大突发事件，以及车道保畅通应急工作），提高应对突发事件和风险的能力，最大限度降低社会危害，保障和维护社会的公共利益。

1. 收费工作流程（图 8–11）

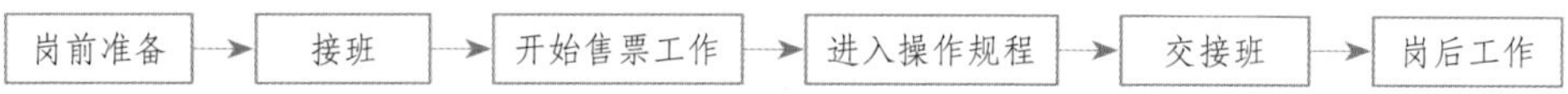

图 8–11　收费工作流程

（1）岗前准备：检查是否携带非工作物品，到财务室领取票箱，并检查售票用品是否齐全；检查仪容仪表。

（2）接班：整齐列队上岗，检查票亭内的设备是否正常运转，清点备用金，核对在用电脑显示票证与实物的起止号码、电脑显示 IC 通行卡与卡夹显示 IC 通行卡的数量是否相符。

（3）开始售票工作：悬挂监督相片，打扫票亭卫生，将售票用品放置在规定的位置，按“上班登录”键进入收费系统，打开车道灯，准备售票。

（4）进入操作规程：注意仪容仪表标准、服务行为标准、工作礼仪标准、文明用语标准等。

①车辆停稳后，热情主动地向司机问好，向司机收取 IC 通行卡或闽通卡。

②根据电脑显示的金额向司机收取车辆通行费，要做到唱收（收您 ×× 元）。

③仔细清点和判别收取的现金，经确认无误后，打印电脑票据并找零，找零时要唱找（找您 ×× 元），礼貌道别。

④进行下一次售票操作。

（5）交接班：填写当班工作记录，与下一班次售票员办理交接手续，关闭车道灯，操作“下班”键退出收费系统，收拾个人工作物品，交接或带回已装满卡夹。

（6）岗后工作：回收的 IC 卡、票款交到财务室进行核销，办理缴款手续。

2. 发卡工作流程（图 8–12）

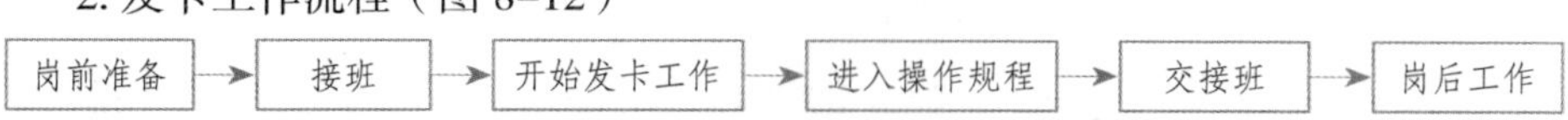

图 8–12　发卡工作流程

（1）岗前准备：检查是否携带非工作物品、发卡用品是否齐全；检查仪容仪表。

（2）接班：整齐列队上岗，检查发卡票亭内的设备是否正常运转。当班班长指定专人对自动取卡机的卡夹 IC 卡进行交接。

（3）开始发卡工作：悬挂监督相片，打扫票亭卫生，操作“上班”键登录收费系统，打开车道灯，准备发卡。

（4）进入操作规程：注意仪容仪表标准、服务行为标准、工作礼仪标准、文明用语标准等。

①车辆停稳后，热情主动地向司机问好，等待车牌自动识别，当车辆图像出现在电脑终端后，操作已付键进行刷卡操作。

②发卡员严格按照“一车一卡”的要求发给司机 IC 通行卡（或闽通卡），不得发未经读写、读写失败或读写错误的卡。

③对国家、省政府相关规定不允许进入高速公路的车辆，应礼貌地将其劝离。

④待车辆通过感应线圈、电动栏杆自动落下后，再进行下一次发卡操作。

⑤对于无法读写入口信息的IC卡，应另行存放，下班后交回财务室进行检测。

（5）交接班：填写当班工作记录，与下一班次发卡员办理交接手续，关闭车道灯，操作“下班”键退出收费系统，收拾个人工作物品。

（6）岗后工作：到财务室进行岗后交接，核销剩余的 IC 通行卡。

3. 部分特殊业务处理流程

1）未付

车户因无现金或现金不足提出办理未付申请→稽查员进行核实→车户自愿暂押相关有价值物品→到稽查服务大厅办理未付手续→车户前来补缴未付款→返还暂押物品。

2）车型复核

车户因车型争议提出复核申请→受理复核申请，并报请领导批准→稽查员对车辆进行核验→ 1h 内做出复核决定。

3）争议退款

车户提供相关证据材料，并提出退款申请→稽查员进行复核→报请领导批准→为车户办理退款。

三、窗口人员服务标准

“服务标准”，通俗地讲，就是对提供者和顾客接触面环节提出的各种要求，给予规范化，使之成为标准。在服务的各个环节中，其中有一个环节相当重要，即服务岗位人员与顾客的“接触瞬间”环节，主要有：顾客瞬间看到的服务岗位人员仪容着装、瞬间听到的服务岗位人员语言用语、瞬间感受到的服务岗位人员动作态度等，顾客对服务质量的评判和满意度很大程度依赖于此瞬间。注重“接触瞬间”的标准设计，是福建省高速公路运营服务标准化工作的重中之重。

1. 仪容仪表

（1）上班时，应按照《福建省高速公路有限公司征费人员服装管理规定》统一规范着装，按文件规定时间分别穿着春秋装、夏装、接替装和冬装，各路段应统一不同季节换装时间。

（2）着装应合体整洁，衣扣整齐，鞋袜颜色协调，保持面部、双手清洁，头发梳理整齐。应按规定佩戴收费工号牌，不携带与工作无关的物品。上岗前禁止饮酒和含酒精的饮料。

（3）仪容仪表端庄，站、坐、走姿势端庄、大方。

2. 服务语言

按表 8–1 的要求规范服务语言。

服 务 语 言 表 8–1

项目	文 明 用 语	行 业 禁 语
入口	您好！ 请拿好！ 再见。 请问您的车号是多少？ 请您关闭大灯，谢谢！ 对不起，您的车要走检测车道，请将车倒回，倒车请注意安全，谢谢合作。 路上有交通管制，请问您到哪里？对不起，您去的方向暂时封闭，请在 ×× 站进入。	给你卡。 拿着。 车号多少？ 快倒车，走检测车道。 去哪，不能上。
出口	您好！ 收您 ×× 元，找您 ×× 元！ 请拿好，再见。 对不起，请您稍等。 对不起，车道发生故障，请您改走其他车道。 请您稍等，我们正在进行核实。 对不起，请您给我换一张钱好吗，谢谢！ 请问您有零钱吗？我暂时找不开，谢谢。 您的通行卡已被损坏，按照规定请您支付 ×× 元的赔偿金，谢谢合作。 请您关闭大灯，谢谢！ 给您造成不便，抱歉，我们领导马上就到为您解决，请耐心等候。 前面施工，请您注意安全。 雨天（雾天、雪天）路滑，请您慢行。 祝您节日（元旦、春节）快乐！	×× 元，快点儿，后面还等着呢。 等会儿，你急什么？ 车道故障，走别的车道吧。 等着，正查呢。 这钱能花吗，赶快给我换一张。 拿零钱，我找不开。 卡坏了，赔 ×× 元钱，快拿！ 快点儿把灯关了。 你等着，我们领导快来了。

3. 收费礼仪

（1）上岗时精神饱满，保持良好的情绪，态度和蔼，保持微笑，行为自然、大方得体。

（2）得理让人，不与司乘人员争辩、顶撞，必要时请班长（稽查）或上级管理人员解决。工作出现差错，必须当面向司乘人员道歉并及时纠正。

（3）与司乘人员递接 IC 卡、人民币、票据、各类证件等应注意接稳，不抛不丢。做到唱收唱找，并请司乘人员点好、放好。

（4）“三声服务”：来有迎声，问有答声，走有送声。

（5）“微笑服务”：在发卡、售票或者受理各类特殊业务过程中始终保持真诚的笑容，明快亲切，专注有神，传达笑意，做到有问必答，话语诚恳，解释耐心，营造亲善氛围。

第二节　电子收费客服中心服务标准化

为减少高速公路出入口的交通拥挤，提高收费效率，加快车辆通过收费口的通行速度，在高速公路收费窗口建设电子不停车收费系统，简称 ETC 系统。车辆要使用 ETC 车道通行，必须事先到电子收费客户服务中心（网点）或办理点，安装作为数据载体的 IC 通行卡。在福建省高速公路，称为“闽通卡”。

一、窗口硬件配置

电子收费客户服务中心（网点）、业务办理点配置工作设施（办公场所及营业厅、网络电脑终端等）、附属设施（复印件、自助终端等）、安全设施（保险柜、灭火器、报警系统等），便民设施（饮水机、流程图、路线示意图、书报等）、监督设施（公示牌、监督牌、意见箱等）、电子收费客户服务系统（电子收费管理中心、客户服务中心、客户服务网站、呼叫中心）等。

1. 闽通卡服务中心服务设施

（1）在业务柜台（办公桌）上放置岗位铭牌，岗位铭牌内容应包括工作人员岗位名称、工号、照片、监督电话等，同时工作人员应佩戴相应的工作胸牌。

（2）为客户提供办理相关业务、休息用的桌、椅、笔及服务指南、饮水设备、便民用具等，各单位也可根据实际需要及可能，为客户提供更优质的服务。

（3）提供客户办理业务参照用的相关表格的填写式样。

（4）设置效能投诉信箱或意见箱，公开接受社会监督。

2. 闽通卡服务中心便民惠民设施

客户服务中心(网点)或办理点设置明显的引导标志牌和便民服务设施，提供免费便民服务项目：灭火器、饮用水、路线示意图、书报等。

3. 闽通卡服务中心设置公示墙

（1）设置服务监督栏，集中公开工作人员单人工作彩照（4 寸）、工号以及投诉(监督、举报)电话，电话包括：省电子收费管理中心电话（0591—87078883）及所属的本运营路段公司征费部电话。

（2）采用文字及流程图表的形式公开电子收费(闽通卡)相关业务的办理程序。

（3）以上公示上墙的内容共设3面公示牌，规格、样式和风格必须统一，背景采用天蓝色为主色调，标题字体采用红色黑体字，内容字体统一为黑色黑体字，公示牌大小可根据各闽通卡服务中心实际情况制作。

二、闽通卡申办

1. 个人客户

1）记名储值卡

一张记名储值卡只能绑定一辆车。个人客户需出具以下有关原件资料办理业务:

（1）本人身份证；

（2）车辆行驶证等相关资料；

（3）单卡最低预存（充值）金额100元，卡内余额最高不超过50 000元。

2）闽通卡银行联名卡

闽通卡银行联名卡属记名储值卡。

一张闽通卡银行联名卡只能绑定一辆车。个人客户需先在高速公路电子收费联名卡合作银行开卡，安装电子标签时，按个人客户申请记名储值卡办理标准提供相关证件。

3）个人记账卡

个人客户须持有闽通卡合作银行在福建省发行的信用卡或储蓄卡，且账户保持正常状态。其中，储蓄卡客户在申办闽通卡前须先在高速公路电子收费记账卡合作银行进行闽通卡绑定预签约，并按绑定车辆数缴纳一定金额的保证金。一张银行信用卡只能绑定一张闽通卡，一张银行储蓄卡可同时绑定多张闽通卡。个人客户需出具提供以下有关原件资料办理业务：

（1）本人身份证；

（2）车辆行驶证等相关材料；

（3）本人信用卡或储蓄卡；

（4）与合作银行签署的《福建省高速公路通行费委托扣款结算协议书》（银行储蓄卡用户提供）。

2. 单位客户（法人或其他组织）

1）记名储值卡

一张记名储值卡只能绑定一辆车。单位客户需出具以下有关原件资料办理业务:

（1）法定代表人（或单位负责人）授权书（授权经办人及车辆）；

（2）机构代码证或营业执照（加盖公章复印件）；

（3）经办人身份证；

（4）车辆行驶证等相关资料；

（5）单卡最低预存（充值）金额 100 元，卡内余额最高不超过 50 000 元。

2）闽通卡银行联名卡

闽通卡银行联名卡属记名储值卡。

一张闽通卡银行联名卡只能绑定一辆车。单位客户需先在高速公路电子收费联名卡合作银行开卡，安装电子标签时，按单位客户申请记名储值卡办理标准提供相关证件。

3）单位记账卡

单位客户须持有合作银行开立的单位人民币银行结算账户（基本存款账户或一般存款账户或专用账户），且账户保持正常状态，在申办闽通卡前须在高速公路电子收费记账卡合作银行进行闽通卡绑定预签约，并按绑定车辆数缴纳一定金额的保证金。一个银行结算账户可同时绑定多张闽通卡。单位客户需出具提供以下有关原件资料办理业务：

（1）法定代表人（或单位负责人）授权书（授权经办人及车辆）；

（2）机构代码证或营业执照（加盖公章复印件）；

（3）经办人身份证；

（4）车辆行驶证等相关材料；

（5）银行账户信息（如开户许可证等）；

（6）与合作银行签署的《福建省高速公路通行费委托扣款结算协议书》。

3. 全省免征单位客户

省级免征单位客户是指符合《福建省高速公路车辆通行费征收管理规定》，并经确认免征全省高速公路车辆通行费的公务车单位客户。

1）地方公务车

公务车单位客户经办人需出具以下有关资料办理业务：

（1）法定代表人（或单位负责人）授权书；

（2）机构代码证或营业执照（加盖公章复印件）；

（3）经办人身份证原件；

（4）车辆行驶证等有关资料，且其公务车有关数据、信息已在全省免征车数据库中。

2）部队军车

归属本省驻军或武警部队军车，由省级军区后勤部统一办理高速公路电子收费业务。

4. 不记名储值卡

不记名储值卡为非实名制卡，客户无须提供任何证件可现金充值办理业务，不记名储值卡不绑定车辆，不挂失，可与任意车辆电子标签配合使用，但出入口车辆必须一致。单卡最低预存（充值）金额为500元，卡内余额最高不超过50 000元。

三、流程控制

1. 闽通卡申办业务流程（图8–13）

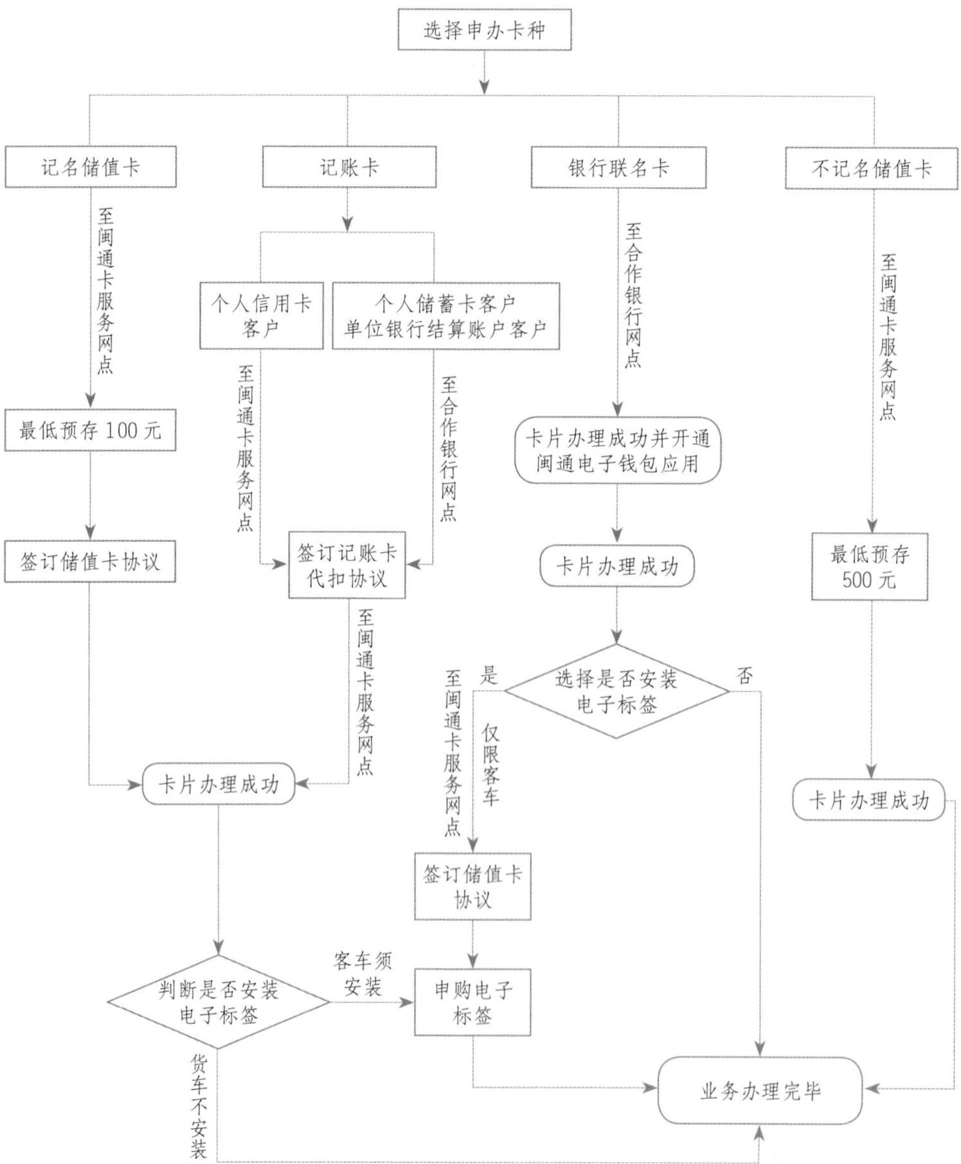

图8–13　闽通卡申办业务流程

2. 电子标签安装流程

1）设备安装位置（图 8–14）

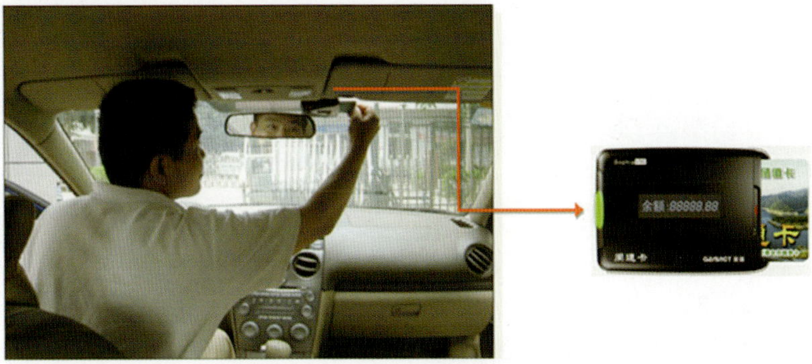

图 8–14　电子标签和闽通卡实物图

电子标签和闽通卡安装在车内后视镜的前挡风玻璃上，大型客车可安装在前挡风玻璃下方位置。

2）安装流程（图 8–15）

数据发行 → 核对数据 → 安装工艺标准 → 激活检测核实 → 使用指导 → 客户确认

图 8–15　电子标签和闽通卡安装流程

3）操作规范

闽通卡申办与电子标签安装必须分别由两名业务人员操作完成，相互核对车辆信息。

四、窗口人员服务标准

1. 着装仪容

（1）工作场所按规定统一着装、佩戴统一样式的工作证和工号牌。

（2）发型整齐，衣冠整洁，保持良好的个人卫生。

（3）注重礼仪礼节，仪容仪表端庄，言行举止得体大方。

2. 服务语言

（1）基本礼貌用语：您好、请、谢谢、对不起、请稍候、再见等。

（2）业务工作用语：客户前来闽通卡客户服务中心咨询，业务员应面带微笑前往或起立迎接客户，语句流畅，语气不卑不亢。例如：

√“先生 / 小姐，您好！请问有什么事我可以帮助您？”

√“先生 / 女士、小姐，很高兴为您服务。”

√“由于办理业务的人多，请您在休息区稍等片刻，我们会尽快受理您的申请。”

√“谢谢您的宝贵意见和建议，我们会在工作中改正和改进。”

（3）服务忌语：

×“不知道！机器坏了，不办了！”

×“瞎吵什么，没看见我正忙着吗？”

×“不懂？自己看说明去！”

×“不是给您说了吗？怎么还不清楚！”

×“谁叫您这么写的！”

×“喂！过来，您看您这表，填的叫什么表啊？”

×“别废话，把资料和证件拿过来。”

×“怎么搞的，连这个都不会。”

×“下班了/没时间，明天再来。”

3. 电子收费礼仪

1）基本要求

（1）微笑服务：面部表情、眼神、声音、语态，“微笑自然地露出6～8颗牙齿”。

（2）手势服务：扬手问候，接递规范，挥手道别标准。

（3）形象标准：仪态、姿态、用语等。

2）上门营销礼仪

（1）做好准备。搜集了解计划拜访的客户情况；整理好仪容、仪表；检查各项携带物是否齐备等；到客户办公大楼前再行整装一次。

（2）进入室内。敲门，声音要适中；面带笑容，向接待人员说明身份、拜访目的及拜访对象。如果对方在忙要耐心等待，能帮上忙时及时帮忙。

（3）见到拜访对象。握手，交换名片、寒暄；客户请人奉上茶或咖啡时，要轻声道谢。

（4）推广业务。介绍高速公路电子收费闽通卡的情况及高速公路的发展状况，要站在满足客户需求的立场上来讲，动作、态度、用语等注意礼貌。

（5）告辞。感谢对方抽出时间接待；面对拜访对象告退、行礼后，轻轻关上办公室的门；若对方要相送，礼貌地请对方留步。

（6）如果对方态度恶劣，不要和对方争吵，要有礼貌地说声对不起，然后出来。

3）接待客户礼仪

（1）看到客户时立刻起立，微笑打招呼。

（2）礼貌地确认客人姓名、拜访对象及拜访事宜。

（3）引导客户至会客场所就座，迅速联系受访对象，告之访客姓名及拜访目的。

（4）奉茶或咖啡，问候及交换名片。

（5）如果受访人抽不出时间，要告诉访客非常不巧，受访人正有事处理，抽不出时间，并请访客资料代为转达，要用双手接下资料后，礼貌地送客。

第三节　交通综合行政执法窗口服务标准化

高速公路交通综合行政执法的主要任务是实施路产路权维护、实施运政执法和车辆清障服务。其管理要围绕“依法行政、文明执法、快速高效、保障有力”的目标，进一步提升依法行政水平，提高清障保畅能力。

一、硬件配置

硬件配置包括办公设施（办公室、会议室、受理室、值班室、档案室等）、办公设备（电话、电脑、打印机、复印机、扫描仪、传真机、摄像机和照相机等）、巡查车辆装备（巡查车、警示灯具、警报器、勘查箱、锥筒等）、车辆清障服务设备（清障车、高杆灯、锥筒等）。

1. 交通执法车配备

支队配备指挥保障车（应急执法车）2 辆，管辖里程超过 500km 的支队增配 1 辆指挥保障车（应急执法车）；大队配备交通执法车 2 辆，辖区路段日均车流量达 2 万辆次或事故多发的长下坡、危险路段的大队可增配 1 辆；中队配备交通执法车 2 辆；超限检测站配备交通执法车 1 辆（图 8–16）。

图 8–16　交通综合行政执法车标准配置

（1）车辆颜色：以交通运输部统一的标色，即车辆的基本色为白色，沿车辆前保险杆水平环绕车身以下部分为橙黄色。

（2）文字标志：车身两侧统一喷印“交通执法”方正美黑体字样，文字颜色为深蓝绿色，字体从左到右排列，单字规格 20cm × 18cm。

（3）示警灯顶灯：车辆的示警灯从里向外依次为黄、红、蓝三色，其中红色占 1/2，黄色、蓝色各占 1/4。

（4）示警灯发声器：示警灯采用相同的呼话、音调、灯光、选择自动转换等技术功能的电子发声器，音调频率（Hz）600–50 ~ 1500–0，变调周期为 0.40 ~ 0.80。

2. 办公执法设备

（1）办公设备：电脑、打印机、复印机、传真机、扫描仪、数码照相机、验钞机、保险柜、文件柜、电话机、凭证装订机、组合资料柜、值班接警专用手机等。

（2）执法装备：摄像机、投影仪、数码照相机、录音笔、扫描仪、单兵执法记录仪、博思票打终端、勘验箱、卷尺、手电筒、锥筒等（执法大队、中队增配移动超限检测仪）。

二、交通综合行政执法监督检查

1. 监督检查内容

（1）依法查处各类侵占、破坏高速公路、公路用地及公路附属设施的行为，保护高速公路、公路用地及公路附属设施完好。

（2）监督检查高速公路两侧建筑控制区，依法查处建筑控制区内违法修建建筑物和地面构筑物及其他违法行为。

（3）依法查处属于高速公路执法职能范围内的各种违反道路运输管理规定，扰乱运输市场秩序的违法行为。

（4）法律、法规或者规章规定的其他监督检查工作。

2. 监督检查方式

（1）执法监督检查实行流动检查与定点检查相结合的方式。流动检查可以在高速公路、建筑控制区进行流动检查，定点检查可以在高速公路超限检测站、服务区、收费站等符合法律要求的地点定点进行检查，可以利用高速公路监控视频设备进行拍照等取证工作。

（2）各执法中队开展执法监督巡查每日不少于1次；执法大队统筹组织协调辖区执法中队执法监督检查工作，督促及参与执法监督检查；执法支队不定期对各执法大队的执法监督检查情况进行抽查。

（3）遇特殊气候、节假日、重大交通保障任务，可以根据需要适当增加执法监督巡查的次数或者监督检查时间。

（4）开展执法监督检查时应及时、如实做好监督检查记录，对特殊情况记录应当有现场情况、请示报告情况、处置方式及处置结果等内容。

3. 监督检查要求

执法人员依法在高速公路、建筑控制区、安全防护区、服务区、超限检测站点、收费站、车辆停放场所、车辆所属单位等进行执法监督检查时，应当遵守以下规定：

（1）执法人员不得少于2名。

（2）出示执法证件，表明身份，说明来意和执法依据，要求当事人予以配合。

（3）检查物品、场所时应当尊重当事人物权，轻拿轻放物品，不得乱翻乱扔，不得损坏当事人财物。

（4）询问当事人时应当严肃认真，不得询问与检查无关的内容，不得采取诱导、压制、强迫等方式进行。

（5）遇有车辆拒绝接受检查的，执法人员不得强行拦截，也不得追截，可以采取记录车牌号等方法进行事后处理。

（6）当事人态度蛮横、暴力抗法或者煽动围观群众围攻执法人员，执法人员应当立即向交通综合行政执法机构领导报告，并及时通知公安机关协助处理。

（7）现场检查应快检查、快处理、快放行，不影响运输车辆正常经营活动，对未发现违法行为的，应当立即放行，并做好检查记录。

（8）现场检查发现有违法行为或者存在违法行为嫌疑时，执法人员应当按照有关规定调查取证，需要采取强制措施的应当当场出具强制措施文书，执法人员应当将查出的违法行为告知当事人，并按要求责令当事人立即整改或者限期整改。

（9）执法监督检查中未当场处理的案件，执法人员应当及时将案件及相关的证据资料等，移交执法受理大厅，以方便当事人及时处理。

（10）对于收缴的路产损坏赔（补）偿费、清障费和行政处罚款，各级执法机构应按照省财政非税收入管理和省级管理机构执法资金缴交的有关规定，规范票据使用和缴交工作，并及时填报相关报表。

三、交通综合行政执法流程

1. 交通综合行政许可流程（图 8-17）

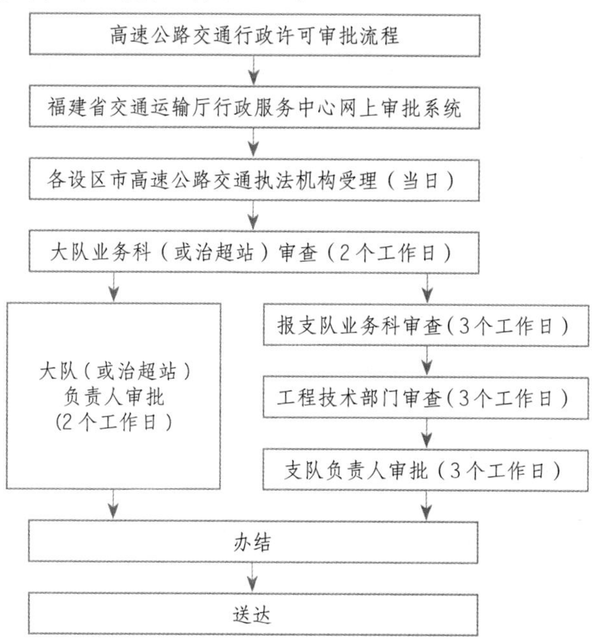

图 8-17　福建省高速公路交通综合行政许可流程

2. 交通综合行政处罚流程（图 8–18）

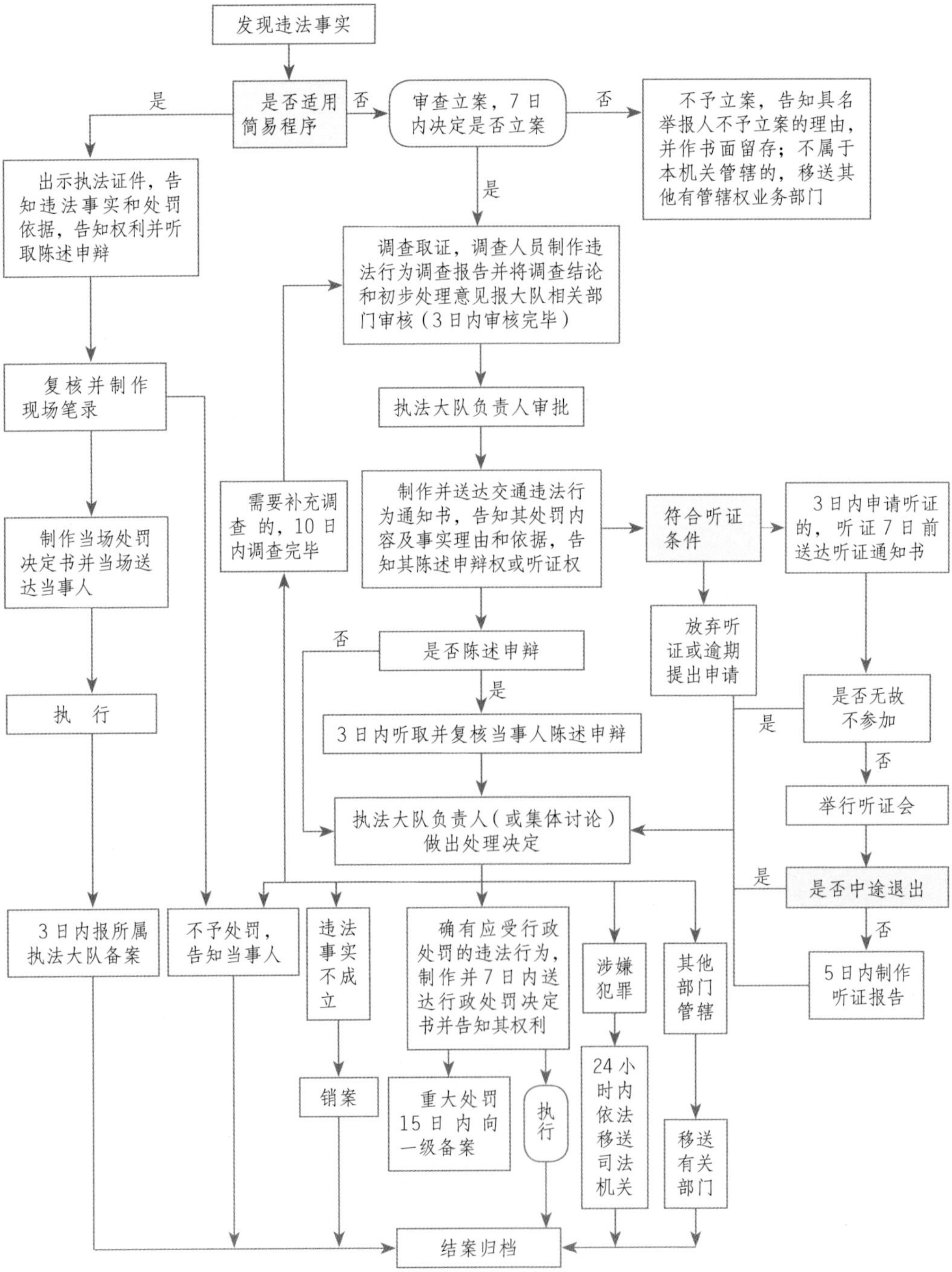

图 8–18　交通综合行政处罚流程

3. 交通综合行政强制流程（图 8–19）

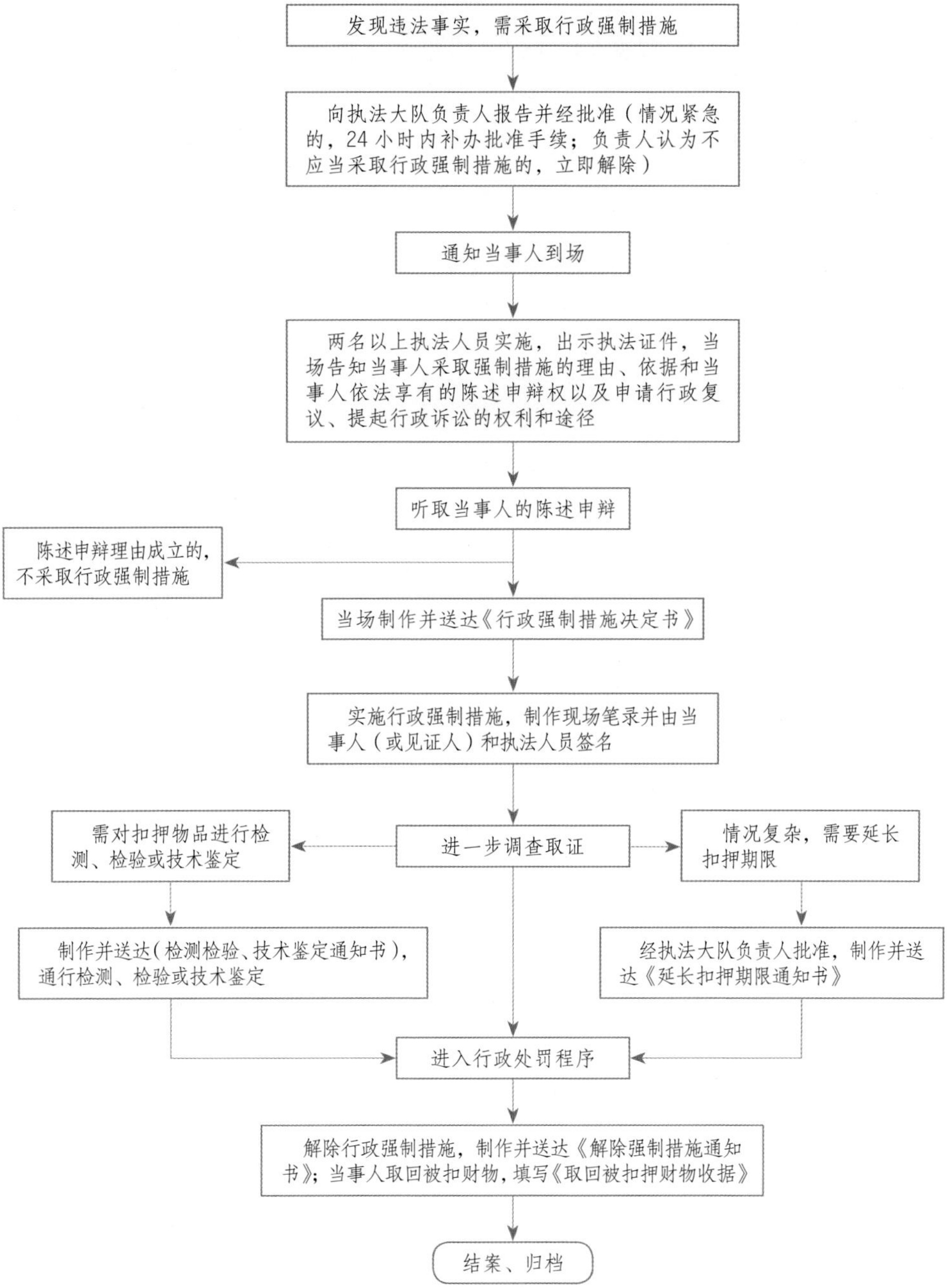

图 8–19　交通综合行政强制流程

4. 路产赔（补）偿执法流程

1）简易流程（图 8–20）

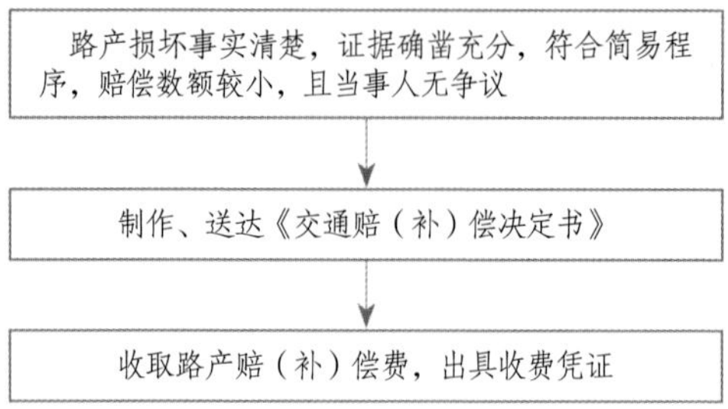

图 8–20　路产赔（补）偿简易流程

2）一般流程（图 8–21）

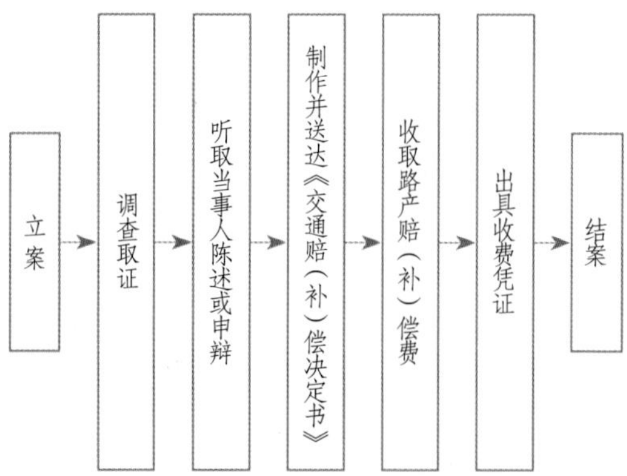

图 8–21　路产赔（补）偿一般流程

四、车辆清障业务管理

1. 清障车配备

（1）以执法中队为单位配备，每个执法中队配备大（中）型清障车和小型清障车各 1 辆，车流量大的路段可根据实际适当增加。

（2）清障车辆应按省级管理机构有关要求喷制外观颜色、标志，安装警示灯和警报器等装备。

（3）清障车随车携带锥筒、标志牌、灭火器、手电筒以及便民服务等必要物品。

2. 清障人员配备

（1）具有较强的纪律观念，服从领导，听从指挥。

（2）实施清障服务时，按规定穿着统一的清障工作服装及反光背心，佩戴胸牌，持证上岗。

（3）严格遵守交通法律法规及高速公路有关规定，遵循安全、科学、高效清障，热情、耐心、公平服务的原则。

（4）及时检查和保养清障车辆和设备，保持车辆、设备整洁和技术良好。

3. 流程控制

清障人员接到车辆清障服务任务时，应及时赶赴现场实施清障服务，并在清障工作记录本上填写出动时间、动用车型：

（1）设置清障安全作业区域，白天距现场区域来车方向 150m 外连续设置锥筒，夜间或雨、雾等恶劣天气的布控距离应适当延长，警示标志牌或导向标志牌应摆放于最远端。

（2）向当事人出示有效工作证件，表明单位和身份。

（3）询问和查看车辆故障原因。

（4）出示清障服务收费标准。

（5）实施清障作业时，开启清障车和故障车辆示宽灯和警示灯，必要时应在被拖带车辆后部悬挂三角形“注意危险”作业标志。

（6）清理现场可能影响高速公路交通安全的路面残留物，无法当场清理的，应通知养护等相关部门前来清理。

（7）撤除标志标牌时，应当由作业现场中心位置向来车方向远端依次撤除；

（8）故障车辆原则上拖移至最近的高速公路出口处、服务区或修理厂（修理厂距离高速公路出口处不超过 3km）；对于事故车辆的清障服务，应协助公安交警等部门将事故车辆清拖至指定地点。

（9）收取清障服务费时应按规定提供规范票据。

（10）完成任务后，再填写拖运车辆的车号、车型、里程等。

五、人员服务标准

1. 着装仪表

1）交通综合行政执法制服

（1）高速公路交通综合行政执法人员在岗期间，按规定统一着装交通综合行政执法制服，严格按规定佩戴帽徽、肩章、臂章和执法证件。

（2）保持整洁、笔挺；各班组人员着装要一致、协调；参加重大活动时根据要求着装。

（3）不得擅自改变制服式样；严禁将制服赠送、转卖或者借给非执法人员；交通综合行政执法人员因暂停、取消执法资格，调离行政执法岗位或因违纪开除出执法队伍的，专用标志和制服应予以上缴。

2）非执法人员工作服

发放范围为高速公路交通综合行政执法单位非执法工作人员（含管理岗位未取得执法证人员、工勤人员、清障员、协管员等）。非执法工作人员着装除工号、臂章等标志与执法人员不同外，其他要求参照执法人员管理。

2. 服务语言

1）基本要求

（1）语言交流规范，使用普通话，用语文明，请字当先、谢不离口。

（2）称呼恰当，口齿清晰，语调柔和，语气、语速适当。

（3）谈话时，应专注和蔼，态度亲切，表情自然；注视执法对象时，双目平视对方，礼貌友好。

（4）能够根据时间、天气、场合及人员特点，灵活自如地使用服务用语。

（5）正确对待执法对象的不文明语言和行为。

2）场景示例

（1）接听电话：您好，××综合执法大队（中队），请问您有什么事？请讲；请稍等。

（2）接待来访人员：请进；请坐；请喝水；您贵姓？您找哪位？您有什么事？请稍等。

（3）执勤用语：同志；您好；请出示您的证件；请听我解释；请批评指正。

3. 交通综合行政执法礼仪

（1）办公、执法、开会期间必须按规定统一着制服，佩戴帽徽、肩章、臂章和执法证件。

（2）上路必须加穿反光背心，执行重大交通保障任务时，还应佩戴武装带、白手套。

（3）执法时，注意礼仪（图 8–22）。

图 8–22　交通综合行政执法礼仪

第四节　信息窗口服务标准化

高速公路为更好服务司乘人员安全便捷出行，建立出行信息服务系统，履行路况信息采集、报告、通报、发布等管理行为，及时提供路况、收费政策咨询等服务。同时设置“12122”电话提供24小时信息服务，具有求助、信息查询、业务查询、投诉、协调及调度等职能。

一、硬件配置

硬件配置包括办公设施（信息监控大厅、办公室、会议室、档案室等）、办公设备（电话、耳麦、电脑、打印机、复印机、扫描仪、传真机、录音笔、摄像机和照相机、投影仪、文件柜等）、安全设施（保险柜、灭火器、门禁系统等）、信息管理系统（道路综合信息管理系统、12122呼叫平台等）、配套设施（UPS不间断电源、空调系统、新风系统）等。

1. 信息监控大厅配置及LED信息发布标准

（1）信息监控大厅面积原则上不小于80m^2，应配置完善的视频监视墙、LED显示屏、控制台、操作台、应急电源等机电设施及空调、消防等系统。

（2）每个座席的综合信息管理机通过RJ45网络线连接LED显示屏显示情报板、道路通堵状况、天气情况、值班情况等信息。上端LED屏在日常工作状态显示该路段所有情报板的实时数据，如有参观接待任务时可显示欢迎标语。左面LED屏显示值班人员信息、道路天气信息、车流量信息、交通调查流量信息、交通事故统计信息以及12122接听统计信息等。右面LED屏显示交通状况信息、道路养护信息等实时交通状况信息。未设置LED显示屏的监控信息大厅的上述信息可在投影大屏上显示（图8-23）。

图8-23　信息监控大厅LED显示屏信息发布标准

2. 话务座席设置

（1）各信息监控大厅原则上设立 4 个标准座席，每个座席配备 3 台值班工作电脑和 1 套耳麦式话务终端。值班电脑按照功能分为视频图像管理机、综合信息系统管理机及外网信息查询机。每台计算机均配备双网隔离，显卡需支持双路输出（1 路 VGA 输出，1 路 HDMI 或 DVI 输出），外网信息查询机接入防火墙并对可登入网站进行限制，该机同时可作为内网道路综合信息系统管理机的备份机。

（2）每个标准座席的视频图像管理机和综合信息系统管理机显示内容，能够通过 VGA 信号控制器在背投（DLP）拼接屏或液晶（LCD）拼接屏上显示；内部处置电话的录音系统软件需安装在外网查询机上；所有座席的工作电脑需安装杀毒软件及安全防火墙软件（图 8–24）。

图 8–24　话务座席设置标准

二、流程控制

1. 值班工作流程（图 8–25）

图 8–25　值班工作流程

（1）岗前准备：提前做好大厅、走廊、机房以及工作台等室内卫生清理工作，办公用品、桌椅、水杯等摆放整齐，保持办公场所干净整洁。

（2）接班：准时交接，做好未处理完毕事件的交接工作，包括跟踪全省高速公路特殊事件、关注需检修设备、有关部门下达警卫任务通知、公安部门的车辆协查以及领导交办的其他任务，登录系统操作上班。

（3）12122 电话接听：每天 8 时至 20 时期间，各信息分中心应确保有 2 名话务员同时签入座席，其中至少应有 1 名座席为紧急求助座席；各监控分中心应确保至少 1 名话务员签入座席；如遇特殊情况，需由信息分中心管理员根据实际情况进行调整。

（4）信息应急处置：

①接到求助事件电话后，在相关情报板上发布提示信息；在隧道内发生突发事件，应立即更改隧道指示灯并及时开启隧道灯，如隧道内发生火灾事故，应根据现场指挥人员要求及时开启隧道灯及风机。

②第一时间电话通知交通综合执法部门及相关联动部门，并在系统上作详细记录；必要时电话告知相邻分中心协助发布情报板信息。

③向上级部门、公司领导及相关部门报告，并向社会发布路况信息。

④事件处置完毕及时报告，并撤销发布的信息。

（5）交班：认真填写交接班记录本，做好未处理完毕事件的交接工作，登录系统操作上下班。

2. 信息服务流程（图 8–26）

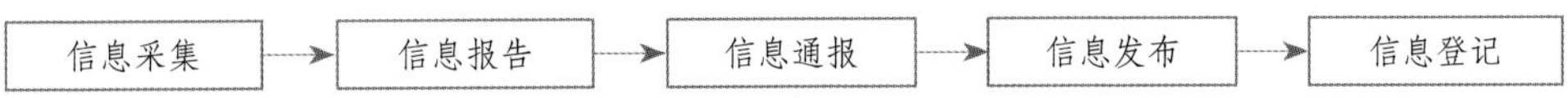

图 8–26　信息服务流程

（1）信息采集：福建高速公路各基层单位（含服务停车区和养护生产单位）采集到的信息，第一时间向信息部门报送；信息部门通过对收费广场、隧道、重点路段及路面封闭施工等的监控设施获得信息，与交通广播电台、气象台、地震局等公共事业单位建立经常性联系，定期咨询，采集相关信息。

（2）信息报告：信息报告原则上采取逐级上报方式，即相关单位（部门）发现或获知上述事件信息后，先报至所在地信息分中心，再由信息分中心按有关规定要求向省信息中心、运营管理公司主要领导和分管领导及相关部门报送信息。

（3）信息通报：严格按照信息采集、汇总核实、进行通报的通报程序，主要采取电话通报为主，高速公路道路综合信息管理系统（应急联动平台）及短信平台为辅的处理方式，对相关部门及人员进行信息通报。

（4）信息发布：通过高速公路可变情报板、网站、服务区出行服务系统及媒体（福建省交通广播电台、福建电视台新闻频道等）向社会发布高速公路路况信息。封闭部分高速公路时，开启所在路段及上游路段 2 ~ 3 个收费站以内的全部（主线和收费站）可变情报板进行提示。

（5）信息登记：严格按照相关规定对接收到的信息、通知、传达等各种与工作相关的事项，进行登记、备案；登记字迹应清晰，文字表述简明扼要、条理清晰、层次分明。

三、信息发布管理

1. 可变情报板信息发布管理

高速公路可变情报板实时发布辖区路况、天气、施工路段等与社会公众出行密切相关的信息。有特殊要求的，以省级管理机构的通知为准。

信息发布按照下列优先发布顺序和颜色发布：

（1）交通事故信息、因自然灾害及道路施工养护引起的交通管制信息、提示车辆分流信息、高速公路或收费站（服务区）拥堵信息、前方隧道停电信息、超速友情提示信息等，采用红色字体发布；

（2）恶劣天气警示信息，采用橙色字体发布；

（3）服务提示信息、安全提示信息、行车须知信息、交通管制提前告知信息等，采用绿色字体发布；

（4）重大节日及重大活动期间的宣传标语信息以省级管理机构的通知为准。

上述 4 类信息原则上不交叉发布，只发布同一类信息（图 8–27）。

图 8–27　利用可变情报板提示行车安全

2. 短信平台信息发布管理

短信发布要遵守国家有关法律法规及公司相关规定，不得发布与工作无关信息，不得超范围发布；信息编写要言简意赅，意思表达完整；特定的短信发布内容需经领导审核后方可发布。

3. 媒体信息发布管理

向媒体发布路况信息要遵守国家有关法律法规及公司相关规定，所发布的信息仅为高速公路路况信息，人员伤亡情况不必发布；重要的信息发布内容根据实际工作需要，按领导要求编写。

四、信息员服务标准

1.“12122”信息服务仪容仪表

（1）在岗期间按照规定统一着装。

（2）佩戴胸牌，持证亮牌上岗。

2. “12122”电话信息服务用语

1）基本要求：

（1）使用普通话，用语文明，您好当先、谢不离口。

（2）称呼恰当，口齿清晰，语调柔和，语气、语速适当。

（3）根据时间、天气等特点，灵活使用服务用语，节假日使用相应节日问候语。

（4）正确对待顾客的不文明语言。

2）场景示例

（1）救援类用语。

“您好，请告诉我您目前所处的位置和行车方向？”

（2）咨询类用语。

“您好，您要咨询的是 ×××，对吗？好的，马上为您查询，请稍等！”

（3）催促类用语。

“您好，您的 ××× 我们已通知交通综合行政执法部门，施救人员已经在赶往现场的路上，请您注意安全！”

（4）投诉类用语。

“您好，您投诉的是 ××× 事件，我们马上转给相关部门，尽快给您反馈。感谢您的来电，谢谢！”

（5）其他类，接到恶意骚扰电话时。

“对不起，这里是高速公路 12122 服务电话，如果您没有什么高速公路相关问题或建议，请不要占用线路，再见。”

（6）服务忌语。

×“喂！听不见！大声点！不知道！”

×“你听清楚没有！快点！你问我，我问谁！”

×“急什么！你怎么不早说！你到底有没有在听我说！”

×“刚才不是跟你说了！有没有搞错！ 你知不知道！”

×“你刚才不是已经问过了吗？”

×“刚才不是跟你说过了，怎么还问！”

×“我没办法！我不清楚！ 我没空！我要下班了！”

×“你自己看！你急什么！”

×“这事不归我管！这事与我无关！”

×“怎么不问清楚再打电话！你怎么这么烦（啰唆）！”

×“什么！你这人真麻烦！有意见找领导去！”

×“我的态度就这样，你能（把我）怎么样！”

×“你要投诉就投诉吧！”

×“我没时间听你废话！有本事就投诉我！”

3.“12122”电话接听礼仪

（1）保持精神饱满，情绪沉稳，不急不躁，不将个人情绪掺杂到工作中。

（2）用语准确、简练，态度热情，急他人之所急，全心全意提供优质服务。

（3）耐心细致，倾听意见和建议，行动迅速，做到有问必答，百问不烦。

（4）电话铃声响起三声内应拿起电话，接通电话时应先说问候语：您好，××（所在地区名称，如：福州）××号（本人工号）为您服务。电话接通后耐心聆听来电方需求并确定来电类别。

第五节　服务（停车）区窗口服务标准化

高速公路服务区管理的目的是向用户提供热情、舒适、方便、周到的全天候服务。福建省高速公路服务区具有餐饮、住宿、休息、娱乐、购物、通信、车辆加油、维修、停车、清洗等多种服务项目及服务设施。在统一的管理模式下，推行统一的规范管理，追求统一考核效果，围绕创建“示范服务区”的目标，一方面，以向过往驾乘人员提供便利为原则，合理设置服务功能，配备相应硬件设施；另一方面，规范从业人员的日常经营服务活动，使之有章可循、操作有序，统一岗位行为，有效避免服务质量的参差不齐，实现社会效益与经济效益的协调发展。相对服务区而言，福建省高速公路停车区的功能比较简单。

一、硬件配置

1. 服务区间距

服务设施的设置应结合高速公路网整体规划，统筹布局，合理确定服务设施位置。服务区间距宜控制在 40 ~ 50km，相交道路的各方向服务区间距不宜大于 50km。

2. 服务区面积

高速公路服务设施的占地面积及建筑设施规模，应根据所服务路段设计交通量、交通组成、建设环境、用地条件等因素，按照国家相关政策和技术规范的规定，科学合理确定。服务区建设规模要根据当地土地、环境等建设条件，要远近结合、适度超前。既满足交通服务需要，又体现节约、环保的要求。

3. 服务区功能设置

根据旅客需求和交通流特点，合理确定服务设施各功能区的建筑规模和布设位置，保证旅客使用方便，交通安全有序，并力求总体布局紧凑、使用高效。不鼓励利用主要空间面积建设草坪、花坛等，增加绿化率。

服务区应当具备加油（气）、餐饮、购物、公共卫生间、汽车修理、停车服务、信息服务等基本功能；停车区应当具备加油（气）、餐饮、购物、公共卫生间、停车服务、信息服务等基本功能。夜间照明设施齐备，有完善的消防设施、给排水设施、污水处理设施和备用电源设备及监控系统。有条件的服务（停车）区还可提供汽车加气服务、客房服务等。

4. 服务区（单边）配置标准（停车区按规模比例进行配置）

（1）广场停车场：广场停车场是提供汽车停车和进出的场地，要适应各种类型车辆的停放和进出，有条件的服务区可考虑将广场停车场分成小客车、大客车、货车及超长超宽车、危险品车、保养（驾驶员自己作业）场地 5 个区。根据不同车辆的不同要求，做相应的规划。

（2）广场卫生间：

①广场卫生间面积和配置。单边卫生间总面积不小于 200m^2，其中男厕不小于 80m^2，女厕不小于 120m^2；男厕蹲位不少于 8 个，女厕蹲位不少于 13 个；男厕小便槽不少于 10 个；洗手台不少于 5 个。

②残疾人通道和专用蹲位。有不少于两个的专用蹲位；每个蹲位设应急呼叫铃。

（3）加水站：①加水站。加水站的营业面积不少于 10m^2。各种标志标牌文字规范。②停车线、引导线、指示牌。各种导向标志标牌清晰美观、简洁适用。③垃圾桶。设置不少于 1 个 150L 垃圾桶。④消防设备。配备不少于 2 个 4kg 干粉灭火器，灭火器配挂省级管理机构统一配发的保养卡。⑤加水车道。有良好的排水系统。

（4）供配电房：供配电房应设置于人流稀少处，并按设计规模设置，有“电房、配电机房重地、闲人勿入”标志；保证供电正常，发电机可随时供电，配电设备无损坏。

（5）消防器材：灭火器按每 100m^2 配备 4 个二氧化碳灭火器（4kg）标准比例配备；面积小于 25m^2 的配备一个干粉灭火器（4kg），一个二氧化碳灭火器（4kg），并配挂省级管理机构统一配发的保养卡。

（6）垃圾池和污水处理系统：①设置一个面积不小于 20m^2 的垃圾池，集中收集服务区的垃圾；垃圾池加盖或设专门垃圾间。②垃圾处理和污水处理系统。污水排放达到国家二级标准，生活垃圾无害化处理率在 60% 以上。

服务区功能配置标准示例见图 8–28。

图 8-28　服务（停车）区功能配置标准示例

5. 加油（气）站配置

加油（气）站宜在服务区出口设置，加油（气）区应方便从停车广场往加减速车道车辆通行，尽量避免车辆在加油（气）站附近小半径转弯加油。加油（气）站商业建筑和其他服务设施安全距离必须保证。加油（气）站建筑面积应不小于 $400m^2$，总面积应控制在 2 ~ 4 亩。加油站应按有关规定配备足够的消防设施，各种证照齐全。加油站工作人员统一服装。

（1）消防器材：配备不少于 $2m^3$ 的消防沙池，沙质无明显颗粒杂质，不少于 5 把消防铲；不少于 5 个消防沙桶；不少于 1 个 35kg 干粉灭火器，每台加油机配备不少于 1 个 4kg 干粉灭火器和一条灭火毯，灭火器配挂省级管理机构统一配发的保养卡。

（2）警示标志：有醒目的“严禁烟火”标志和“加油熄火”、“禁止使用手机”的提示标志。

（3）财务室：配备“三铁一器”等防盗措施。

（4）照明设置：按设计要求配置足够、完好无损、整洁的照明设施；照明照度达到200lux以上。

6. 超市配置

服务区超市以经营食品和日用品为主，以方便顾客自选和购买，满足顾客需求，其单边营业面积不小于100m^2。

（1）照明设施：按设计要求配置足够、完好无损、整洁的照明设施；室内照明具有均匀性和照度的稳定性。

（2）垃圾桶（箱）：每50m^{2}设置一个容量适当的垃圾桶；经营场所门口设置一个150L垃圾桶（箱）。

（3）灭蝇设备及应急灯：按每40m^{2}配置一个完好、有效的应急灯和灭蝇灯。

（4）残疾人通道：超市应有可供残疾人通行的专用通道，完好、无损，可安全使用。

（5）门口有脚垫、有温馨提示牌，应完好、不陈旧、无损坏。

（6）消防器材：每150m^{2}配置不少于2个4kg干粉灭火器，灭火器配挂省级管理机构统一配发的保养卡。

7. 餐厅配置

（1）制作间设备：灶台、蒸饭机、冰柜、储藏柜、消毒柜、食品柜、菜肴加工台板、排油烟等设备符合环保要求，完好、有效、无损坏；设备的配置与餐厅大小、餐位多少及餐厅的主题相匹配；有换气和通风设施。

（2）储藏间货架：货架和地面间有不小于15cm的隔层，货架牢固、安全。

（3）餐具洗涤场所：洗碗间位置合理、设施先进，配有足够的、专用的洗涤水池；有足量的蒸汽消毒柜或红外线消毒柜及不锈钢保洁柜；有相应的消毒冲洗流程作业设施。

（4）污水、垃圾桶、过滤网：有专门的污水处理设备，每50m^{2}设置一个150L垃圾桶（加盖），过滤网完好无损，不堵塞。

（5）消防器材：根据实际面积每100m^{2}不少于4个4kg干粉灭火器，灭火器配挂省级管理机构统一配发的保养卡。

（6）制作间墙面与地板：墙面满铺瓷砖，用防滑材料满铺地面；顶部有防污染处理，有地槽。

（7）照明设施：按设计要求配置足够、完好无损、整洁的照明设施。

8. 汽修间（点）配置

汽修间（点）设置在停车场边上，面积不小于200m^2，不影响停车场正常交通。

（1）修理设备：安全、有效、足够，能满足维修的需要。

（2）照明设备：按设计要求配置足够、完好无损、整洁的照明设施。

（3）垃圾桶：经营场所门口设置不少于 1 个 150L 垃圾桶（加盖）。

（4）消防器材：每 100m^2 不少于 4 个 4kg 干粉或二氧化碳灭火器，灭火器完好配挂省级管理机构统一配发的保养卡。

（5）库房与货架：库房物品分类上架、排放整齐，不得存放个人物品和其他无关物品；货架和地面间有不小于 15cm 的隔层，货架牢固、安全。

二、服务（停车）区招商工作管理

（1）招商行为应当遵守有关法律法规及省级管理机构有关规定，按照公开、公平、公正的原则实行公开招商，择优选择承包方，除法律法规规定外，原则上不采用竞争性谈判方式。

（2）各经营机构应成立招投标领导小组，具体负责招投标工作，各业主负责招投标工作的监督、指导，招商结果应当报备省级管理机构。

（3）项目招商前应制订招商实施方案，除采取单一来源招商方式的项目外，招商方案实行单项报备制，即招商方案由业主负责审批，并于进场交易或对外披露招商信息前 7 个工作日报省级管理机构备案。

（4）根据不同的项目在招标文件中设置必要的准入门槛，在合同中订立经营服务保证金等一些强制性的条款，并将经营者的信用等级考评设为其义务条款，同时订立相应的违约责任，从源头上杜绝那些资质低、实力差、信誉不佳的企业从事高速公路服务 (停车) 区的经营项目。

（5）在中标后签订的合同条款中，应当明确承包人必须服从高速公路行业管理规定，对于拒不履行行业管理义务的，发包方可以采取单方终止合同、要求支付违约金或者赔偿金等措施。

（6）新建服务 (停车) 区的经营项目和已在运营服务 (停车) 区的到期经营项目的招商，应当优先引进国内外同行业知名品牌的企业。

三、服务（停车）区从业人员服务标准

1. 基本要求

1）仪容仪表

（1）着装适宜，穿戴规范，服饰整洁，衣服无明显油渍、污渍及破损。

（2）仪表端庄，不卷袖口、裤腿，不穿拖鞋。

2）服务语言

（1）主动问候，礼貌用语，称呼恰当，用词准确。

（2）讲普通话，使用文明用语，不对客人讲忌语。

3）动作态度

（1）主动问候，面带微笑接待客人。

（2）礼貌待人，文明服务。

（3）对顾客有问必答，应答时要站立应答，注意礼节仪态，不与客人发生争执。

2. 保安员服务标准

（1）着装：应着规定的制服上岗，制服干净、整洁；在夜间或巡逻时应着反光背心；上岗时在左胸须佩戴由福建省高速公路有限责任公司统一规定样式的工号牌。

（2）职责：①坚持原则，热爱本职工作，忠于职守，以高度的敬业精神，满腔热忱地投入服务，出色地完成保卫任务，维护高速公路服务（停车）区的利益和声誉，不做有损国格、人格的事情。②文明执勤，礼貌待人，不计较个人得失，乐于奉献。③廉洁奉公，不谋私利。保安员必须廉洁自律，坚持原则，照章办事，不给违法违纪分子任何可乘之机。

（3）工作：负责服务（停车）区安全保卫工作。工作时使用普通话，说话和气；遇到驾乘人员咨询时，态度诚恳、乐于助人；维持和疏导广场车辆的交通秩序时，正确使用指引手势，保证各类车辆停放整齐有序，进出通畅。

3. 保洁员服务标准

（1）着装：应着规定的制服上岗，制服干净、整洁；在夜间或巡逻时应着反光背心；上岗时在左胸须佩戴由福建省高速公路有限责任公司统一规定样式的工号牌。

（2）职责：①坚持原则，热爱本职工作，忠于职守，以高度的敬业精神，满腔热忱地投入服务，出色地完成保洁任务，维护高速公路服务（停车）区的利益和声誉，不做有损高速公路服务（停车）区的事情。②文明上岗，礼貌待人，不计较个人得失，乐于奉献。

（3）工作：负责服务（停车）区卫生间、广场等公共部分的保洁工作。工作时使用普通话，说话和气；遇到驾乘人员咨询时，态度诚恳、乐于助人；维持和保证卫生间、广场内的公共设施干净、整洁，并可安全使用。

4. 餐厅、超市服务员服务标准

（1）着装：各岗位服务员应着本岗位制服上岗，制服平整、挺括；服务员上岗时左胸必须佩戴由福建省高速公路有限责任公司统一规定样式的工号牌。

（2）职责：①主动热情，顾客至上。以主人翁态度和责任感对待本职工作；具有团队合作和协作精神。②耐心周到，体贴入微。对顾客服务应耐心、不急躁、操作快捷并准确；对顾客服务始终如一，具有忍耐精神，不和顾客争吵；服务细致周到、表里如一。③助人为乐，照顾周详。对老弱病残顾客主动照顾，服务细致；对有困难的顾客提供帮助，应准确及时。④用语文明，“三心服务”。工作中使用普通话，坚持使用文明礼貌用语；做到热心服务、耐心服务、爱心服务。

（3）工作：顾客进入餐厅（超市）时，服务员主动热情询问顾客的需求，态度诚恳；正确引导顾客到相应的餐桌（货架），介绍菜品（商品），应根据不同场景准确回答顾客，反应灵敏；结算货款时唱收唱付；需开具发票时，迅速据实开具发票；营业员礼送顾客出超市，无顾客购物时，及时清理营业场所。

5. 加油站加油员服务标准

（1）着装：加油员服装由经营加油站所在的地市公司统一规定；上岗时左胸佩戴由福建省高速公路有限责任公司统一规定样式的工号牌。安全员臂章端正佩戴在左上臂衣袖上。

（2）职责：①具有良好的道德观念、道德情操和道德风尚，能够自觉运用道德规范约束自己的行为，做好服务工作。②对待顾客一视同仁，不分种族、民族、国家、地区、贫富、亲疏，不以貌取人。③诚信无欺，对所有顾客诚实、公道、买卖公平。④遵守加油站的各项规章制度，不私自和顾客做交易，不索要小费，不私自收取回扣。

（3）工作：现场加油员主动热情引导车辆进入加油位置，正确使用引导手势；耐心询问和仔细确认顾客需求，正确引导顾客消费；结算货款时唱收唱付；需要开具发票时，迅速据实开具发票；礼貌引导车辆出站。

6. 汽修人员服务标准

（1）着装：身穿统一、整洁的工作服上岗；夜间或上路抢修应穿反光背心；左胸佩戴由福建省高速公路有限责任公司统一规定样式的工号牌。

（2）职责：①坚持原则、明码标价、规范经营、公平交易，保证价质相符，按章纳税，服从管理，严禁欺行霸市，哄抬物价，树立诚实守信、规范服务、公平竞争的理念。不采取给回扣或变相给回扣等不正当手段承揽业务。②遵守汽修厂的厂规厂纪，不私自和顾客交易，不索要小费，不私自收取回扣。能够自觉运用道德规范约束自己的行为，做好服务工作。③对待顾客一视同仁，耐心听取顾客诉求，实事求是与顾客沟通，尊重顾客的知情权。对所有顾客诚实、公道、买卖公平，坚持质量第一、信誉第一，不准蒙骗顾客，不准乱收费，不准私自向顾客兜售与工作无关的产品。

（3）工作：热情引导车辆停放规定位置，手势指引得当，并设置安全防范设施和安全标志；用普通话与顾客真诚沟通讨论，听取陈述，达成一致意见后，签订维修合同；维修后的车辆能正常使用，检验合格；在双方签字后应提供发票并将工时、材料明细单交顾客，提供维修服务电话和投诉电话；礼貌送客。

四、广告管理标准

高速公路沿线广告遵循合理布局、合法发布、分工明确、确保安全的原则，实行统一规划、统一招商，全面控制，有序开发。

1. 广告规划

做到规划统一、设计合理，不妨碍高速公路安全运营和有利于高速公路路容路貌的整体美观；在高速公路主线（含连接线）两侧设置高立柱式双面或者三面广告牌形式广告设施的，沿主线两侧单列设置，单侧间隔不小于500m，并且每10km不得超过30个；单立柱广告牌基础中心规划位置，要以广告牌垂直高度低于同侧高速公路防护栏板水平距离3m为安全设置的最小距离，双立柱广告牌滴水线与同侧高速公路防护栏板水平距离3m为安全设置的最小距离。

2. 广告经营权招商

高速公路广告经营权应当通过公开招商方式进行。广告招商方案由广告公司根据具体情况制订，统一组织实施。

3. 广告牌设计施工

广告设计不得改变公路结构，不得影响高速公路的安全畅通，广告板面颜色、外观不得与交通标志混淆，不得遮挡交通标志。广告牌照明灯应当注意照明方向，不得引起高速公路行车眩光。高立柱广告牌，板面标准规格为18m×6m和21m×7m，立柱统一为乳白色。在建筑物上方设置广告牌的，应当根据建筑物结构、荷载等因素确定板面面积。应严格按照设计、施工图纸标准及省路政总队批复文件批准的桩号、位置、规格、高度、距离要求进行安全设置；在广告牌施工、设置、发布板面过程中，设置的广告要办理“公众责任险”，参加施工、设置、发布板面等相关人员要办理安全风险的险种。

4. 广告牌日常管理

建立广告管理制度和巡查制度，对已设立的广告牌未按标准化设立的，应督促其整改到位，确保广告牌设置的规范化管理；发现违章设置广告牌的，应依法给予及时制止，对发现广告损坏等其他问题要及时通知广告经营者限期整改；在台风等恶劣天气来临前，须向各广告经营者发出加强安全检查及拆卸板面的书面通知，加强对所辖路段广告巡查，检查板面是否已拆卸，台风登陆后，检查广告牌是否破损或者板面是否脱落等；加强对广告发布的监管力度，沿线不得出现空版发布现象，禁止出现违反国家相关法律法规或者损害高速公路形象内容的广告。

第六节　收费服务标准化案例

本节以福建省机场征管所为例，具体谈谈收费服务标准化管理。

一、案例背景

机场所成立之初，就始终致力于加强内部建设，树立所站形象，但发现在工作过程中，职工养成、业务管理、形象建设等方面与所站处于“省门第一路”的定位、发展、社会需求方面还有较大的差距，有制度但规范性、可操作性不强，有服务但统一性、满意度不高，有形象建设但可识别度、眼球效应不够，业务工作有管理但效率不高、流程不清晰、控制性不强。在不断的探索和总结中，机场所抓住 2011 年全省标准化建设的工作契机，找到了改革发展的突破口和努力方向——标准化征费服务建设，解决了标准化服务“是什么”、“做什么”、“怎么做”的问题，取得了丰硕的建设成果，实现了所站标准化、规范化、制度化建设。

二、案例概述

标准化征费服务是什么？它概括起来就是通过打造基础、提供服务、过程管理，实现服务目标，见图 8–29。

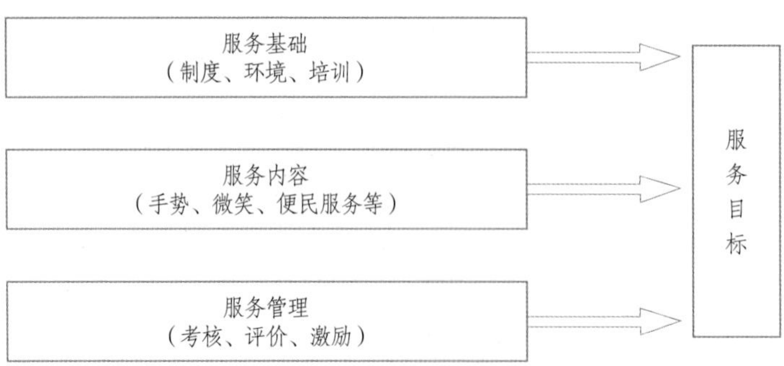

图 8–29　标准化征费服务

1. 服务目标

以“至诚至信、精准高效”为中心，提供“微笑、准确、快捷、满意”的征费服务，实现延伸机场航空式服务。

2. 服务基础

（1）制度建设：服务基础与服务内容是标准化服务建设的根本，而制度建设更是源头和关键，无规矩不成方圆。机场所先后推行《收费各岗位工作标准》，规范操作行为；推行《特殊业务处理标准》，优化管理；推行《突发事件处置标准》，确保安全畅通；推行《礼仪服务标准》，打造服务品牌；推行《考核评价标准》，与绩效挂钩。

（2）环境建设：整齐划一的工作环境、生活环境是制度的延伸，是制度建设成果的物质的体现。职工日常业务考核管理公开、公平、公正，标准统一、执行统一；所部还统一配发工作包，明确包内物品内容；规范征费票亭摆放，统一打印机、显示屏、收款抽屉等的摆放位置；财务交接室交接单、工作表等也统一规范；职工宿舍配套一致，物品放置规范；在日常的熏陶和培养中形成标准化的习惯，真正实现"让标准成为习惯、让习惯符合标准、让结果达到标准"的工作目标。

（3）制度的执行关键在于干部职工，没有干部职工思想的统一、行为的统一、执行力的提升，就会让制度流于形式，实现了有法可依，却无法保证有法必依。机场所每位职工在正式上岗前，都要由所在班组长或班组业务骨干手把手地教授文明服务礼仪三部曲、特殊业务操作流程、突发事件应急处置、交接班管理等，不断督促改进提升，让职工迅速融入团队。每日组织班前会，传达学习上级、所部的工作要求和规范，有针对性组织"咬筷子"、"手势礼仪三部曲"等训练，及时纠正分析工作中的问题，在评价、改进、提升、巩固中提升制度的贯彻执行水平。

3. 内容建设

没有服务基础就没有服务内容，但服务内容是服务基础的升华，是每个所站创新思维、管理能力、为民服务思想贯彻执行力的真实体现，是标准化征费服务的核心内容。如何做到既标准，又出彩、出色，既标准，又体现浓浓的以人为本，为民服务、便民利民意识，展现机场所处于"省门第一路"的风采和形象，实现延伸机场航空式服务，是机场所长期坚持和追求的奋斗目标。

（1）从"笑"上做文章。让每个驾乘人员感受职工发自内心的微笑，笑时露"四颗牙齿"、"六颗牙齿"，还是"八颗牙齿"？在不断摸索和实践中，从加强心态培训，转变服务观念，到日常咬筷子训练，机场所建立微笑服务的标准化流程，做到来有迎声、问有答声、走有送声，全程微笑服务。

（2）在"手"上做规范。将征费的过程简化为迎宾、缴费、送行的"手势礼仪三部曲"，对"手"的位置、姿势、角度、持续时长等都一一规范，并配合文明服务用语，使服务形式简单化，服务内涵复杂化。

（3）在"特"上做提升。机场所过往驾乘人员 95% 以上都是乘坐或刚下飞机的顾客，他们具有多样化的服务需求，机场所坚持"人无我有，人有我优，人优我特"，全面推行"一卡通"服务，全力打造"一窗多功能"窗口品牌，推出了航班信息咨询、路况信息告知和紧急状态求助的航空一站式服务，使万千驾乘人员全程、全方位感受细致周到的关心和关爱。

（4）在“便”上下功夫。方便、快捷出行是高速公路服务永恒的主题和中心，机场所监控 24h 不间断值班、接听处理电话，在乘客遇到车辆故障等特殊困难时，机场所总会第一时间想方设法，先让乘客赶上航班，而提供开水、修车工具、灭火器、行车指南等物品更是必备和常备项目，具体而有效的措施真正服务了群众，树立了窗口优质形象。

4. 服务管理

服务管理是服务基础和服务内容的支撑和保障，是对服务基础与服务内容的反馈和提升，三者互为因果，互相促进，共同建立形成循环闭合式的工作体系。所部不断健全完善层级考核、星级评定、班组自评等考核管理办法，确保考核评审多角度、多方位、全覆盖。建立三级考核机制，即所里自纠自查、分公司标准化管理专项检查验收和省级管理机构管理年终管理绩效、经营业绩考核。通过“日讲评、月考核、季分析、年总结”，及时考核评价业务管理工作中的问题，针对每个班组提出工作意见和整改措施，持续推进职工服务水平改进提升。

三、案例分析

通过标准化服务建设管理，机场所产生由内而外变化，队伍精神面貌焕然一新，管理实效、工作效率显著提高，服务内容、服务质量、服务水平显著提升，社会满意度、企业美誉度显著增强，实现了内强素质，外树形象的工作目标。

（1）工作效率大大提升：通过标准化、数据化管理，将征费指标一一定性、定量，建立上下班不停车交接时间小于 1min，单车收费时间小于 15s，车辆堵车 4 部以上立即开道等工作指标，在不断地考核、评价中，形成了创先争优、你追我赶的工作氛围，工作效率不断提高。

（2）所站效益稳步提升：标准化实施以来，出入口通行车辆数逐年提升 10.16%，征费额逐年提升 8.55%，连续四年实现通行费征收 100%、工作满意度 100%、车道畅通率 100%，驾驶员问询回复率 100%，绿色通道开通率 100%，文明服务零投诉、征费业务零差错，实现了经济效益和社会效益双丰收。

（3）团队意识显著增强：建立了公开、公平、公正的考核管理环境，团队职责、目标、任务更加清晰、明确，团队凝聚力、向心力显著增强，实现心往一处想、劲往一处使，形成了积极、健康、向上的团队心理和团队文化。

（4）所站形象显著改善：出色的工作业绩吸引了《中国交通报》、《福建日报》、福建电视台等多家媒体的竞相报道，所站也先后荣获全国总工会“五一巾帼标兵岗”、全国交通运输行业“精神文明建设先进窗口”、省级“五一劳动奖状”、省交通运输行业“文明服务示范窗口”、省级“创先争优先进基层党组织”、省级“园林单位”等荣誉称号。

第九章　高速公路标准化管理发展前景展望

本章将厘清高速公路标准化管理存在的困境与障碍，并在此基础上展望未来高速公路标准化管理深入推进的有效路径。

第一节　高速公路标准化管理实践中存在的问题

在高速公路建设和运营标准化管理实践探索过程中还存在着一些问题，在一定程度上制约了高速公路标准化管理的全面推行，在未来的标准化推行工作中需重点解决。

一、宏观层面的困境

1. 高速公路标准化管理的外部环境

高速公路标准化管理是在一个客观环境中不断推进的复杂系统，标准的制定和执行都要受到外部环境的影响。其所面临的外部环境主要由 4 个部分构成，即自然环境、政策法规、技术变化和市场竞争。这些外部环境可能发生的变化都会在不同程度上对高速公路管理产生影响。

1）自然环境的突变

高速公路所处的自然环境，能够诱发公路灾害的主要是自然灾害及人类活动造成的破坏性环境，包括自然灾害、交通公害和社会动乱等。其中，自然灾害中气象与地质灾害最容易导致高速公路灾害，如台风、暴雨、暴雪、滑坡和泥石流等，其损害往往是迅速和严重的。人类活动造成的破坏性结果同样形成环境的突变，如环境污染、道路工程事故、社会治安事故等。人为所导致的高速公路灾害日趋多发，例如噪声污染、路面桥梁塌陷、道路中断使用等问题。这些客观环境变化存在很大程度的不确定性，因此给相对固定和稳定的标准化管理带来了一定的挑战。

2）高速公路管理的政策与法规的变动

一般来说，国家对公路交通的行业政策的调整、法规体系的修正、管理体制的变更，对高速公路标准化管理的影响是非常重要的，其中变更管理体制和机制的影响尤为突出。

体制机制的持续变动直接影响标准化的稳定性和持续性，不利于标准化的发展和创新，增加了标准化管理的成本。我国对高速公路的管理体制及管理模式未作统一的规定，因此各省的高速公路管理模式和运行机制都有所不同，绝大部分省市基本上都沿袭了普通公路的管理模式，将“人、车、路”人为地分割开，这首先导致高速公路管理机构与公安交警部门在高速公路的管理职责上形成交叉，容易出现执法冲突。其次，对于高速公路清障工作，交通管理人员和公安交警如何根据国家或部门的有关规定，履行清障职责；交通管理部门在接警后如何第一时间赶到现场进行清理；交警部门在巡查中发现路面抛洒物后，从保障安全通行出发，能清理的应立即清理，清理不了的应设置警示标志，并保护好现场，防止车辆发生意外事故，同时通知高速公路管理部门前来清理。这些都需要相关部门从法律法规和操作上加以研究和完善。

3）高速公路建设与营运的技术变化

在高速公路标准化管理中应当关注公路行业的技术创新、技术标准的变动。行业技术创新往往意味着某些技术、材料、工艺的淘汰，例如改性沥青的出现促使近年来新修建的高速公路在路面等级上大大提高；国外正在开展的智能公路体系的研究，不仅改进了交通运输传统技术，而且采用了先进的汽车与道路装备，使出行更加便捷和安全，公路运输系统本身的效率大大提高，同时公路交通产生的公路灾害（特别是交通堵塞和重大交通事故）将大大减少。而对于公路运营的技术标准预留，例如公路沿线环境污染的标准，尤其是公害标准的制定、出台和更新，同样会对高速公路运营标准化管理的工作重点产生影响。因此面对不断变化和进步的技术和手段，高速公路标准化管理动态性将面临严峻的考验。

4）市场竞争环境

目前对于公路运营来说，由于高速公路的垄断性，市场竞争并未提到管理方案的日程上来。但是随着公路路网的形成和延伸，公路行业同业竞争和不同交通方式之间的竞争将日益突出。我国公路的同业竞争，包括收费公路与不收费公路、收费公路之间的竞争，必将在不久的未来出现。而不同交通方式，公路与铁路，公路与水运，已在许多地区开始了焦灼的竞争。因此，市场规律必然将作用于高速公路运营。面临来自外部不确定性较强的市场竞争力量，高速公路的标准化管理势必需要进行相应的灵活应变。

此外，建设标准化管理缺乏整体环境，存在短期与长期的矛盾。目前，大多数参建单位在标准化管理的进程中都是处于摸索和尝试阶段，通过实践不断积累经验教训。由于高速公路建设的特殊性，建设周期一般都是 3 ~ 5 年，一部分参建单位会认为标准化管理工作是一个短期行为，一个项目做完就换个地方不用再进行标准化管理了，没有长期坚持的打算；一些管理者也没有制定相应的标准化管理长效机制，只是当作一个普通的活动或工作，开展完就不再实施了。要让全体高速公路建设者认识到推进标准化管理绝不是短期行为，而是一项长期持续不断的工作，摒弃那种“做一天和尚撞一天钟”的想法和做法。在高速公路工程建设中长期推行标准化管理，仍是一项任重而道远的工作。

2. 高速公路标准化管理的发展程度

1）各地高速公路标准化发展不平衡

在工程建设管理中，各设区市、各项目、各标段的施工标准化推行力度不一，落实情况不均衡，还有不少项目、不少标段在推行标准化管理方面仍存在薄弱环节。工程建设标准化的执行，关键在于施工单位。来自全国各地的招投标施工单位的发展环境和背景不同，施工管理的成熟程度不同，领导和工人的标准化意识和工作能力也不尽相同。一些项目业主、施工、监理等单位在项目建设初期干劲很足，积极推行标准化管理，在取得了一定成效后，却满足于现状，没有进行深化提升，思想逐渐松懈，注意力转移到抓进度等方面去，标准化甚至出现倒退。相对而言，后开工的项目比早开工的项目好，项目开工初期比后期好，初次从事高速公路建设管理的项目业主比从事过多条高速公路建设管理的项目业主在管理上要更为规范。长期在本地市场的施工单位比初次进入的施工单位在落实标准化管理方面要更好。这些问题的关键，仍然在于解决各设区市高指、项目业主、施工单位的思想认识深度和贯彻执行力度的问题。

各运营单位也存在标准化管理发展不均衡的问题，各设区市对于高速公路的管理技术和经验历史积累的程度并不一致。各个路段公司因成立时间不同，硬件设施与管理水平存在一定差异。各运营管理单位落实标准化的措施力度也不尽相同，落实程度存在差异。同样是新的收费所、交通综合执法大队、服务区，但是管理水平就是不同，反映了管理措施到不到位、有没有实施标准化产生的差异，下一步需要制定标杆和时限，缩小彼此之间的发展差距。

2）建设标准化管理和运营服务标准化发展不平衡

目前从高速公路标准化管理实践成果来看，工程建设标准化管理相较于运营服务标准化管理要更为完善。因为高速公路建设标准与运营服务管理标准的核心属性不同。高速公路建设标准更侧重于作为一种产品的技术标准推广并运用，其可操作性和可重复性强，同时建设标准执行所带来的工作效率和经济效益的提升相较更为显性，更容易受到标准执行者的认可和接受。与之不同的运营服务和管理具有一种服务标准、管理标准和公共服务标准的多重属性，其个性化比较突出，所面临的不确定性大，变化因素多，其中受管理者和执行者的主观能动性因素制约较大。由此运营服务与标准化管理受环境、资源和人的主动意识的影响较多，标准的执行存在一定灵活性。综上所述，在起点、属性、环境和条件等诸多因素的制约下，高速公路建设标准化管理和运营服务标准化发展极容易失衡。

二、高速公路标准化管理环节过程中的问题

1. 标准制定与宣传

1）标准化意识程度

在工程建设方面，一些市级高速公路管理机构、项目业主和施工企业的主要领导对高速公路建设标准化管理的认识仍然不到位，理解不够透彻，不少单位没能够真正理解推行标准化的真正内涵，而是认为标准化就是工地建设高标准，或是多上人员，编撰成册的制度，现场增加一些新型设备等，反映在实际工作中往往是将标准化流于形式，甚至存在急于求成、工作不落实、作秀、做表面文章的现象，这种未能让标准化管理内化于心、固化于制、外化于行的问题是当前推行标准化过程中存在的最大问题。很多施工参建者认为标准化只是一种形式或是会增加管理的难度，对标准化管理的推行更多只是停留在口头上，有的还借口工期紧，主观上放松要求。虽然在招标文件中已经增加了标准化管理的费用，但部分施工企业仍不够重视，认为标准化会增加投入，没有看到推行标准化在加快进度、减少劳力、降低损耗、树立品牌等方面带来的效益。同时一线工人多是 40 ~ 50 岁的农民工，建设队伍的人员素质不高，标准化意识不足，制约了对标准化工作的认识和接受程度。

同样运营管理与服务标准化推行过程中，有的运营单位简单地理解标准化就是加大投入，片面地认为硬件设施条件不足就无法实行标准化，有的认为标准化就是教条主义、就是一刀切，存在畏难、排斥情绪。理念与意识不到位所带来的自然是标准化管理执行中的不力和大打折扣。

2）标准弹性范围

在工程建设方面，“三集中”场地的建设面积按照标准化的要求很难达到，尤其是在山区，找到合适面积的场地比较困难，或者有合适面积的场地，由于距离工地较远，达不到高效的目标。在清障服务方面，从各路段清障业务量来看，呈现出三多三少的特点：老路段多，新路段少；车流量大的路段多，车流量少的路段少；山区长下坡、隧道路段多，其他的山区路段少。在人员和设备标准化配备的同时，如何根据实际进行合理配置，建立激励机制，调动清障人员积极性和提高清障效率，是值得进一步研究的问题。

2. 标准组织与实施

1）标准化实施企业

推行建设标准化管理的施工企业大而不强。目前我国许多施工企业规模虽大，但竞争力不强，企业管理水平普遍较低，市场行为不够规范。企业自主创新能力不强，科技活动经费占营业额的比例很低（低于0.5%），企业工法或专有技术较少，施工现场能提供观摩学习的亮点不多。工地管理仍属于粗放化管理，精细化程度不足；施工企业的管理力量和水平不能在施工现场体现，对从业人员的教育培训不到位，工地现场检查也时常发现，施工企业存在包而不管，对分包单位尤其是劳务协作队伍的作业人员疏于管理和培训，教育培训、技术交底和班前会等制度流于形式，时常出现包工头的水平代表施工企业水平，农民工的水平代表技术工人的水平的尴尬局面。

2）人员配置情况

在养护管理方面，目前养护管理技术人员不足，养护管理的深度不够，阻碍了养护的精细化。在服务区管理方面，由于服务区地理位置、工作环境、工作待遇等原因影响到人员的配置和构成，除保洁员和保安是由高速公路聘请外，其他人员由各经营单位自行聘请，所以在培训人员，统一服务人员工作标准上存在着难度。在信息管理方面，信息管理的工作性质要求高素质的业务人员，但由于工作压力和待遇等方面的原因容易造成优质业务人员的流失。

3）标准执行规范程度

在机电管理方面，根据机电维修标准，机电系统管理软件发生普通故障，维修人员要在24h之内完成修护，发生重大故障，要求在48h内保证恢复。在实际操作中，考虑到成本和效率问题，对于小故障，基层监控部门有的没有完全按照标准执行。例如，高速公路某一节点的照明灯损坏，但损坏点与监控中心距离较远，维修人员一般不会在24h内进行维修更换，而是等到损坏点附近有其他故障出现时，一并进行维修。

4）保障措施配置情况

在养护管理方面，主要是预防性养护的资源需求和资源供给的矛盾。国内外专家研究结论表明，预防性养护的先期投入能够产生1∶3至1∶15的效益回报。预防性养护需要充分的技术、资金、人员等保障措施的支持，但实际的投资无法满足当前预防性养护的需求，直接制约了高速公路养护管理的长远发展。在工程建设方面，标准化实施的相关保障措施不足导致标准化推行的困难，例如在招投标阶段，施工方为了中标，压缩了投标价格，后来在施工过程中发现按照标准进行施工的成本高于投标价格，资金问题直接制约了高标准的执行。

3. 标准监督与控制

标准监督和控制是对已经发布实施的标准进行事中和事后管理的行为，目的在于督促各相关方遵守标准的合理规定，同时对标准实施效果进行检查处理，对于标准实施中的问题提出改进意见和建议，推动标准化良性发展。标准实施后，对其控制及监督检查就成为标准化工作的重要任务。高速公路标准化工作的初衷是简化和规范工作，促进高速公路安全、高效运行，更好地为公众出行服务。但是在某些方面，标准化运行的结果并没有达到预期的效果，除去标准化体系本身的原因，就在于对标准化的实施缺乏行之有效的监督机制。另外，对高速公路过程控制标准体系中的痕迹管理而言，已经有痕迹管理的理念。无论是建设管理还是运营管理，基本上都存在纸质版和电子版两种痕迹，但是普遍存在痕迹管理不标准，相关工作的问责机制不明晰等问题。

4. 标准评价与改进

在标准化工作全面运行之后，对标准的评价与改进也是标准化的重要任务和环节。标准的评价和改进是一个连续的过程，通过评价发现不足，针对不足对标准进行调整优化，从而促进标准的改善和进步，以评促进，这是标准化持续发展和优化的动力源泉。

（1）在高速公路标准化实践中，普遍存在的问题和难点是已有的标准难以与考核结合起来，表现在两方面：其一，标准化的内容与考核的内容脱节，考核没有起到督促执行标准化的作用。现有的考核仍然注重最终的结果指标，标准化的工作流程指标比例较少。其二，考核的结果没有应用到标准化的改进工作中。不可否认，无论是高速公路建设管理还是运营管理，每个单位都有其考核标准，但是现有的考核多与个人、部门、单位的奖金、职位以及评奖评优挂钩，并没有通过考核来分析标准本身的问题，最终考核的结果没有真正起到优化标准化体系，完善标准的作用。

（2）标准化难以实现动态管理。高速公路标准化管理不会一蹴而就，由于外部环境日新月异，高速公路应该持续改进其质量管理体系的有效性，这就意味着要不断地改进高速公路提供合格产品和服务的能力，标准化工作也要随着外部环境的变化而动态发展。但是，标准往往落后现实的需求，标准化的修订存在难度，难以随着政策、技术、管理模式的变化而及时更新。

第二节　高速公路标准化管理展望

面对高速公路标准化管理遇到的重重困境和阻力，如何应对所面临的问题和困难，解决其实现路径将是决定高速公路管理标准未来深入推进和发展之关键。展望未来高速公路标准化管理，应重视高速公路标准化的顶层设计、优化高速公路标准化环境建设、提升标准体系的科学性、强化标准化的实施、推进标准化监督与考核等。唯有沿着有效解决困境与阻力的路径去努力，才能更加全面深入推行服务和运营标准化管理，真正实现让标准成为习惯、习惯符合标准、结果达到标准，全面提升高速公路管理能力、服务形象和效益水平。

一、重视高速公路标准化管理的顶层设计

为更加深入和全面地推行高速公路标准化管理，目前亟须从全局的角度，对高速公路建设和运营服务的各方面、各层次、各要素统筹规划，以集中有效资源，高效快捷地实现目标。从更高的层面重视高速公路标准化的顶层设计，意味着政府要为高速公路建设和发展当好“舵手”，当好“总设计师”，要从宏观层面设计高速公路标准化管理机制，要对政府和市场做更加准确的定位，要避免高速公路管理中的市场失灵和政府失灵，既要打破垄断资源减少市场扭曲和外部性、更要减少政府管理行为容易出现的盲目性。

1. 分层分片区设计和推进全国统一标准

在工程建设方面，未来可以逐步分片区形成全国统一的科学的标准指南。根据地理环境位置和条件对施工工艺和流程等方面制定最高层级的标准规范，供各地的高速公路管理部门和施工单位参照执行，实现全国联动。同时各个地方主管部门可以根据各地的实际情况在统一的标准体系下去细化和实施。另外可以考虑实现标准化信用考核全国联动。即标准化执行情况的考核纳入施工单位信用考核的机制，也可以在全国范围内推广。各个施工单位的信用考核可以跟未来参与其他项目招投标的资格和条件相联系，强化对标准化实施情况考核结果的软约束。同样在运营服务与管理方面，从顶层设计开始分层级、分步骤制定科学的服务标准和管理标准，即在全国范围内逐步形成较为宏观层面的资源供给标准体系、过程控制标准体系和质量管理标准体系；允许各地市在全国统一标准的基础上，根据实际情况因地制宜地细化并组织实施。

2. 建立科学的高速公路管理体制

20 世纪 80 年代，中国高速公路管理体制与第一批高速公路相伴而生。经过十几年的发展，我国高速公路管理模式已基本呈现出以公司型的国有公路集团和事业型的高速公路管理局为主导，以非国有公司和上市公司为补充，多种模式并存的发展态势。各地的高速公路管理体制都不同程度出现一定的困境，如政企不分、事企不分、职能交叉和效益低下等问题。因此，未来各地高速公路管理体制机制的改革应符合我国机构改革的方向，因地制宜，坚持“精简、统一、效能”的原则，以求得人力、物力、财力的最大优化，促进高速公路快速、健康发展。因此，各省市需要从顶层设计开始，建立科学并相对稳定的高速公路管理体制，并在此基础上设计高速公路标准化管理机制与之形成无缝对接。

3. 设计渐进式逐步推广与发展的进程

高速公路标准化管理的推进是一个从低级到高级的渐进过程，是由技术向服务标准再向公共服务标准深入推进的过程。高速公路标准化管理涉及内容广且层级较多，包括高速公路产品标准化、高速公路服务行为标准化、高速公路技术标准化和高速公路标准化管理，是一个较为庞大与复杂的系统。因此，在我国标准化管理运用到高速公路管理领域的过程中，必须遵循客观发展规律。标准化制定和实施过程，要根据难易深浅程度逐步推进，直至标准化管理形成常态。例如在同等情况下，行为标准比基础设施标准更为重要，因此可以通过顶层设计先将行为标准统一，再根据发展程度逐步统一设施标准，减小标准化推进阻力，避免实施过程中的资源过度浪费。总之，在高速公路标准化管理的发展进程中，应该遵循客观规律，渐进式地推广和实施，适当灵活，最大程度地体现人本化和科学化。

二、优化高速公路标准化的环境建设

标准化作为一种管理工具，其标准体系的制定是一个技术问题，但是标准化的实施是一项系统的工程，总是在一定的环境中进行，受到各方面因素的影响，如政治因素、经济因素和社会因素等。同样，高速公路标准化管理也必须具备支持其发展的良好的环境和基础条件。为此，高速公路管理的标准体系必须谋求实现各方要素的一致性，以保证其在一个良性发展的环境下运行。

1. 政策保障

健全的制度，可以达到优化资源配置，减少资源浪费的目的。对于高速公路管理来说，各级、各部门要根据自己的实际情况，尽快制定并完善本地高速公路标准化相关规划，分步骤对标准化的组织实施进行规划和统领。同时要积极争取地方政府出台相关配套政策和经费支持，为高速公路管理的发展创造有利条件。在政策支持方面，不仅要落实必要的经费，还需对各部门进行定期考核和激励，对质量高、经济和社会效益好的项目进行表彰奖励。通过这种方式，保证高速公路标准化管理的顺利进行。

2. 领导保障

高速公路标准化管理对原有的工作流程进行规范，可以说是一种机关内部管理的改革，改革涉及诸多利益，所以不可避免产生许多阻力。为此，需要有强大的政治力量来消除阻力，为标准化的实施工作提供动力支持。所谓的政治支持主要是指领导的重视、各部门的支持与相关部门的配合。在高速公路标准化管理中各级政府领导要起到统领与推动作用，上级部门要提供政策扶植，鼓励各个部门积极开展标准化；各级领导更要强调协调，协调各级管理部门以及各方力量共同创建高速公路标准化管理。高速公路标准化管理的推进中，各级、各部门要树立强烈的标准化意识，还要加强区域标准化技术机构的合作，实现资源共享，提升标准化科学性。

3. 组织保障

高速公路管理的质量，首先取决于建立一个完善适用的机构。这个机构应当具有稳定的组织形态、合理的运行机制、明确的职责分工和有效的管理力度。科学的组织体系是高速公路标准化管理工作顺利进行的保障，如此才能发挥高速公路的经济效益和社会效益。为此有必要理顺组织体系，明确职能分工，协调组织的整体性和层次性，保障标准化管理的顺利实现。

4. 文化建设

杰克林·谢瑞顿说："文化是一种强大的力量。当我们发动一场变革的时候，我们必须考虑到文化。"作为制度化最高形式的标准化，是高速公路企业建立企业行为、员工行为识别系统的重要组成部分，是构建完善企业文化体系不可或缺的重要环节，也是开展企业文化建设的重要抓手。高速公路企业理应把标准化当作一种非常有效的工作方法，为实现企业的使命、愿景、凝聚企业精神等提供制度保障。同样，企业文化从精神层面凝聚企业员工的共同价值取向。如果把这种共同价值取向，转化为推行标准化工作的基石、基础，无疑，它能够推动企业员工具体执行标准化体系时，由被动、被要求，变为主动、自觉自愿，即实现"要我执行"向"我要执行"的转变。不仅如此，当企业文化的核心价值理念体系成为推行标准化工作的统帅、灵魂，员工把落实标准化当作共同价值目标，形成共识后，凝聚的标准化宣贯落地的力量将不可估量，效果将不可估算。企业文化无疑赋予了标准化由科学、严谨的技术指标形象，转而为温暖的人文色彩。制定标准时，如果加入文化因素，将丰富标准化内涵，标准化体系成为传播企业精神的载体，成为企业制度文化的重要组成部分；实施标准时，如果加入文化因素，将提高标准化执行力，有助于传播宣贯企业核心价值理念。由此可见，标准化管理的宣传应该伴随着组织文化的改革。通过有效的组织文化宣传与变革，积极营造标准化建设氛围，可以促进标准化工作顺利进行，增加评审的透明；同时有助于形成对标准工作的人力和资源等方面的支持。总之，运营标准化管理工作要统合、融合高速公路的企业文化建设，并在今后贯穿于企业文化建设的全过程；要同业已确定的价值理念相结合，互相支持，发挥支撑作用，发挥体系功能，以文化管理的软实力全面推进高速公路建设和运营管理成为文化之路。

5. 人才保障

把握高速公路管理队伍建设核心，着力优化人力资源。一方面要加强管理人员的建设，加强领导班子的思想、组织、作风建设，提升认识，增强意识，优化结构，改进工作作风，真正使标准化管理落实到实处。另一方面要有针对性、分层次开展专业标准化人员的培训，建立标准化知识培训的长效机制，提升队伍建设的水平和质量。

例如高速公路的养护管理需要依靠科技，采用新的技术、新工艺、新材料和先进的管理方法，不断优化问题的解决方案，提高养护管理的精细化。为此，强有力的养护经费投入为现代化的科学技术应用提供必要的物质保障。同时养护管理方面的专业技术人才的不足也制约了养护管理的质量和水平，因此人力资源的保障亦是养护标准化管理的前提条件。

综上所述，高速公路标准化管理不仅需要从顶层设计开始，建立有序的标准化管理机制，制定科学的标准体系，也需要提供配套的政策保障、领导保障、组织保障和人才保障，为标准化的实施奠定坚实的基础。

三、提升高速公路管理标准体系的制定

1. 高速公路应急标准化建设

高速公路突发事件会导致高速公路原有的正常运营功能减弱甚至丧失，造成交通拥堵、中断，或危及公民的生命财产安全，产生重大的社会影响，需要政府或政府职能部门及其他组织采取应急处置措施。标准提供了一种秩序性和协调性的支撑机制，标准化在整个应急体系中起支撑作用。高速公路应急处置标准化方案，可以明确高速公路处置突发事件的组织结构，及其在应急处置各个阶段中的各部门和人员的职责与相互关系及行动策略，解决部门之间沟通不畅、职责不明的问题。应急处置标准化方案的设计需要考虑社会成本、经济成本和环境等因素的综合成本，做出科学的决策。与此同时，通过技术条件的改进和提升来增强高速公路管理的应急反应能力。当然，标准系统是一个相对稳定的系统，打破标准系统运行的常态进入应急状态也必须满足相应的条件，需要用标准化手段进行规范和确定。

2. 标准化是宏观指导与微观操作的统一

标准化的系统效应原理认为，标准系统的效应，不是直接地从每个标准本身，而是从组成该系统的相互协同的标准集合中得到，并且这个效应超过了标准个体效应的总和。系统效应的原理应当贯穿标准化的全部过程，要求标准化工作者树立系统意识和全局观念，从目标确定，规划、计划的落实，到决策方案的选择，以及在决策实施过程中根据信息进行的协调、控制。根据标准化系统效应原理，高速公路标准化管理应当制定规范的体系文件。标准的制定必须符合科学性、可操作性、系统性、全面性的要求，保证标准与现实情况相适应。具体来讲，在省高速公路公司层面，该标准体系应较具宏观指导性；在具体子公司或分公司层面，应做到宏观指导和微观操作相结合；在基础单位层面，应更具体、更实在，方便操作执行。3 个层面都应在大的统一体系框架内根据具体情况细化。大的体系框架应围绕省高速公路运营服务和管理的方针目标，在遵循国家、行业和标准化法

律法规的前提下，围绕服务标准这一核心，制定相应的管理和工作标准，配备相应的基础标准，注重考核和评价标准。

3. 标准化是稳定性和动态性的统一

标准化结构优化原理认为标准系统要素的阶层秩序、时间序列、数量比例及相互关系，依系统目标的要求合理组合，并使之稳定，才能产生较好的系统效应。因此，标准系统只有稳定才能发挥其功能，标准在一定的时期内是具有权威性和行为参考价值的，各级、各部门、各级人员都应当以标准作为行为的参照，上级不能随意下达与标准相违背的指令。然而，标准化有序发展原理指出，标准系统的稳定性是相对的、暂时的，是要发展的，不发展就要被淘汰。标准系统只有及时淘汰其中落后的、低功能的和无用的要素，或补充对系统进化有激发力的新要素，才能使系统从较低有序状态向较高有序状态转化。简而言之，标准不仅是稳定的，而且是动态的、发展的，尤其是在一些特殊的领域。比如，涉及技术发展的部门，监控中心标准化的发展就是动态性相对较强的。因此，标准化是稳定性和动态性的统一。在对标准系统进行宏观管理时，不仅要维持标准系统的稳定性，还要注意及时制定必要的标准，清除功能差、相互矛盾和已经不起作用的标准。

四、强化高速公路标准化管理的实施

高速公路相关标准的准确性必须由实践来检验。在标准制定之后，标准必须实施才能凸显其存在的意义和价值，同时通过实施才能发现标准的适用性问题，不断改进标准的水平。在标准化的实施中要注意以下几个方面的问题。

1. 标准化管理与其他管理工具相结合

标准化管理对于高速公路建设和运营管理来说是一种有效的管理工具，能够提高管理的效率和质量，建立最佳的管理秩序。但是单靠标准化管理工具，也不能达到理想的效果，要结合质量管理、流程再造、标杆管理、绩效管理等其他管理工具，互相配合，整合成一个整体的、相互联动的系统。高速公路标准化管理要依据质量管理的理论，重视建设质量，重视流程控制，结合标杆管理的思想，建立和改进标准，将高速公路的相关标准与绩效指标评价体系结合起来，依据标准建立一个可以实际操作的考评体系，将标准实现情况作为考核的专项评估内容。

2. 标准化实施原则性与灵活性相结合

统一性与原则性是高速公路标准化的特点之一，这个特点有利于对标准化进行管理。但是，由于高速公路标准化的地域覆盖面广，各地会有自身的资源条件特点，在不同的资源供给情况下，要实行绝对统一的标准是有难度的。因此，标准化实施要在统一的规范之下因地制宜，保持标准化的大方面，在具体实施细则中为高速公路各路段留有变动的空间，坚持原则性和灵活性相结合。

3. 注重标准化宣传与培训工作

标准的宣传与培训工作有利于推进标准实施。通过各种不同形式，加大对高速公路标准化工作的宣传与培训，普及标准化知识，培养标准化意识，增强社会大众参与标准化工作的积极性和主动性，同时使标准化各相关方理解标准、掌握标准、重视标准、遵守标准、执行标准、监督标准。

五、加强高速公路标准化管理的监督与考核

标准化的实施需要通过强有力的监督机制对标准的实施过程进行控制，避免标准化最终结果偏离初衷。在对标准化的监督中要引进痕迹管理的理念，在高速公路各种管理过程中，从时间、人员和管理内容方面，留下无间隙、无死角的、缜密的工作记录，留下证据。另外，标准化内容要与考核内容结合起来，依据标准制定可操作的考核标准，以评促进，切实将考核结果运用到标准本身的改进过程中。

参考文献
REFERENCES

[1] 中华人民共和国交通部 . 公路工程基本建设项目设计文件编制办法（交公路发 [2007]358 号）[S]. 北京：人民交通出版社，2007.

[2] 交通运输部公路局 . 高速公路施工标准化技术指南（第一分册 工地建设）[M]. 北京：人民交通出版社，2012.

[3] 交通运输部公路局 . 高速公路施工标准化技术指南（第二分册 路基工程）[M]. 北京：人民交通出版社，2012.

[4] 交通运输部公路局 . 高速公路施工标准化技术指南（第三分册 路面工程）[M]. 北京：人民交通出版社，2012.

[5] 交通运输部公路局 . 高速公路施工标准化技术指南（第四分册 桥梁工程）[M]. 北京：人民交通出版社，2012.

[6] 交通运输部公路局 . 高速公路施工标准化技术指南（第五分册 隧道工程）[M]. 北京：人民交通出版社，2012.

[7] 福建省高速公路建设总指挥部 . 福建省高速公路施工标准化管理指南（第一分册 工地建设）[M]. 北京：人民交通出版社，2013.

[8] 福建省高速公路建设总指挥部 . 福建省高速公路施工标准化管理指南（第二分册 路基工程）[M]. 北京：人民交通出版社，2013.

[9] 福建省高速公路建设总指挥部 . 福建省高速公路施工标准化管理指南（第三分册 路面工程及交通安全设施）[M]. 北京：人民交通出版社，2013.

[10] 福建省高速公路建设总指挥部 . 福建省高速公路施工标准化管理指南（第四分册 桥梁工程）[M]. 北京：人民交通出版社，2013.

[11] 福建省高速公路建设总指挥部 . 福建省高速公路施工标准化管理指南（第五分册 隧道工程）[M]. 北京：人民交通出版社，2013.

[12] 福建省高速公路建设总指挥部 . 福建省高速公路施工标准化管理指南（第六

分册 高边坡与滑坡工程）[M]. 北京：人民交通出版社，2013.
[13] 福建省高速公路建设总指挥部 . 福建省高速公路施工标准化管理指南（边坡生态恢复）[M]. 北京：人民交通出版社，2010.
[14] 李嘉 . 公路设计百问 [M]. 北京：人民交通出版社，2003.
[15] 卢毅，刘建生，张劲文 . 高速公路建设项目业主管理指南 [M]. 北京：人民交通出版社，2005.
[16] 郭汉丁，王凯，郭伟 . 业主建设工程项目管理指南 [M]. 北京：机械工业出版社，2005.
[17] 柳成洋 . 服务标准化导论 [M]. 北京：中国标准出版社，2009.
[18] 王登华，卓越 . 公共服务标准化导论 [M] . 北京：中国财政经济出版社，2011.
[19] 何雄伟 . 高速公路运营标准化管理——湖北京珠高速公路运营 [M]. 北京：人民交通出版社，2009.
[20] 寇广大 . 浅析公路灾害预警管理体系构建与内外部预警 [J]. 中国新技术新产品，2009（16）.
[21] 刘荣 . 我国高速公路管理体制存在的问题及对策研究 [J]. 产业与科技论坛，2010（1）.
[22] 刘慧馨 . 工程项目设计阶段进度综合控制研究 [D]. 东北财经大学硕士学位论文，2007.
[23] 高云飞 . 控制公路工程造价的关键在于设计 [J]. 湖南交通科技，2001，27（2）.
[24] 王泽云，王风 . 公路工程设计阶段的造价控制方法 [J]. 交通科技，2003（4）.

后 记

AFTERWORD

本书内容均来自福建省高速公路长期建设、运营实践，是近年来福建省高速公路建设与运营管理标准化实践成果的全面总结，是广大福建省高速公路建设者、管理者的智慧结晶。我们希望，这本书能够从实践和理论上对所有致力于高速公路建设及运营标准化的各界人士有所裨益。我们也希望通过通俗易懂的文字、形象直观的图片，能够让更多的读者认识标准化管理，运用标准化管理，推广标准化管理。

本书由中共福建省委常委、常务副省长张志南同志担任编委会主编，福建省高速公路建设总指挥部、福建省高速公路有限责任公司抽调精兵强将具体编写。在编写过程中，我们得到了许多管理领域专家学者、高速公路从业人员以及各界友人的关心帮助。尤思德、方晓东、程辛钱、许建芳、陈礼彪、陈永平、卢兆平、陈振松、王辉、刘光东、林元洪、钟发林、周俊、杨杰、张奇樊、张鸿等同志参与了本书的整理和编辑工作，厦门大学绩效管理研究中心卓越教授给予了本书宝贵的理论指导。在此，一并表示感谢!

限于编者水平，书中难免有不尽完善之处，敬请读者批评指正。

《高速公路标准化管理探索与实践》编委会